ENCYCLOPÉDIE-RORET

LUTHIER

MANUELS-RORET

NOUVEAU MANUEL COMPLET
DU

LUTHIER

OU

TRAITÉ PRATIQUE ET RAISONNÉ
DE LA

CONSTRUCTION DES INSTRUMENTS
A CORDES ET A ARCHET

TRAITANT DE LA

Fabrication des Cordes harmoniques
EN BOYAU ET EN MÉTAL

Par MM. **MAUGIN** et **MAIGNE**

NOUVELLE ÉDITION
CORRIGÉE, AUGMENTÉE ET ENTIÈREMENT REFONDUE

Suivie du

MÉMOIRE SUR LA CONSTRUCTION DES INSTRUMENTS
A CORDES ET A ARCHET

Par **F. SAVART**

OUVRAGE ORNÉ DE 72 FIGURES ET ACCOMPAGNÉ DE 3 PLANCHES

PARIS

LIBRAIRIE ENCYCLOPÉDIQUE DE RORET
RUE HAUTEFEUILLE, 12

1894

AVIS

Le mérite des ouvrages de l'**Encyclopédie-Roret** leur a valu les honneurs de la traduction, de l'imitation et de la contrefaçon. Pour distinguer ce volume, il porte la signature de l'Éditeur, qui se réserve le droit de le faire traduire dans toutes les langues, et de poursuivre, en vertu des lois, décrets et traités internationaux, toutes contrefaçons et toutes traductions faites au mépris de ses droits.

Le dépôt légal de ce Manuel a été fait dans le courant du mois de Février 1894, et toutes les formalités prescrites par les traités ont été remplies dans les divers États avec lesquels la France a conclu des conventions littéraires.

PRÉFACE

Lorsque parut pour la première fois, en 1834, le Manuel de M. Maugin, il ne comprenait que la construction du violon, de l'alto, du violoncelle, de la contrebasse et de la guitare, ainsi que la fabrication de l'archet. C'était alors l'ouvrage le plus complet écrit sur la Lutherie, ce qui explique les nombreux emprunts que lui fit M. Adrien de Lafage lorsqu'il termina et publia, en 1838, le Manuel de Musique vocale et instrumentale de Choron. La nouvelle édition du Manuel du Luthier, publiée en 1869 par M. Maigne, fut complétée par la fabrication des cordes en boyau, tant comme cordes harmoniques que comme cordes employées par l'industrie.

La Lutherie est un art dans lequel peu de perfectionnements ont été tentés : les violons italiens, et particulièrement ceux de Crémone, étaient si parfaits, que les luthiers modernes n'ont cherché qu'à les copier ou à les imiter. L'essai fait par M. Félix Savart, lorsqu'il construisit son violon trapézoïdal, ne peut que faire l'objet d'une simple mention, car il ne fut pas adopté, peut-être à cause de sa forme peu gracieuse. Cette industrie est donc restée dans un état à peu près stationnaire.

Mais, s'il y avait peu de changements à introduire dans une nouvelle édition au fond même de l'œuvre de M. Maugin, il était nécessaire de la compléter en y adjoignant la description des autres instruments à cordes, construits par les luthiers modernes, tels que la mandoline, la cithare, la harpe et la vielle, sans parler d'autres inventions qui se rattachent à la fabrication des instruments à cordes. Ce travail était d'autant plus délicat que ces instruments, les uns déjà anciennement connus, abandonnés puis repris ensuite, les autres résultant d'inventions ou de combinaisons nouvelles, ne sont encore joués, à l'heure actuelle, que par un très petit nombre d'artistes spécialistes et que peu de luthiers français s'occupent de les construire. Et cependant, il ne fallait pas songer à les passer sous silence, car l'ouvrage eût été incomplet.

C'est alors que nous avons eu l'idée de nous adresser aux artistes eux-mêmes; nous avons été assez heureux pour trouver auprès de tous le plus bienveillant accueil et des indications précieuses, qui nous ont permis de mener notre travail à bonne fin. Aussi, profitons-nous de ce préambule pour les remercier ici, au nom de nos lecteurs, de leur bienveillante et gracieuse coopération.

MM. Paquotte frères, luthiers parisiens bien connus, ont revu avec soin tout ce qui avait trait au violon et à ses congénères, ainsi qu'à la confection des archets. Le travail de M. Maugin est resté intact, quoique corrigé dans ses détails et souvent dans son style; il en est résulté un ensemble plus uniforme.

MM. Cottin frères, les guitariste et mandoliniste connus du tout Paris artiste, ont complété la partie relative à la construction de la guitare et y ont ajouté ce qui se rapporte à la mandoline, à la mandole, au luth et au théorbe anciens, ainsi qu'au banjo. Ces instruments, naguère encore délaissés, ont, depuis quelques années, repris faveur auprès du public, grâce au talent de ces artistes.

L'article sur la cithare a été rédigé d'après les indications de M. Cejchan, un des rares artistes qui jouent à Paris de cet instrument encore peu répandu, quoiqu'il soit très en faveur en Allemagne et en Suisse.

Bien que la construction de la harpe soit restée un monopole entre les mains de la maison Erard, dont la réputation est universelle, nous avons cru devoir en donner dans ce volume la description et la construction, à cause des nombreux points de ressemblance qu'elle offre avec les instruments à cordes actionnés par les doigts de l'artiste qui les joue.

Nous devons encore rappeler ici l'obligeance avec laquelle M. Albert Bonnaud, ingénieur et représentant à Paris de la Société des Forges et Aciéries de Firminy (Loire), a mis à notre disposition des documents précieux relatifs à la fabrication des fils d'acier employés comme cordes harmoniques par les principaux facteurs de pianos de Paris. Cet article, en apparence étranger à l'industrie de la lutherie, s'y rattache cependant par l'usage qu'elle en fait dans certains instruments, conjointement avec les cordes en boyau, usage qui semble augmenter dans les combinaisons et les inventions nouvelles. Nous pensons que ces indications seront utiles à tous ceux qui emploient les cordes harmoniques métalliques.

D'après des demandes assez nombreuses qui nous ont été adressées, nous avons été amené à comprendre dans notre travail divers instruments dans lesquels les cordes sont serrées à des intervalles inégaux, au moyen d'un mécanisme mû par des touches semblables à celles du clavier du piano. Dans cette classe, nous avons rangé les monocordes et les bicordes, le mélotétraphone et la vielle, et nous en avons rédigé la description d'après les documents qui nous ont été fournis par les inventeurs ou les constructeurs, dont les noms figurent dans les articles mêmes. Nous pensons avoir ainsi satisfait à ces demandes, tout en enrichissant ce volume d'une dernière partie très intéressante.

Enfin, nous l'avons complété en y adjoignant le Mémoire sur la Construction des Instruments à cordes et à archets, de Félix Savart, aujourd'hui assez rare, qui contient des expériences très curieuses sur la vibration des corps sonores, ainsi que des données théoriques sur la construction d'un violon d'une forme nouvelle, qui n'a pas été adoptée. Nous aurons ainsi sauvé de l'oubli un travail important, que les amateurs n'auraient pu se procurer que très difficilement dans quelques bibliothèques.

Telle est la nouvelle édition du Manuel du Luthier, que nous offrons avec confiance aux artistes et aux luthiers de profession, comme un ouvrage unique aujourd'hui sur le sujet traité, rédigé sous la direction d'artistes spéciaux et consciencieux, dont la notoriété est une garantie pour nos lecteurs. Puisse leur approbation nous dédommager du travail considérable que ce volume nous a demandé.

NOUVEAU MANUEL COMPLET

DU

LUTHIER

—⸎—

INTRODUCTION HISTORIQUE

Les instruments à cordes ont été en usage chez les peuples les plus anciennement connus, tels que les Hébreux, les Égyptiens, les Grecs et les Romains; leur forme seule a varié, d'après les perfectionnements qui y ont été apportés et les transformations qu'ils ont subies. Les plus connus de nous sont la lyre et la harpe; mais la dernière surtout était loin de ressembler à la harpe moderne.

La lyre n'est plus aujourd'hui qu'un instrument d'une forme conventionnelle, adopté par les poëtes et les artistes pour symboliser la musique et les arts qui s'y rapportent. La forme que nous lui avons donnée n'était très probablement pas celle qu'elle avait dans les temps héroïques où vivait Orphée. Les noms de *chélys*, que lui avaient attribué les Grecs, et de *testudo*, qu'elle portait au temps des Romains, témoignent assez que les premières lyres étaient faites avec une écaille de tortue, sur le devant de laquelle étaient tendues des cordes qui résonnaient dans la concavité de la carapace de l'animal.

Luthier. 1

De nos jours, on retrouve encore chez les peuples d'origine arabe un instrument qui se joue comme notre guitare, le *gimbri*, dont les cordes sont tendues sur l'ouverture d'une écorce de citrouille, creusée, séchée au soleil et enduite d'un vernis grossier pour la conserver.

Les métaux et les bois n'ont été substitués à l'écaille que lorsque les peuples, devenus plus instruits et plus industrieux, ont appris à les travailler.

La harpe a été primitivement faite avec un morceau de bois courbe ou recourbé au feu, sur un des côtés duquel des cordes étaient tendues et fixées au moyen de chevilles en bois. Quelques-unes étaient courtes et portatives, comme celle dont se servit probablement le roi David lorsqu'il dansa devant l'Arche sainte. On peut ranger dans cette catégorie d'instruments le psaltérion des anciens et le nabulon du moyen âge. D'autres, au contraire, étaient hautes, ce qui permettait de donner plus d'étendue et de sonorité aux cordes. Les Egyptiens paraissent avoir adopté ce type de harpes, dont on jouait à peu près comme de notre harpe moderne.

Ce n'est que plus tard que le bois plein, sur lequel étaient tendues les cordes de l'instrument, fut remplacé par une caisse en bois mince, qui augmentait leur sonorité. Il est évident que la harpe ancienne s'est promptement perfectionnée, et qu'elle est ainsi devenue l'un des meilleurs instruments à cordes de l'antiquité et du moyen âge.

On jouait de tous ces instruments en *pinçant* les cordes, soit avec les doigts, soit avec des *plectres*, petits morceaux de bois ou d'os légèrement courbes, soit encore avec des plumes d'oiseaux taillées en pointe. C'est ainsi que, de nos jours, on pince encore la mandoline, au moyen d'une sorte de petite lame de forme ovale, en écaille, nommée *médiator*.

De ce qui précède, on peut conclure que l'antiquité n'a pas connu les instruments dont on joue en *frottant* les cordes avec les crins d'un archet. Ce qui nous semble bien avéré, c'est que l'usage des instruments à archet ne s'est généralisé en Europe que depuis l'époque des Croisades.

M. Cartier a dit que l'usage du violon datait du temps des bardes gaulois, et qu'il s'était répandu ensuite progressivement en Angleterre, en Ecosse et en Allemagne. Nous ne chercherons pas à établir si l'invention du violon date de cette époque, si elle remonte plus haut, ou si elle est un emprunt fait aux Orientaux ; ce qu'il nous importe de constater, c'est que c'est à partir du douzième siècle que le violon se montre fréquemment dans les poëmes ou chroniques, sous les noms de *vielle, rubelle* ou *rubebbe, rebec* et autres. Ces instruments étaient fort différents du violon de nos jours, d'abord quant à l'effet, car ils ne devaient pas être très sonores, puis quant à l'étendue, qui se portait surtout dans le grave, et correspondait à peu près à l'étendue de l'alto actuel, la plus grande acuité de la chanterelle paraissant n'avoir pas anciennement dépassé le *la,* et enfin quant à la forme, qui se rapprochait de celle de la mandoline, les tables ne dépassant pas les éclisses et n'étant point échancrées. Du reste, ces instruments admettaient, comme de nos jours, le *pizzicato* ; on en jouait, dit un vieux manuscrit du père Jérome de Moravie, *aut arcu aut tactu,* par l'archet ou par le toucher.

Le type le plus ancien du violon, tel que nous le connaissons, remonte à 1450 environ; il fut construit à Brescia par Jean Kerlin, dit Kerlino, luthier breton qui travaillait dans cette ville à cette époque. On connaît encore d'autres produits sortant des mains de Dardelli, luthier de Mantoue, et du tyrolien Duillo-Prucgard. C'est à partir de ce moment que la lutherie prit son plus grand essor en Italie et principalement à Crémone.

Les violons qui sont réputés pour être les plus parfaits datent du XVIIe siècle; ils ont été construits par les fameux luthiers de Crémone, Jérôme Amati, Antoine Amati et Nicolas Amati. Vers la fin de ce même siècle, le célèbre Stradivarius, également de Crémone, construisit ses fameux violons qui jouissent d'une si grande réputation. Enfin, vers le commencement du XVIIIe siècle, son élève Joseph Garneri produisit d'excellents instruments, qui ne sont pourtant pas aussi recherchés que ceux de son illustre maître.

Les luthiers tyroliens suivirent l'exemple de leurs confrères de Crémone; mais ils ne parvinrent jamais à les égaler. On cite cependant avec éloges Egitia Klotz et Joseph Klotz, son fils et successeur.

On doit aussi mentionner parmi les plus habiles luthiers des XVIIe et XVIIIe siècles, Magini, Rutgeri, Alvany, Bergonzi, Montagnana et Jacob Stainer, d'Absom.

De nos jours, la lutherie française s'honore de pouvoir citer les Lupot, les Chanot, les Vuillaume, les Gand et les Paquotte, comme ayant produit d'excellents instruments, dont la réputation est incontestée.

PREMIÈRE PARTIE

VIOLON, ALTO, VIOLONCELLE ET CONTRE-BASSE

CHAPITRE PREMIER

Outillage.

—

Les outils nécessaires au luthier sont l'établi, les valets, la varlope, le vilebrequin, les mèches, les ciseaux, les bédanes, les gouges, le compas, le trousquin, l'équerre, les scies, la meule, la pierre à affiler et les limes.

Tous ces outils étant en tous points semblables à ceux des ébénistes, des menuisiers et d'une foule d'autres ouvriers en bois, nous ne les décrirons pas ici. On en trouvera la description et la figure dans le *Manuel du Menuisier* de cette Collection.

Établi.

L'établi du luthier ne diffère de celui du menuisier qu'en ce qu'il est moins long. Un établi dont la feuille a 1 mètre 15 centimètres de long sur 55 centimètres de large, suffit au luthier.

Scies.

Trois scies suffisent à la confection des instruments dont avons à parler.

La première, montée à l'allemande et longue de 835 millimètres, sert à refendre les gros morceaux. La seconde, qui servira à chantourner, est une lame de 8 millimètres de large sur 660 millimètres de long. Enfin, la troisième est une petite scie à main, à dents fines, faite ordinairement avec un ressort de pendule, qui sert à rogner les pièces de peu de volume et celles qui sont les plus délicates.

Trois ciseaux, un de 28 millimètres de large, un autre de 1 centimètre, et enfin un petit de 5 millimètres, sont suffisants.

Les gouges, au nombre de douze, doivent être de pur acier. La plus petite a 2 millimètres de taillant, et la plus grosse 30 millimètres ; elles se suivent progressivement de 2 en 2 millimètres avec une légère différence.

Ces divers outils servent au luthier à creuser les voûtes du fond et de la table, ainsi qu'à sculpter la volute du manche.

Les outils particuliers à la lutherie sont les rabots en fer, les canifs, les râcloirs, le compas d'épaisseur, le traçoir, le fer à plier, la pointe aux âmes, les happes, les vis, les pinces à barres, les pincettes et la lousse. Nous allons en parler successivement dans les articles suivants.

Grand rabot en fer.

Le grand rabot en fer (fig. 1) sert à dresser les pièces d'un petit volume qu'on ne pourrait travailler avec la varlope, comme le plat du manche et la surface de la touche.

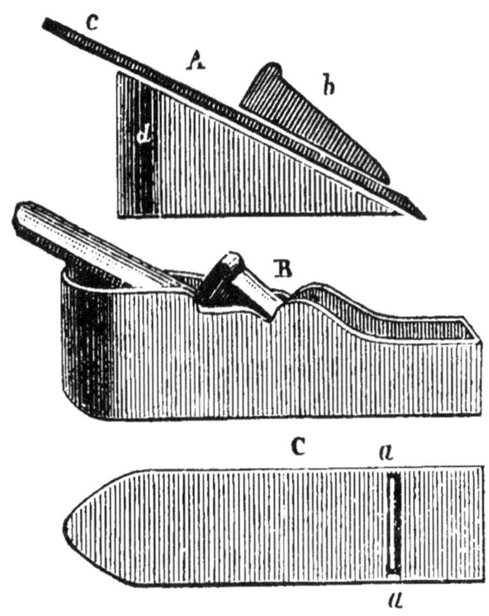

Fig. 1.

B représente ce rabot tout monté et prêt à fonctionner ; C représente le dessous du rabot ou semelle. Cette pièce qui est la base de l'outil, a 6 millimètres d'épaisseur, 2 centimètres de longueur et 45 millimètres de largeur. Les deux lettres *a a* indiquent la lumière du rabot qui a 2 millimètres d'ouverture. Cette lumière se trouve placée à 40 millimètres de la tête de la semelle.

Le pourtour du rabot, qui suit entièrement le contour de la semelle à laquelle il est soudé, est une bande de fer de 5 millimètres d'épaisseur, qui laisse dans l'intérieur du rabot la place nécessaire pour y loger les trois pièces *b c d* (figurées en A) ; *d* représente un morceau de bois sur lequel se place la lame du rabot *c*, ayant son biseau en dessus ; *b* est un coin de fer servant à serrer et à maintenir fixe la lame sur le coin de bois *d*. Le coin *b* se trouve donc comprimé d'un côté par la lame, et de l'autre par une cheville ronde qui a **7** millimètres de diamètre et qui se trouve placée et rivée dans des trous pratiqués dans les deux parois du rabot.

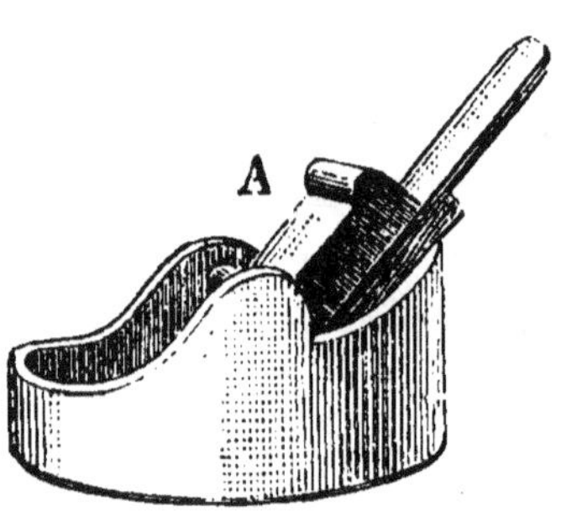

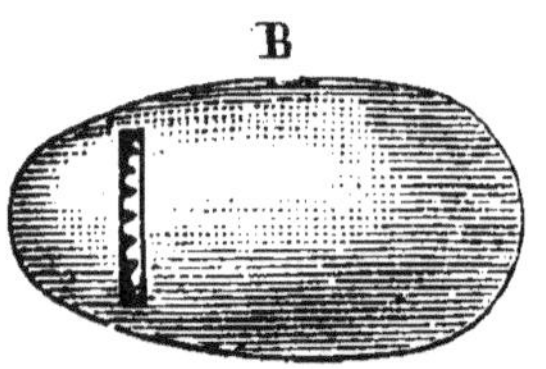

Fig. 2.

Petits rabots en fer.

Les petits rabots en fer sont différents de celui que nous venons de décrire, en ce que leur semelle, au lieu d'être plate, est demi ronde sur toute leur surface, tant en long qu'en large. La figure 2 A B représente un de ces rabots, qui du reste est absolument confectionné comme le premier qui a été décrit.

Voilà les dimensions que doit avoir le plus petit rabot : longueur, 35 millimètres ; largeur 16 millimètres, au centre de la semelle ; ouverture de la lumière, 1 millimètre et demi ; sa voûte en long et en large, 2 millimètres. Toutes ses dimensions sont applicables à la semelle, qui est la base du rabot.

Le luthier doit avoir encore deux autres rabots, en tout semblables à celui décrit ci-dessus en dernier lieu. Le premier de ces deux rabots aura 42 millimètres de long, 21 millimètres de large, toujours à la semelle, et la même voûte que le précédent.

Le second aura 63 millimètres de long, 25 millimètres de large et la même voûte.

La lame du plus petit de ces rabots, dont la pente a été exactement représentée dans la fig. 2, consiste en une feuille d'acier d'un millimètre d'épaisseur. La lame du moyen petit rabot aura 2 millimètres d'épaisseur ; et enfin celle du plus gros des petits rabots, 3 millimètres faibles.

Ces lames ont le biseau en dessous comme la varlope, et en cela les petits rabots diffèrent du grand rabot en fer qui a le biseau de sa lame tourné en dessus.

Canifs.

La figure 3 représente un canif. Ces outils ne sont autre chose que des lames d'acier de 2 à 3 millimètres d'épaisseur et ajustées sur les côtés dans deux morceaux de bois destinés à former le manche, que l'on fixe sur la lame au moyen de deux clous rivés à la

1.

manière des couteliers. Le côté *t* de la pointe est celui qui deviendra le tranchant quand le canif aura été aiguisé sur la meule. Il faut avoir trois ou quatre de ces outils. Le plus grand aura 85 millimètres de lame, et le plus petit 28 millimètres.

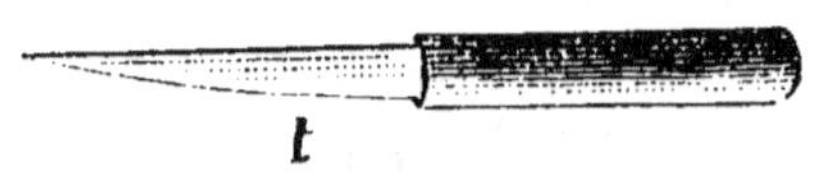

Fig. 3.

Ces canifs étant destinés à couper des bois très résistants, il faut qu'ils soient de très bon acier et trempés au plus dur.

Râcloirs.

Les râcloirs sont des feuilles d'acier fin, assez semblables à ceux dont se servent les ébénistes. Ils en diffèrent cependant par leur forme, presque toujours arrondie, et par leur taillant qui est à biseau.

Voici comment on s'y prend pour façonner les râcloirs dont on peut avoir besoin. On verra plus tard que, pour que ces outils puissent servir, il faut qu'ils aient le taillant plus ou moins arrondi. On se procure une feuille d'acier trempé, de 14 centimètres environ de long, sur 6 à 7 centimètres de large. On casse cette feuille en trois ou quatre morceaux, au moyen d'un étau de serrurier, et l'on affûte sur la meule ces morceaux du côté de la cassure, de manière à leur donner une forme plus ou moins ronde, pour qu'on puisse s'en servir pour râcler dans les voûtes plus ou moins profondes des tables, des fonds, du manche, etc. On donne à un autre une forme angulaire qui lui permette d'atteindre les enfoncements qui doivent être râclés, comme le pied du manche là où il s'enclave dans les éclisses.

On affûte ces petits outils sur la meule comme si l'on voulait affûter un fer de rabot; on rabat le fil avec la pierre à aiguiser et, quand le tranchant est bien égal et bien vif, on renverse le taillant du côté opposé au biseau. Voici comment se fait ce renversement de fil.

On se procure une vieille lime ronde de 6 millimètres de diamètre ; on use toutes ses dents sur la meule, on fait ensuite disparaître avec la pierre à aiguiser les traces qu'a laissées la meule sur la lime qui devient ainsi aussi unie qu'un brunissoir. On prend alors dans la main gauche le râcloir qui a son biseau tourné du côté de la main droite, on pose le brunissoir sur le taillant, et l'on passe le brunissoir d'un bout à l'autre du râcloir en appuyant également sur ce taillant ; le râcloir se trouve ainsi garni d'un petit rebord du côté opposé au biseau. L'outil peut dès lors râcler proprement et sans faire de rayures.

Compas d'épaisseur.

La figure 4 représente le compas d'épaisseur. Cet outil doit avoir une proportion telle qu'il puisse prendre les épaisseurs du fond et de la table d'un violon dans toutes ses parties, et comme il peut servir aussi

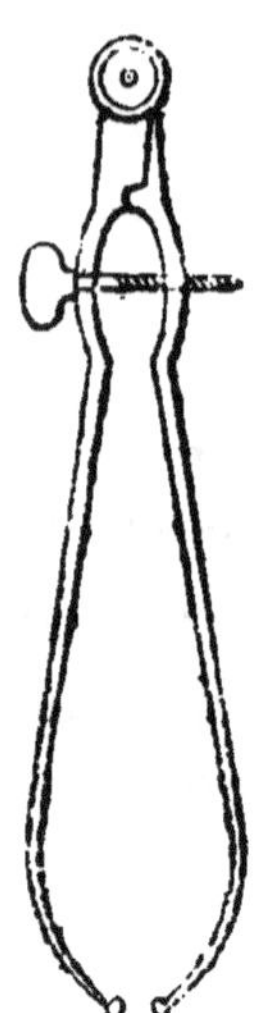

Fig. 4.

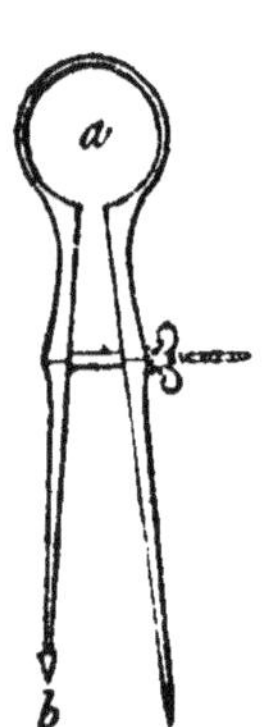

Fig. 5.

pour l'alto, il faut qu'il soit cinq fois plus grand que la figure qui le représente.

Cet outil est tout en fer. Le moment venu de s'en servir, nous donnerons l'explication détaillée de son usage.

Traçoir.

La figure 5 représente un traçoir, outil qui ressemble beaucoup à un compas d'horloger qui aurait une jambe de 14 millimètres plus courte que l'autre. Ce traçoir est tout en acier. Sa jambe la plus courte se termine par un petit taillant *b*, qui sert à tracer, sur les fonds et sur les tables des instruments, la rainure destinée à recevoir les filets. Sa partie arrondie *a* doit faire ressort pour qu'en écartant plus ou moins ses jambes, elles puissent rester juste au point que désire l'ouvrier.

Au moment de se servir de cet outil, nous indiquerons la manière de l'employer. Sa dimension est du double de la figure qui le représente.

Fer à plier.

La figure 6 représente le fer à plier. Cet outil, qui est en fonte massive, sert à donner la courbure voulue au bois ; il est terminé par un manche recourbé, au moyen duquel on l'accroche quand on n'en fait pas usage, ou bien on le manœuvre tantôt pour le faire chauffer, tantôt pour le fixer sur l'établi, au moyen d'un valet.

Fig. 6.

La partie B du fer à plier a **17** centimètres de long. Son diamètre dans la partie la plus large de l'ovale est de **56** millimètres, et dans la plus étroite de **28** millimètres.

La partie A, qui est terminée par une sorte de crochet, a **28** millimètres sur chacune de ses quatre faces, et **67** centimètres de longueur.

Pointe aux âmes.

La figure 7 représente la pointe aux âmes.

Fig. 7.

Cet outil a ordinairement **22** centimètres de longueur sur **2** à **3** millimètres d'épaisseur ; il doit être en acier non trempé.

Happes.

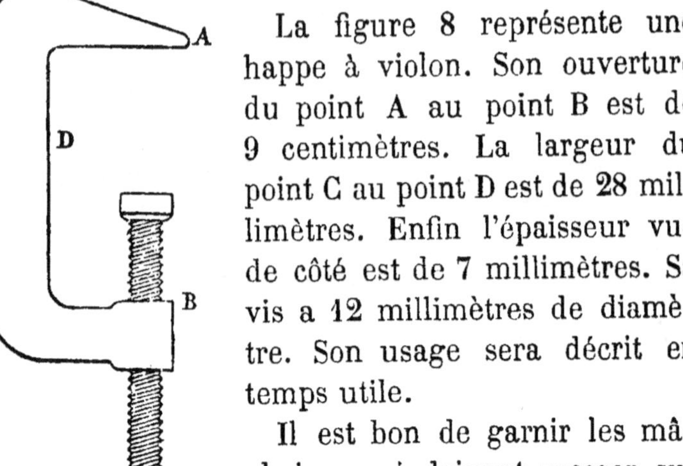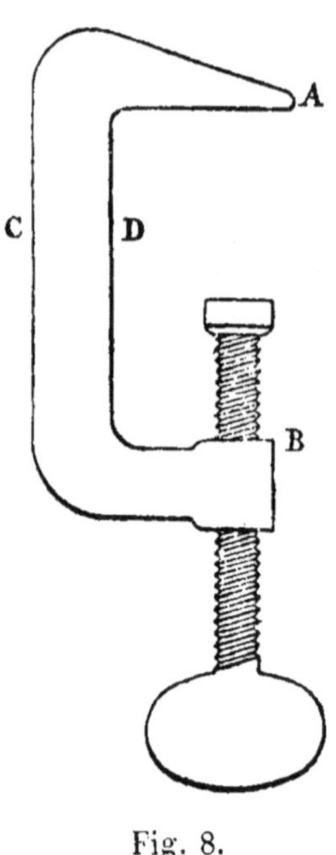

Fig. 8.

La figure 8 représente une happe à violon. Son ouverture du point A au point B est de 9 centimètres. La largeur du point C au point D est de 28 millimètres. Enfin l'épaisseur vue de côté est de 7 millimètres. Sa vis a 12 millimètres de diamètre. Son usage sera décrit en temps utile.

Il est bon de garnir les mâchoires qui doivent presser sur le violon avec du drap, pour éviter de faire des foulures à l'instrument.

Vis.

La figure 9 représente une vis à violon. La longueur de la vis du point A au point B est de 83 millimètres. L'écrou C a 28 millimètres d'épaisseur ; il doit avoir 14 millimètres de saillie sur le pas de vis. La tête de l'outil doit avoir les mêmes proportions.

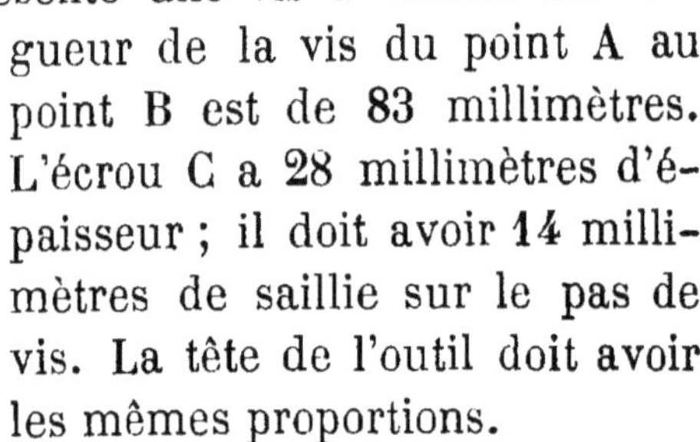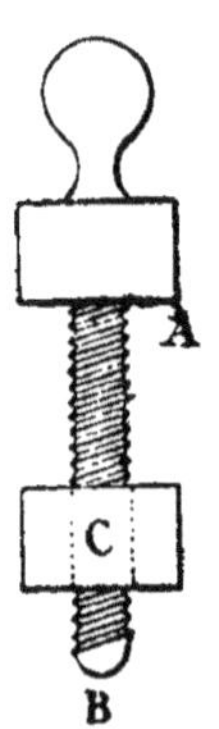

Fig. 9.

Il faut de temps à autre enduire les vis avec du savon pour qu'elles jouent facilement.

On emploie de seize à dix-huit vis pour établir un violon.

Pinces à barres.

La figure 10 représente une de ces pinces, qui n'est autre chose qu'un morceau de bois de hêtre de **14** millimètres d'épaisseur sur **28** millimètres de large au bout A, et **56** millimètres au bout B ; sa longueur est de **25** centimètres.

Son entaille au bout B est de **28** millimètres et va mourir en pointe, comme on le voit par la figure, à **83** millimètres du bout A.

Fig. 10.

Pincettes.

La figure **11** représente ce genre d'outil, qui est un petit morceau de bois de **56** millimètres de long sur **7** millimètres d'épaisseur et **12** millimètres de largeur. L'entaille du milieu de ce morceau doit avoir au point A de **3** à **4** millimètres d'ouverture ; elle s'élargit un peu vers le bout B.

Il faut avoir soin d'égaliser le plus possible les faces intérieures des entailles des pinces et des pincettes, pour éviter les foulures à la table et aux cercles.

Fig. 11.

Lousse.

La lousse est un outil qui sert à donner aux trous des chevilles et des boutons la forme conique qu'ils

doivent avoir. Cet outil est en acier trempé ; on le
trouve facilement chez les quincailliers bien assortis.
La figure 12 le représente dans une proportion de
trois quarts plus petite qu'en grandeur naturelle. Cet
outil a besoin d'être toujours parfaitement affilé pour
obtenir des trous bien cylindriques.

Fig. 12.

Tous les outils que nous venons de décrire ici sont
propres à la construction du violon et de l'alto.

Quelques-uns d'entre eux peuvent servir également
ment à établir les violoncelles ou basses, les contre-
basses et les guitares ; mais d'autres, vu leurs petites
dimensions, ne peuvent atteindre ce but. Ce sont les
vis, le compas d'épaisseur, la pointe aux âmes, les
happes, les pinces à barres et les pincettes. Il faut
donc que ces derniers outils soient établis dans la
proportion convenable aux ouvrages pour lesquels ils
devront servir ; c'est ainsi qu'il faut des vis particulières pour le violon, la guitare, le violoncelle et la
contre-basse. Au reste, grands ou petits, ces outils
devant toujours produire le même effet, quelle qu'en
soit leur proportion, on s'en sert toujours de la même
manière.

Enfin, pour terminer, nous dirons qu'il ne faut rien négliger pour se procurer de bons outils si l'on veut réussir dans la lutherie, qui est un art assez difficile par lui-même, pour qu'on emploie tous les moyens possibles pour arriver au but; or les bons outils aident les bons ouvriers à faire du bon travail.

CHAPITRE II

Bois employés dans la Lutherie.

Un bon instrument ne peut être fabriqué avec de mauvais bois; le choix du bois est donc une des choses essentielles dans l'art du luthier.

Les bois qui entrent dans la confection du violon et des instruments de la même famille sont : 1° l'érable ou plane; 2° le sapin; 3° l'ébène.

L'érable ou plane fournit le fond, le manche, les éclisses et le chevalet. On s'est aussi quelquefois servi pour le fond du noyer, du peuplier et d'autres bois ; mais ses essais ont toujours été désapprouvés comme ne donnant que des instruments moins bons et même moins beaux que ceux dans la construction desquels on emploie le plane.

La variété la plus belle de plane nous vient d'Amérique; elle est recherchée par les luthiers à cause de ses veines, qui raient très agréablement pour l'œil les fonds des violons.

On tire du sapin la table, la barre, les coins, les tasseaux, les contre-éclisses et l'âme.

L'ébène fournit la touche, les filets, les chevilles, le cordier ou queue et le bouton.

C'est du plane et du sapin que dépend entièrement le son des instruments à archet. Le luthier le plus habile ne fera jamais un bon violon avec du bois de qualité médiocre. Aussi, avant de mettre la main à l'œuvre, l'ouvrier doit-il avoir grand soin de se procurer le bois convenable.

Le vieux bois est sans contredit le meilleur que l'on puisse employer ; quant à l'âge, il réunit les autres qualités que nous indiquerons tout à l'heure. Cependant le bois qui a cinq à six ans de coupe, qui a été abattu vers le mois de janvier et conservé dans un lieu sec et aéré, à l'abri de l'intempérie des saisons, est très propre à faire de bons instruments.

Le plane doit être bien sain, sans nœuds, sans gerçures. Ses fibres doivent courir en ligne droite dans sa longueur, et ne pas décrire de courbes. Trop dur, ce bois ne produit que des sons aigus ; la note tirée d'un instrument fabriqué avec du bois de cette espèce, ne vibre que quelques instants après le coup d'archet frappé sur la corde ; trop tendre, ce bois fait rendre à l'instrument des sons sourds et sans le moindre éclat.

Le bois trop passé ne vaut pas mieux que celui qui a été coupé trop récemment.

Il faut éviter de se servir de plane que les vers auraient attaqué même légèrement ; tôt ou tard, ces vers continueront le ravage qu'ils ont commencé.

Aujourd'hui presque tous les luthiers n'emploient qu'un seul morceau pour les fonds. Ce procédé ne peut qu'être approuvé, d'abord parce qu'il ne nuit en rien au son, ensuite parce qu'il rend l'instrument plus solide. Nous avons vu beaucoup de beaux et de bons instruments anciens, qui, ayant été décollés au joint du fond et ayant été mal réparés, avaient par là perdu tout le gracieux de leurs belles formes et de leur bonté, surtout quand, tombés entre des mains inhabiles, le joint n'avait pas été resserré régulièrement, et que l'une des deux parties débordant l'autre, on avait râclé en dedans et en dehors la partie qui débordait la voisine.

Le bois destiné à faire les instruments à archet se trouve dans le commerce en morceaux refendus dans les dimensions nécessaires pour en tirer un violon, un violoncelle, une guitare, etc.

Les morceaux destinés aux violons, altos et violoncelles, présentent par leurs bouts la forme de la figure 13, quand le fond ou la table doivent être formés d'une seule pièce. Ils ont la forme, aussi par les

Fig. 13.   Fig. 14.

bouts, de la figure 14, quand ils doivent être formés de deux pièces.

C'est en Suisse et principalement dans les cantons de Schwitz et de Lucerne que l'on trouve à se procurer le plus beau plane d'Europe. Mais on n'en trouve pas toujours de bien sec; aussi celui que l'on achète dans ce pays doit rester au moins cinq ans en magasin avant d'être employé.

A Paris, à Mirecourt et dans plusieurs villes de grand commerce de France, on trouve de très beau bois sec; mais naturellement son prix est bien plus élevé, surtout quand ses ondes régulièrement disposées le rendent propre à faire un bel instrument.

Nous avons lu dans un ouvrage italien sur la lutherie, que les célèbres maîtres de Crémone employaient souvent un bois nommé azarole, qui provient du midi du Tyrol. Ils assuraient que ce bois était préférable aux bois de la Suisse. Nous ne le connaissons pas; mais nous savons que les luthiers italiens apportaient tous leurs soins à se procurer des bois poussés sur des côtes exposées au midi, et qu'ils prenaient encore de préférence pour leurs ouvrages la partie qui avait été exposée au midi pendant la croissance de l'arbre.

Enfin, il faut éviter de se servir de plane qui ait des taches, soit rouges, soit brunâtres. Celui qui a une teinte blanche régulière est préférable.

Le sapin doit être blanc; celui dont le grain est trop fin ne vaut pas mieux que celui dont les fibres sont trop éloignées entre elles. Il faut bien se garder d'employer celui qui a une couleur rougeâtre, car il a poussé dans les lieux humides. Il ne doit être ni trop dur ni trop tendre; ses veines doivent être régulièrement séparées entre elles de 2 millimètres environ; elles doivent tomber perpendiculairement du dessus de la table au-dessous, et ne pas être disposées en biais; elles doivent être en ligne droite dans la longueur du violon, et ne pas décrire de lignes courbes. Le moindre nœud, le moindre défaut doivent faire rejeter la table qui en est tachée.

Il est inutile de rien dire sur le choix de l'ébène; on l'emploie dans la fabrication des instruments à cordes surtout à cause de sa dureté.

Avant de finir ce chapitre, nous croyons devoir rappeler ici une expérience qui fut faite sur un fond et une table de violoncelle dont l'on voulait faire un instrument soigné. Par un malentendu très regrettable, l'instrument ne fut pas confectionné comme on le désirait, mais toujours a-t-on obtenu le résultat suivant :

On soumit à la vapeur d'une machine à vapeur le fond et la table bruts; ces deux pièces restèrent pendant vingt-quatre heures dans le réservoir, disposé pour l'expérience. Au bout de ce temps, on exposa à l'air ces deux morceaux de bois que l'on avait pesés avant que la vapeur eût été employée contre la sève qu'ils pouvaient contenir. Si le fond avait peu perdu de son poids, la table avait diminué de 75 grammes, chose qui nous a paru énorme, attendu que ce sapin était déjà très vieux avant d'être soumis à cette intéressante expérience.

Le sapin est le seul bois dont on se soit jamais servi pour les tables des instruments à archet, mais il n'en est pas de même du bois employé pour les fonds. Nous ne parlerons pas du bois des éclisses, car ces dernières n'influent en rien sur la qualité du son ; mais nous avons eu l'occasion de voir des instruments dont les fonds étaient en noyer, en peuplier et autres bois ; aucun de ces instruments ne nous a paru bon ; d'ailleurs le planc bien ondé, outre son élasticité, contribue puissamment à embellir le violon, et nous ne pensons pas qu'en rien il faille négliger de joindre, quand on le peut sans inconvénient, l'utile à l'agréable.

CHAPITRE III

Construction du Violon.

—

§ 1. DESCRIPTION DU VIOLON.

Le violon, dont nous allons donner la description, est un instrument de format *entier* ou grand violon ; ce modèle est naturellement le plus répandu.

On fabrique également à l'usage des enfants et pour les mains peu développées des instruments de formats réduits dits violons *quart, demi, trois-quart,* dont les proportions se rapportent exactement à ces diverses divisions du format entier.

Ces instruments sont, à peu d'exceptions près, fabriqués avec moins de soins que les violons entiers.

Bien que le violon soit peut-être l'instrument le plus connu et le plus généralement répandu dans le monde musical, il est encore bien des personnes qui ne se doutent pas de combien de pièces est composé cet instrument.

Plusieurs fois on nous a demandé si ce n'était pas en soumettant la table et le fond, d'abord à l'action de la vapeur et ensuite à une forte pression, qu'on parvenait à donner une forme voûtée à ces deux pièces.

Le violon, quand le fond et la table sont chacun d'une seule pièce, est composé de soixante-neuf parties, et de soixante et onze, quand le fond et la table sont chacun de deux pièces.

Il y a dans cet instrument :

2 pièces pour le fond,
2 — pour la table,
6 — pour les coins et les tasseaux,
6 — pour les éclisses,
12 — pour les contre-éclisses,
1 — pour la barre,
24 — pour les filets,
1 — pour le grand sillet,
1 — pour le manche,
1 — pour la touche,
1 — pour le petit sillet,
2 — pour le cordier,
1 — pour l'attache du cordier,
1 — pour le bouton,
4 — pour les chevilles,

4 pièces pour les cordes,
1 — pour l'âme,
1 — pour le chevalet.

En tout soixante et onze pièces qui, réunies, semblent pour ainsi dire n'en former qu'une.

On emploie, comme on l'a vu plus haut, trois espèces de bois pour la construction du violon. Ces bois sont l'érable ou plane, le sapin et l'ébène.

C'est le plane qui fournit le fond, le manche, les éclisses et le chevalet.

On tire du sapin, la table, la barre, les coins, les tasseaux, les contre-éclisses et l'âme.

L'ébène sert à façonner la touche, les sillets, les chevilles, le cordier et le bouton qui lui sert de point d'appui.

On donne au fond et à la table la forme qui leur est particulière au moyen de plusieurs outils tranchants, tels que des gouges, de petits rabots, des canifs.

Le manche est sculpté.

Les éclisses et les contre-éclisses sont rabotées et pliées ensuite par le moyen de l'eau et d'un fer chaud.

Les autres instruments à archet se fabriquent d'après les mêmes procédés que le violon ; il n'y a de différence qu'entre leurs proportions qui vont toujours en croissant jusqu'à la contre-basse.

L'alto ou quinte que l'on accorde cinq tons plus bas que le violon, a environ un septième de plus dans sa dimension. C'est de la manière de l'accorder que l'alto prend quelquefois le nom de quinte.

La basse ou violoncelle qui s'accorde à l'octave au-dessous de l'alto a, dans ses proportions, le double du violon.

La contre-basse a une proportion à peu près double du violoncelle. Son plus ou moins grand volume dépend des orchestres plus ou moins nombreux auxquels est destiné cet instrument. En Allemagne, où la contre-basse est bien plus en usage qu'en France, on en voit de toutes sortes de proportions.

Au reste, nous reviendrons en temps et lieu sur les dimensions exactes de chacun de ces instruments.

A ces proportions générales des instruments à archet, nous croyons devoir ajouter quelques indications données par Auguste Otto, luthier distingué et habile de Halle (Saxe), qui les donna dans un opuscule publié par lui en 1817, sous le titre d'*Essai sur la Construction et la Conservation des Instruments à Archet.*

Il est certain que la perfection des violons fabriqués par les luthiers de Crémone est due à ce que ces véritables artistes ont construit leurs instruments d'après les règles simples reposant sur des bases mathématiques, sans que leurs proportions variassent quant aux épaisseurs des tables et des fonds. Or, voici quelles étaient ces proportions.

La partie la plus épaisse de la table était celle qui se trouve sous le chevalet, entre les deux *ff;* de cet endroit de la table, et en s'éloignant vers les bords, l'épaisseur allait en diminuant, de manière à n'être plus que de la moitié de celle de l'estomac, là tout à

Luthier.   2

l'entour de la table et aux endroits mêmes où elle se repose sur les éclisses et les tasseaux.

Dans la longueur de l'instrument, l'épaisseur de l'estomac de la table était conservée dans toute la longueur de la barre, pour aller finir ensuite vers les tasseaux du haut et du bas, à une épaisseur qui était juste la moitié de celle de l'estomac.

Dans la largeur, on remarquait que les joues de ces instruments avaient un quart d'épaisseur de moins qu'à l'estomac.

C'est là la seule proportion qui puisse donner à un violon la force, l'éclat et la douceur qu'on recherche dans cet instrument.

Le fond de ces instruments avait en tous points les mêmes proportions, seulement la plupart avaient le fond quelque peu plus épais que la table.

Jérôme Amati, le plus vieux des Crémonais, a employé dans ses ouvrages du planc de la plus grande beauté, et autant qu'on peut le croire, la plupart de ses fonds étaient d'une seule pièce. Les ondes de ce bois allaient un peu en biaisant de gauche à droite.

La forme de ses violons est grande et d'un effet très agréable à l'œil. Les coins étaient fort courts, et les bords dépassaient de très peu les éclisses, ce qui donnait un très bel aspect à l'instrument; ses bords étaient très épais et parfaitement arrondis; comme dans tous les instruments italiens, les filets fort bien faits étaient larges.

La voûte de ses instruments était un peu plus élevée que celle des Stradivarius; elle s'élevait de la gorge dans laquelle se trouvent les filets, d'une manière tellement insensible, qu'on n'aurait jamais pu croire qu'elle eût un pouce (28 millimètres) (1) de hauteur au-dessus de la ligne horizontale des bords, car elle paraissait plate à l'œil; les filets étaient plus éloignés des bords que dans les autres violons, les ondes des éclisses n'étaient pas perpendiculaires par rapport à la table et au fond, elles avaient une pente de cent degrés.

La table était en sapin à veines larges, qui conservaient entre elles dans toute la longueur de l'instrument le même éloignement; la voûte du fond était en tout semblable à celle de la table.

Les *f f* étaient fort bien découpées, et se trouvaient rapprochées par leurs trous ronds du haut, de manière que leur séparation, en cet endroit, était justement de la largeur du chevalet; elles n'étaient pas très longues et se rapprochaient beaucoup du point.

Le manche en fort beau plane avait les parois du chevillier fort épaisses; sa coquille, parfaitement arrondie, était fort large d'un bouton à l'autre, et c'est certainement cette coquille qui est la plus belle de tous les Crémonais.

(1) On trouvera dans le cours de cet ouvrage, les dimensions de toutes les parties constitutives des instruments à cordes énoncées en lignes, pouces et pieds, avec leur évaluation en mesures décimales. Nous avons conservé à dessein ces anciennes mesures, les seules qui sont encore employées aujourd'hui dans la lutherie, comme fournissant des subdivisions plus exactes que les mesures décimales, au point de vue de la sonorité des instruments.

Enfin, les vernis de ces violons étaient au succin, et de couleur brun-cerise ; quelques-uns cependant avaient une couleur d'acajou ; le vernis avait éclaté sur la plupart de ces violons qui sont les plus vieux de Crémone, puisqu'ils ont été construits de 1614 à 1620.

Viennent ensuite les violons d'Antoine Amati, probablement le fils du précédent. Nous n'avons pas vu beaucoup de ses instruments, qui sont les uns en Italie et les autres en Angleterre. Il n'y a pas grande différence entre leur construction et celle des violons de Jérôme ; leur son est parfait, quand ils n'ont pas été gâtés par des luthiers ignorants.

Viennent maintenant les violons de Nicolas Amati et de Stradivarius qui ont été faits à peu près vers la même époque.

Ceux de Nicolas Amati se font remarquer par leur patron qui est plus petit que ceux des auteurs précédents, et par leur voûte particulière, qui, à partir des filets, reste un peu plate pour s'élever ensuite à un pouce au-dessus de la ligne horizontale des bords. Cette voûte s'élève plus sensiblement que celle de Jérôme et d'Antoine. Du reste, ces violons sont exécutés avec beaucoup de soin ; les filets ne sont pas aussi bien travaillés que chez les autres ; les coins sont un peu plus aigus. Les bords sont très bien arrondis, et les *f f*, assez rapprochées l'une de l'autre, sont parfaitement découpées.

Quand ces violons n'ont pas passé par des mains malhabiles, ils ont un son qui ne le cède en rien aux instruments construits par Stradivarius, et ils n'ont pas, comme ces derniers, le défaut d'avoir la barre qui, ayant cédé au tirage des cordes, rentre au dedans de l'instrument.

La table est d'un sapin dont le grain est moins large que celui des précédents, mais le planc qu'on y a employé est très beau et très bien ondé.

Leur vernis est à l'huile et de couleur rouge-jaune; nous en avons cependant vu quelques-uns qui étaient de couleur brune.

Les violons de Stradivarius sont les plus plats de tous les Crémonais ; leur voûte n'a pas plus d'un demi-pouce (14 millimètres) d'élévation. Ceux qui n'ont pas été gâtés ont un son plein, grave et éclatant en même temps. Ils sont recherchés des virtuoses, qui sacrifient des sommes d'argent considérables pour en devenir possesseurs.

La raison de leur renommée vient probablement de leur construction qui, étant plate, peut être très forte en bois et produire une vibration plus vigoureuse et plus facile qu'un instrument voûté.

Malheureusement, beaucoup de ces violons ont été abîmés, on peut croire que c'est en les rebarrant qu'on les aura estropiés de la sorte.

Ces violons étant très forts en bois, avaient tous, en sortant des mains de leur auteur, une barre très faible et fort courte; aussi tous avaient-ils cédé par la table, du côté de la barre, au poids des cordes, et quand des luthiers qui ne connaissaient pas leur état, auront été chargés d'obvier à ce défaut, ils auront gâté le violon.

2.

Outre cela, messieurs les amateurs aiment beaucoup à faire réparer leurs instruments et à avoir de grandes et fortes barres qui sont justement ce qu'il y a de plus propre à tuer la vibration.

Le patron des Stradivarius est très beau ; les filets de ces violons sont plus larges que ceux des autres Crémonais, et ils sont plus éloignés des bords. Leurs *ff* sont parfaitement percées et le bois très beau.

Leur vernis, au succin, est brun foncé ; il y en a cependant quelques-uns qui sont brun-jaune.

Quelques-uns sont presque voûtés comme ceux de Nicolas Amati ; ceux-là ont une couleur acajou.

Les violons de Joseph Guarneri ont une grande ressemblance avec ceux de Nicolas Amati ; ils ont un vernis jaune doré. Les Rutgeri et les Alvany se rapprochent beaucoup des Guarneri.

Les violons de Jacques Stainer, d'Absom, ne le cèdent en rien pour la beauté ni pour la bonté aux Crémonais. Ils sont bien plus voûtés que ces derniers et ont une tout autre construction intérieure.

La différence que l'on peut établir entre le son de ces violons et celui des Crémonais, est que le son des premiers ressemble aux sons d'une flûte et celui des seconds aux sons d'une clarinette.

La table de ces violons est plus voûtée que le fond. Le sommet de cette voûte a justement en largeur la dimension du chevalet, et s'étend de là jusqu'à moitié de la table vers le bord du haut et jusqu'à la moitié de la table vers le bord du bas, ensuite il descend insensiblement jusqu'à l'endroit où se trouvent les filets.

Les bords sont très épais et bien arrondis, les filets sont placés plus près des bords que dans les Crémonais et sont moins épais. Les *f f* sont très bien percées, et ont cela de remarquable que les ronds qui les terminent en haut et en bas ont une forme presque triangulaire.

Enfin, quelques-uns de ces violons, qui tous sont un peu moins longs que ceux de Crémone, ont, à leur manche, une tête de lion très bien sculptée en place de volute.

Leur bois est fort beau; tous ont un vernis à l'huile dont la couleur est rouge-jaune; quelques-uns ont le corps de l'instrument couleur brun foncé et la table jaune.

On trouve rarement dans les Stainer des écriteaux; quand il s'en rencontre, ils ne sont pas imprimés, mais écrits à la main.

Beaucoup de luthiers du Tyrol ont voulu imiter les Crémonais et les Stainer; mais il est facile de les reconnaître au sapin de leurs tables qui sont d'un grain très resserré, à leurs éclisses qui sont très peu élevées, et à leurs bords qui sont plus minces et moins bien arrondis. Leurs filets aussi sont bien plus minces et ne présentent pas partout une forme bien arrondie.

Ces violons tyroliens ont les *f f* très bien imitées des Crémonais et des Stainer; mais leurs voûtes sont tout à fait fausses. Le plane qu'on a employé à leur construction est de médiocre qualité, et la coquille de leur manche est plus petite d'un tiers que celle des

Crémonais et des Stainer ; enfin, leur vernis est à l'alcool et très faible. Leur couleur, qui imite le bois vieux, est presque toujours jaune pâle.

Il n'y a eu, parmi les Tyroliens, que deux luthiers qui aient produit de bons instruments : Egitia Klotz et son fils, Joseph Klotz.

§ 2. Manière de confectionner les modèles de violon.

Les modèles dont se servent les luthiers pour faire leurs violons consistent en planchettes de plane, rabotées à 2 millimètres d'épaisseur, et qui, représentant avec une exactitude parfaite les profils et les contours des différentes parties de l'instrument, servent à les tracer pour leur donner ensuite la forme convenable. Ces modèles doivent être tracés et découpés avec le soin le plus minutieux, car de ce travail dépend absolument la beauté et la bonté de l'ouvrage.

La figure 15 représente le modèle du fond et de la table.

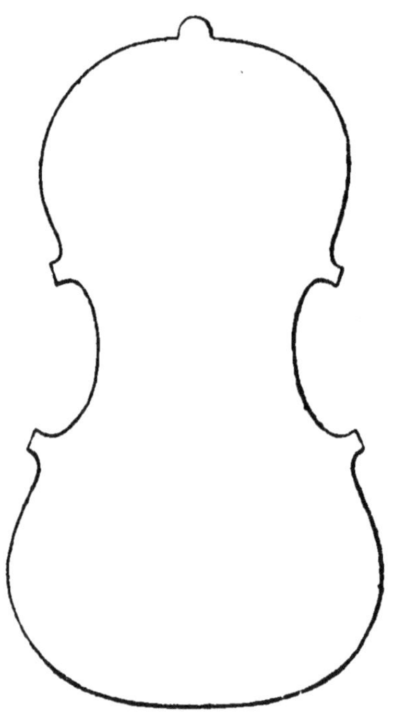

Fig. 15.

La figure 16 représente la coupe et l'emplacement
des *f f*.

Fig. 16.

La figure 17 D représente la voûte du fond et de la
table prise dans leur longueur respective.

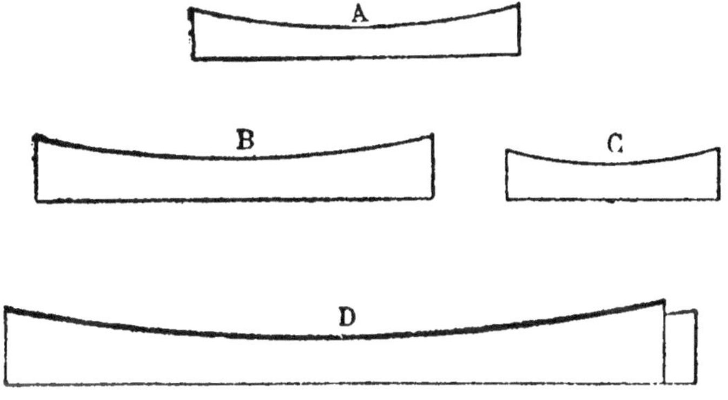

Fig. 17.

La figure 17 B représente la voûte prise en travers
de l'instrument dans sa plus grande largeur.

La figure 17 C donne la voûte prise aussi en travers
du centre des deux *f f*.

La figure 17 A représente la voûte prise en travers
de la plus grande largeur du violon, dans sa partie
qui est voisine du manche.

Enfin, la figure 18 représente la volute du manche de l'instrument.

Fig. 18.

Le moyen le plus sûr de tracer un beau modèle de violon est de se procurer un beau violon d'auteur. On entend par violons d'auteurs ceux qu'ont fait, il y a deux cents et quelques années, les Stradivarius, les Amati, les Stainer et les Guarneri.

On commence par raboter, à une ligne (2 millimètres) d'épaisseur environ, une planchette de plane ou de tout autre bois dur, en ayant soin de donner à cette planchette une dimension en longueur et en largeur, un peu plus forte que celle du violon que l'on veut copier ; il faut détabler le violon qui doit servir de modèle.

Détabler un violon, c'est séparer du corps de l'instrument la table qui est collée sur les éclisses. Pour bien réussir dans cette opération, il faut de la patience et beaucoup de précaution pour ne pas briser la table ni ses bords, car l'un et l'autre sont fort fragiles. Il faut se servir à cet effet d'un couteau destiné à cet usage. Ce couteau, qui ne doit pas couper, doit cependant être assez mince des deux côtés et à son extrémité qui est arrondie, pour qu'il puisse facilement se faire jour entre les éclisses et la table; petit à petit, et tenant le pouce de la main gauche sur la partie de la table que l'on sépare des éclisses, on vient à bout de cette opération qui n'est rien pour le luthier qui a la main exercée. On ne peut pas mieux comparer ce couteau qu'à un plioir de brocheur dont la lame n'aurait que 7 centimètres de longueur.

La table une fois séparée du corps du violon, on pose à plat la planchette sur l'établi, et la table sur la planchette du côté décollé; prenant alors une pointe à tracer, qui n'est autre chose qu'un poinçon d'acier trempé et bien épointé, on trace tout autour de la table un trait bien exact sur la planchette.

Ce tracé fini, on enlève, d'abord avec la scie la plus fine, tout le bois qui est en dehors du trait, en ayant bien soin de ne pas trop approcher de ce trait, et l'on finit par donner la forme exacte à ce modèle avec un canif bien affilé et les racloirs.

Pour tracer le modèle D, fig. 17 (la voûte en longueur de l'instrument), on prend une planchette de dix-huit lignes (42 millimètres) de large sur quatorze pouces (39 centimètres) de long, qu'on pose de champ sur le centre de la table et du côté du vernis ; on appuie la table sur l'établi ; on prend alors un compas que l'on ouvre d'un centimètre environ ; on pose à plat une de ses pointes sur la table, et l'autre pointe sur la planchette que l'on tient bien fixe de la main gauche; on promène alors le compas dans cette même position, d'un bout à l'autre de la table, en ayant soin que la pointe porte constamment sur la planchette, qui, de cette manière, recevra l'empreinte de la voûte que l'on veut obtenir. On enlève avec le canif le bois qui est en dehors du trait ; on pose de nouveau la planchette sur la table, et l'on resserre les pointes du compas de manière qu'elles n'aient plus entre elles que deux à trois lignes (6 millimètres) d'intervalle ; on répète la même opération et l'on enlève de nouveau le bois inutile ; on obtient ainsi la voûte exacte du violon dans sa longueur.

Ce modèle de voûte, ainsi que ceux des voûtes prises en travers de l'instrument, servent également pour la confection du fond et de la table.

Les modèles, figures 17, A, B, C, s'obtiennent de la même manière que le précédent.

Seulement, il faut prendre la voûte B, dans le centre le plus large de la partie de l'instrument où se trouve le cordier.

La voûte C doit être prise sur le point qui se trouve entre les deux crans des *f f*.

Enfin, la voûte A doit être prise au plus large de la partie du violon dans laquelle se trouve enclavé le pied du manche.

Le modèle figure 16 est celui des *f f*. Pour le tracer exactement, il faut prendre un morceau de fort parchemin, d'une dimension telle qu'il puisse couvrir un peu plus que la partie de la table occupée par les *f f*.

On prend un drap de lit, un tapis de commode, une pièce de n'importe quelle étoffe, et l'on plie celui de ces objets que l'on aura choisi en huit ou dix doubles, puis on le pose sur l'établi. On étend le parchemin sur l'étoffe ; renversant alors la table du violon, on la pose du côté extérieur sur le parchemin, de manière que ce dernier bouche entièrement tous les jours des *f f* de la table ; on appuie la main gauche sur la table pour la rendre immobile, et, avec un crayon taillé bien fin, on trace exactement l'intérieur des *f f*, et ensuite le contour extérieur des bords du violon, comme on le voit dans la figure 16.

Ce travail terminé, on colle le parchemin sur une planchette de plane rabotée à une faible demi-ligne (1 millimètre) d'épaisseur ; on met sous presse en ayant soin que le parchemin soit étendu de manière à ne pas former de plis, et on laisse sécher ; prenant alors un canif bien affilé, on découpe les jours des *f f* et les contours extérieurs représentant les bords du violon. On obtient ainsi le modèle de la figure 16.

On peut ensuite décoller le parchemin et le séparer de la planchette, en l'imbibant d'eau au moyen d'une éponge ; le parchemin une fois détaché du bois, il faut remettre ce dernier sous presse pour qu'il ne se tourmente pas.

Le modèle du manche (fig. 19), est plus difficile à obtenir.

On pose à plat le manche que l'on veut copier sur un morceau de parchemin placé sur une étoffe. Avec un crayon, on trace aussi juste que possible tout le contour exté-rieur du chevillier et de la coquille, en promenant le crayon du point A jusqu'au point G, en passant

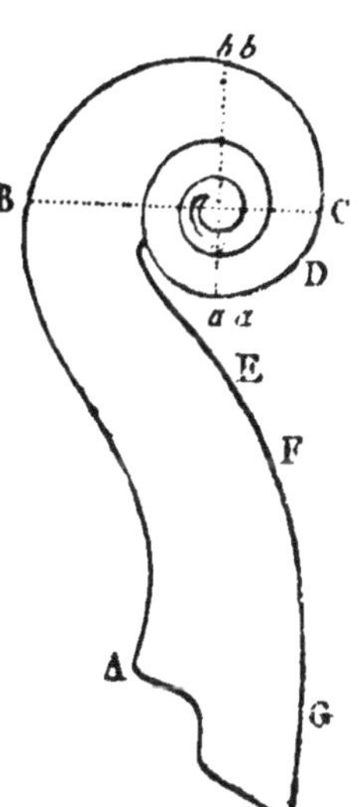

Fig. 19.

par les points B C D E F. On enlève le manche de
dessus le parchemin, et l'on rectifie autant que possible le trait, là où il ne sera pas exactement conforme au manche. On ouvre ensuite un compas, et
l'on place une de ses pointes sur le centre du bouton de la volute et l'autre sur le point B. On reporte
alors le compas sur le parchemin, aux endroits correspondant à ceux du manche ; on marque la place du
bouton ; on prend ensuite sur le manche la distance
du centre du bouton au point C, et on la reporte sur
le parchemin. On opère de même pour mesurer l'espace du bouton au point *a a*, et ensuite au point *b b* ;
on mesure dans chaque angle figuré par les lignes
pointées les degrés d'éloignement de la spirale au
bouton et on les reporte sur le parchemin.

C'est par des points que l'on aura marqué sur le
parchemin l'éloignement de la spirale du bouton ;
alors, avec le crayon, on trace cette spirale en allant
de point en point, et l'on obtient le modèle. On colle
enfin le parchemin sur une planchette à modèle, et
l'on perce les petits trous.

§ 3.   MANIÈRE DE PRÉPARER LA COLLE.

On se sert en lutherie de colle-forte, dite colle de
Cologne, fabriquée dans cette ville sous forme de
tablettes de couleur jaune très pâle ; cette colle a
l'avantage de ne pas former d'épaisseur entre les
pièces qu'elle unit.

Les différentes pièces formant les instruments à
archet n'étant réunies que par un seul et unique

moyen, la colle, il est de première et indispensable nécessité de se procurer la meilleure possible, et de prendre toutes les précautions nécessaires afin de la bien préparer.

Après avoir, au moyen d'un marteau, réduit la tablette de colle en petits morceaux, il est bon de la laisser tremper dans l'eau pendant trois ou quatre heures; on la fait cuire ensuite au bain-marie. Si l'on se servait d'un pot ordinaire, la colle ne manquerait pas, au bout d'un laps de temps très court, de se détériorer; elle brûlerait souvent et elle perdrait ainsi toutes ses qualités. Aujourd'hui il n'y a pas de ville en France où les ouvriers ne connaissent le pot à colle au bain-marie, dont se servent les ébénistes et les menuisiers.

En faisant fondre la colle, il faut avoir soin de ne verser l'eau que peu à peu, et de n'en mettre que juste ce qu'il en faut, pour que, lorsqu'elle est entièrement fondue, en la laissant filer au bout du pinceau, elle paraisse avoir la fluidité d'une huile tant soit peu épaisse. On ne doit jamais employer la colle que bien chaude. L'avantage qu'offre le bain-marie est celui d'entretenir la colle au plus haut degré de chaleur qu'elle puisse atteindre sans brûler.

Le luthier a toujours dans son pot à colle un pinceau proportionné à l'ouvrage qu'il confectionne, et une spatule en bois fort mince. C'est avec ces deux instruments qu'il pose ou introduit la colle là où elle est nécessaire.

En été, trois heures suffisent pour faire sécher le collage, mais en hiver huit à dix heures ne sont pas de trop. Lorsque le froid se fait sentir, il est bon de chauffer légèrement les pièces avant de les coller.

Quand on a collé une pièce quelconque, on lave les bavures de la colle au moyen d'un pinceau que l'on a trempé dans l'eau chaude du bain-marie; il ne faut pas oublier cette petite opération qui n'est rien et qui en épargne une plus longue, celle d'ôter la colle sèche des parties où elle ne doit pas rester.

§ 4. DU MOULE ET DE SES ACCESSOIRES.

On appelle moule un morceau de bois préparé et taillé de façon à pouvoir fixer entre eux, pour n'en former qu'un tout, les tasseaux, les coins, les éclisses et les contre-éclisses des instruments.

La figure 20 représente un moule nu et tel qu'il doit être contourné pour recevoir les différentes pièces dont nous venons de parler.

Pour fabriquer ce moule, on commence par faire un modèle en tout point semblable à la figure 15. On prend alors le traçoir, on lui donne une ouverture d'une ligne et demie (3 millimètres environ), et l'on tire un trait bien marqué tout à l'entour du modèle qu'on vient d'exécuter. On enlève, avec la petite scie et le canif, tout le bois qui est en dehors de ce trait. Ce travail terminé, on obtient ce qu'on nomme le contre-moule (figure 21).

On prend alors un morceau de bois dur ; le noyer
est préférable, parce que ce bois se laisse facilement couper en tous sens. Il faut que ce morceau,
bien dressé à la varlope, ait dans toute sa largeur
neuf lignes (21 millimètres) d'épaisseur, et qu'il soit
d'une dimension en tout un peu plus grande que le

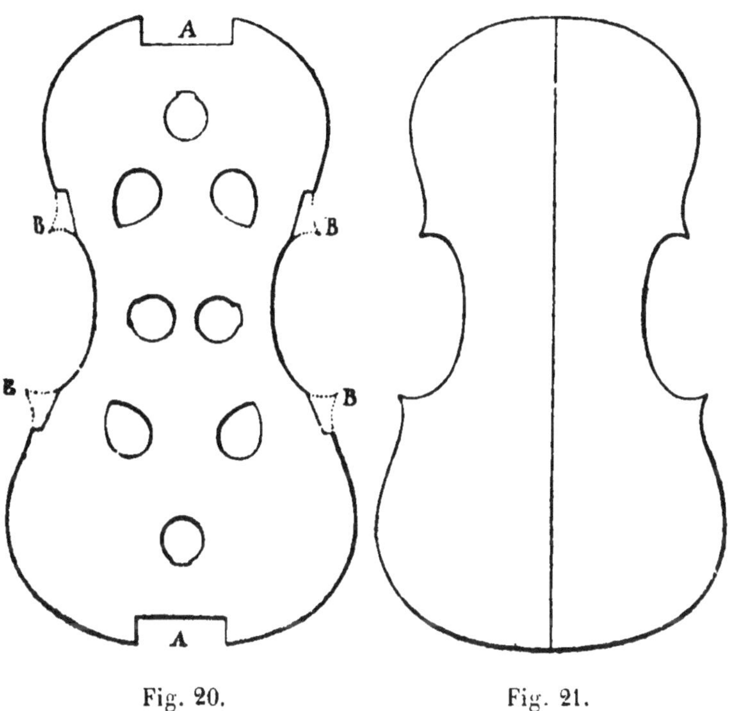

Fig. 20.   Fig. 21.

modèle figure 15. On pose le morceau destiné à faire
le moule sur l'établi, et le contre-moule sur le morceau. On trace avec la pointe, sur le morceau, tous
les contours du contre-moule. Ensuite, prenant une
règle, on trace les entailles du haut et du bas A A,

et les quatre entailles des deux côtés B, comme nous l'avons représenté dans la figure 20. On enlève ensuite à la scie à chantourner, tout le bois inutile, c'est-à-dire celui qui est en dehors du trait ; le canif et les limes, puis les râcloirs finissent l'ouvrage.

La condition indispensable dans ce travail est de rogner tout à l'entour du moule, de manière que dans toutes leurs parties rondes, comme dans les entailles, les bords soient parfaitement d'équerre avec les surfaces du moule.

On concevra mieux cette explication quand on aura vu la manière de se servir de ce nouvel outil ; car le moule n'est qu'un outil proprement fait.

Enfin, on établit les huit trous que l'on voit sur la figure 20. Les deux du haut et du bas, à 15 lignes (35 millimètres) de l'intérieur des entailles A. Les quatre autres, à un pouce (28 millimètres) de l'intérieur des entailles B, et les deux du centre, à un pouce (28 millimètres) de la partie la plus renfoncée des bords. Voilà le moule terminé.

Venons maintenant aux huit contre-parties dont le moule doit être armé pour pouvoir remplir l'office auquel il est destiné.

En jetant les yeux sur la figure 22, on verra les huit contre-parties entourant le moule. Ces contre-parties sont de même bois que le moule ; elles ont la même hauteur que les éclisses, et sont de même que le moule tracées au moyen du contre-moule, afin qu'elles s'emboîtent parfaitement dans chacune des parties du moule qui leur sont correspondantes.

Nous reviendrons tout à l'heure sur ces contre-parties, quand nous aurons indiqué la manière de monter le moule avec ses tasseaux et ses coins.

La figure 23 représente le moule garni ou monté avec ses tasseaux et ses coins.

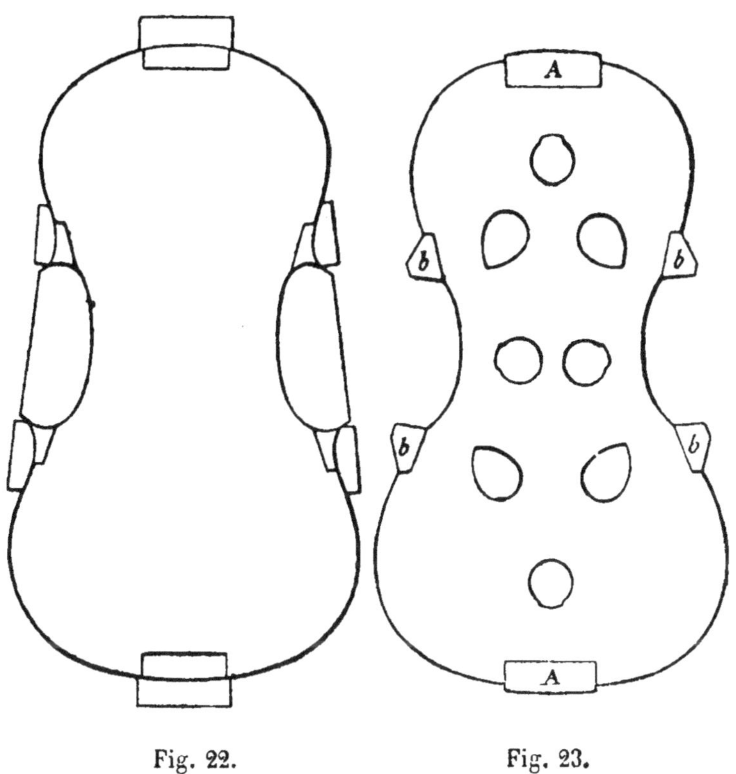

Fig. 22.   Fig. 23.

Les morceaux de sapin qu'on remarque adaptés par le moyen de la colle dans les entailles A et b, sont destinés à prendre la forme et fournir les tasseaux et les coins du violon.

Rien de plus facile que de préparer ces six pièces, qui sont la fondation de tout l'ouvrage. On dresse à la varlope un morceau de sapin dont les fils sont parfaitement droits, et on lui donne les dimensions nécessaires pour qu'il remplisse exactement les entailles A. On coupe ce morceau à la hauteur de quinze lignes (35 millimètres) et, mettant une goutte de colle seulement dans l'intérieur des entailles, on place sur la colle chacun des deux morceaux dans l'entaille, en observant de les faire déborder du même côté du moule et de les faire presque affleurer de l'autre côté du moule, c'est-à-dire de les faire saillir d'une ligne (2 millimètres).

On opère de même à l'égard des coins, et on laisse sécher la colle.

Lorsque la colle est sèche, les tasseaux se trouvent fixés au moule ainsi que les coins. Alors, au moyen d'un canif, puis d'une lime, on met ces six pièces à fleur de la surface du moule du côté qui est destiné à recevoir la table. Une règle suffit pour s'assurer si ces pièces sont dressées parallèlement au moule. Il ne faut pas oublier que les fils du sapin avec lequel sont faits les tasseaux et les coins doivent être placés transversalement aux bords entaillés du moule ; sans cette précaution, le violon perdrait toute sa solidité. D'ailleurs, on sait que le sapin de ces pièces se trouve dans le corps des instruments.

Ces opérations terminées, on prend le contre-moule et on le pose sur le moule que l'on a placé sur l'établi ; on a bien soin que les parties arrondies du

moule et du contre-moule se trouvent parfaitement
d'équerre, ce qui n'est pas difficile, puisque ces deux
bois ont été faits l'un sur l'autre ; alors, avec la pointe,
on trace la forme du contre-moule seulement sur les
tasseaux et les coins.

Prenant ensuite une gouge convenable, on enlève de
ces six morceaux de sapin le bois superflu ; on finit
avec le canif et les limes. Alors la figure 23 a tout-
à-fait la forme de la figure 21.

Pour que ce dernier travail ne laisse rien à désirer,
il faut le faire lentement, en enlevant le bois peu à
peu, et prendre à chaque instant l'équerre pour s'assurer si ces coins et ces tasseaux forment en toutes
leurs parties un angle parfaitement droit avec la surface du moule.

§ 5.   ÉCLISSES.

Les éclisses sont les parties de bois qui, dans le
violon, unissent le fond à la table et en forment tout le
contour. On donne le nom de contre-éclisses aux
pièces de sapin qui servent de doublures aux éclisses
et qui sont fixées sur ces dernières au moyen de la
colle.

On commence par refendre à la scie et à l'épaisseur
d'une ligne (2 millimètres), un morceau de plane de
trente pouces (835 millimètres) de long sur trois pouces neuf lignes (105 millimètres) de large. Il faut avoir
soin que les veines du bois se trouvent à la surface du
morceau que l'on veut travailler.

3.

Cette feuille de bois une fois refendue dans les proportions ci-dessus décrites, on la place sur le bord de l'établi sur lequel on la fixe, au moyen d'une happe, par le bout qui se trouve à l'arrière de l'établi. Il faut se servir de ce moyen par la raison que cette feuille étant fort mince et devant le devenir encore davantage, on ne peut l'appuyer sur la griffe de l'établi pour la raboter, parce qu'elle n'offrirait pas la résistance nécessaire au rabot (1).

La feuille de plane étant donc fixée comme on vient de le dire, sur l'établi, on rabote avec la varlope d'abord, le bout qui se trouve libre, car on ne peut atteindre la partie engagée sous la happe. Ce bout raboté et bien uni, on dévisse la happe et l'on retourne la feuille de manière que la partie qui était tout à l'heure sous la happe, se trouve avoir changé de place avec celle qui est déjà rabotée. On remet la happe comme avant, en observant de placer entre le bec de cette happe et la feuille un morceau de bois qui ait deux pouces (56 millimètres) environ d'épaisseur et de largeur, et la même longueur que la largeur de la feuille. Cette méthode sert à préserver le bout déjà raboté de la feuille de la foulure que ne manquerait pas d'y imprimer le bec de la happe.

Ces dispositions prises, on rabote, comme précédemment, le bout de la feuille qui porte encore les traits de scie, et le morceau est préparé d'un côté.

(1) Nous appellerons griffe, la cheville carrée qui se trouve placée à la tête de l'établi et que le marteau fait descendre à volonté.

Par les mêmes moyens et les mêmes procédés, on rabote l'autre côté de la feuille que l'on amène à une demi-ligne (1 millimètre) d'épaisseur.

Observations. Le bois de plane étant assez difficile à raboter, probablement à cause de ses veines, il faut avoir soin de donner très peu de fer à la varlope et de n'enlever que des copeaux très minces ; car autrement, en donnant beaucoup de fer à la varlope pour aller plus vite, on ne manquerait pas d'enlever quelques éclats de bois, ce qui mettrait dans la nécessité de tout recommencer en pure perte, puisque le bois ne serait plus bon qu'à être brûlé.

Il y a quelquefois du bois si difficile à raboter, et en général c'est le bois le mieux ondé, que l'on ne peut faire presque aucun usage de la varlope ; c'est alors le cas de se servir du rabot à dent.

Nous avons dit plus haut qu'il fallait amener la feuille à une demi-ligne (1 millimètre) d'épaisseur, quoique les éclisses n'aient pas tout à fait cette proportion. Il faut encore râcler ces éclisses pour leur donner le poli nécessaire et pour relever les petites inégalités qu'a laissées le rabot, surtout le rabot à dent.

La feuille étant donc râclée avec le plus grand soin, surtout du côté qui doit se trouver en dehors de l'instrument, on prend le trousquin et, donnant à sa pointe un éloignement de 15 lignes (35 millimètres), on tire un trait dans toute la longueur de la feuille. Au moyen d'un canif, on sépare ce morceau de la feuille, et l'on agit de même jusqu'à ce que l'on ait fait trois morceaux de la feuille.

Prenant alors une bande de papier, on mesure sur le moule qui est déjà pourvu de ses tasseaux et de ses coins, le contour du cercle qui, dans la partie étroite du violon, part de la ligne centrale du moule et va finir à la pointe du coin. Avec une seconde bande de papier, on prend le contour intérieur compris entre les pointes des deux coins. Cette partie se nomme C.

Avec une troisième bande de papier, on prend le contour de la pointe du coin inférieur de l'instrument jusqu'à la ligne centrale du moule, et l'on a, par ce moyen, la proportion de la longueur de chacune des parties des éclisses.

Après avoir posé chaque bande de papier sur les morceaux de plane préparés comme nous l'avons expliqué ci-dessus, il faut couper d'équerre deux morceaux semblables en longueur à chacune de ces bandes de papier; les éclisses sont faites, il ne s'agit plus que de les plier.

Il est bon de couper ces morceaux de plane un peu plus longs que les modèles de papier, pour éviter de les avoir un peu courts, car alors il n'y aurait plus de remède, tandis que, quand ils sont un peu plus longs qu'il ne le faut, on peut les rogner.

On ne doit pas oublier non plus de couper nettement et parfaitement d'équerre les bouts des éclisses qui doivent venir se rejoindre à la pointe des quatre coins.

Nous avons omis de dire qu'après avoir séparé en trois le morceau destiné aux éclisses dont il est parlé plus haut, il faut en dresser les côtés avec la varlope.

A cet effet, on tient cet outil le fer tourné en dessus, en maintenant son extrémité inférieure entre les genoux et en posant le bout sur le bord de l'établi. Alors présentant, de champ, le morceau d'éclisse au fer de la varlope, on en dresse les deux côtés, de manière à donner à ce morceau une largeur exacte de 14 lignes (32 millimètres).

Il faut ensuite plier les éclisses pour leur donner la forme des contours du moule. Pour cela, on fait chauffer le fer à plier. Il ne doit pas être assez chaud pour pouvoir noircir le bois, mais il doit cependant l'être assez pour l'amollir et le rendre maniable. Pendant que cet outil est au feu, on plonge deux ou trois fois les morceaux d'éclisses dans l'eau. Alors, fixant le fer sur l'établi, au moyen d'un valet, on commence par plier les bouts qui doivent venir se joindre à l'extrémité des coins du moule ; chaque fois que l'on a plié, il faut présenter l'éclisse à l'endroit du moule où elle doit être fixée, et rectifier, s'il y a lieu, la courbe que le fer aura fait prendre à l'éclisse, en la reposant de nouveau sur le fer.

Cette opération assez facile doit cependant être faite avec précaution. Il faut plier le bois peu à peu pour éviter, en voulant avancer le travail, de faire éclater les éclisses. Si le bois, par l'action de la chaleur, devient trop sec, on le replonge dans l'eau.

Il faut aussi avoir soin que les éclisses ne se *gau-chissent* pas en les pliant, pour qu'une fois jointes et collées au moule, elles se trouvent posées parfaitement d'équerre. Un peu de pratique rend bien vite habile à ce genre de travail. Quand on a donné aux éclisses la forme exacte des bords du moule, il s'agit de les fixer sur les tasseaux et les coins.

Nous voilà arrivés au moment de faire usage des contre-parties, qui ne sont autre chose, comme nous l'avons déjà expliqué en parlant du moule, que des morceaux de bois ayant en épaisseur la dimension de la largeur des éclisses, c'est-à-dire 14 lignes (32 millimètres).

Ces morceaux de bois représentent bien exactement le contre-sens du moule pourvu de ses tasseaux et de ses coins taillés, comme on peut le voir à la figure 22. Ces contre-parties servent à presser les éclisses contre les coins et les tasseaux, et à les y fixer définitivement au moyen de la colle.

On commence par frotter avec un morceau de savon tous les bords du moule, en prenant le plus grand soin de ne pas toucher de ce savon, ni les tasseaux, ni les coins. On couvre de colle les deux faces intérieures des coins d'un C. Nous avons dit ce qu'on appelle C : ce sont les deux éclisses qui ont la forme de cette lettre. On présente l'éclisse, on pose sur elle la contre-partie qui lui correspond et, passant le bec de la happe dans le trou voisin du C, on pose le tourillon de la happe sur la partie plate de la contre-partie ; tournant alors la vis, on serre jusqu'à ce que l'éclisse touche de toute sa surface tout l'intérieur du C formé par le moule et les coins. On opère de la même manière pour l'autre éclisse du C opposé.

On prend ensuite, soit les éclisses du bas, soit celles du haut de l'instrument, la chose importe peu ; nous prendrons par exemple celles du haut.

On couvre de colle la face du coin qui est tournée du côté du manche, et l'on y fixe le bout de l'éclisse correspondant, par le moyen de la contre-partie et d'une happe ; on opère de même pour le côté opposé. Alors, couvrant de colle le tasseau du haut et pressant fortement les deux éclisses contre le moule, on fait arriver leurs bouts sur le tasseau où on les fixe, au moyen de la contre-partie et d'une happe. Enfin, on opère de même pour les deux éclisses du bas, et le moule se trouve monté.

Les éclisses doivent être, comme les tasseaux et les coins, d'un côté à fleur du moule, et déborder de l'autre.

On peut laisser entre les deux bouts des éclisses, qui se terminent sur le tasseau du haut, un intervalle de 3 à 4 lignes (8 millimètres environ); mais il n'en est pas de même des éclisses du bas qui doivent joindre parfaitement. Pour atteindre ce but, quand on a fixé et collé les deux coins des deux éclisses dont il s'agit, il faut en amener l'une ou l'autre, en la pressant sur le contour du moule et sur le tasseau, puis tracer un trait à l'endroit où elle se trouve vis à vis de la ligne centrale du moule ; la même opération doit être faite ensuite pour l'autre éclisse. On couvre le tasseau de colle, et, réunissant les deux bouts des éclisses du bas, on serre comme pour celles du haut avec la contre-partie et la happe.

Quand la colle est sèche, il faut démonter les happes et les contre-parties, et scier l'excédant de hauteur que les tasseaux et les coins ont sur les éclisses.

La hauteur des éclisses devant être de 14 lignes (32 millimètres) au tasseau du bas et de 13 lignes (3 centimètres) au tasseau du manche, il faut, dès ce moment, faire décrire aux dites éclisses une pente insensible d'une ligne (2 millimètres) sur tout le pourtour de la construction. Le canif et la lime suffisent pour cette opération.

Le travail avancé à ce point, les éclisses se trouvent, ainsi que les tasseaux et les coins, affleurés d'un côté du moule et, de l'autre côté, elles débordent de 4 à 5 lignes (10 à 11 millimètres). C'est à cette partie débordant le moule qu'il faut maintenant joindre les contre-éclisses.

Ces contre-éclisses s'obtiennent de la même manière que les éclisses, avec la seule différence qu'elles sont en sapin, qu'elles ont une ligne (2 millimètres) d'épaisseur et trois lignes (7 millimètres) de large. On les plie comme les éclisses. Pour les coller aux éclisses, on se sert de petites pincettes de bois, figure 11, et, au moyen d'une petite entaille pratiquée dans les coins et dans les tasseaux, on fait entrer leurs bouts dans ces pièces pour les assujettir plus solidement. Les petites pincettes se placent à cheval à la fois sur les contre-éclisses et les éclisses, à une distance d'un pouce environ (28 millimètres) les unes des autres.

Les contre-éclisses étant collées et la colle sèche, on enlève toutes les pincettes, et, avec le canif, on rabat l'arête des contre-éclisses vers le moule, puis on passe le papier de verre. Enfin, avec les gouges, on arrondit les coins et les tasseaux jusqu'à la surface du moule.

Avant d'aller plus loin, nous conseillerons aux personnes qui voudraient se servir de ce Manuel en amateurs, d'avoir toujours, quand elles travailleront, un instrument détablé sous les yeux ; le travail décrit dans cet ouvrage leur paraîtra beaucoup moins difficile ainsi qu'elles ne l'auraient pu croire d'abord.

§ 6. MANIÈRE DE CONFECTIONNER LE FOND.

Il est aisé de comprendre que l'on appelle fond de l'instrument, la partie qui se trouve au-dessous lorsqu'on le joue.

Le fond et la table se travaillent de la même manière ; il n'y a entre ces deux pièces que la différence des *ff* pour la table, qui du reste a et doit avoir absolument la même voûte et la même figure que le fond.

Comme on l'a vu au chapitre II, il existe au centre des morceaux de plane (fig. 13, page 19), d'où l'on tire des fonds d'une seule pièce, une élévation qui est destinée à former la voûte de l'instrument. Dans les fonds de deux pièces, les deux côtés les plus épais du morceau de plane (fig. 14, page 19) sont joints par de la colle, ce qui donne au morceau la même disposition que s'il était d'une seule pièce.

Donc, si le fond est destiné à être formé de deux morceaux, on commence par refendre la pièce de plane par le milieu, en suivant la ligne pointée (fig. 14).

Ce travail terminé, on dresse à la varlope les deux côtés les plus épais, et, lorsqu'en les appuyant l'un sur l'autre, on voit qu'ils joignent parfaitement dans toutes leurs parties, on les colle. La colle une fois sèche, ces deux morceaux, qui n'en forment plus qu'un, ressemblent entièrement à un fond d'une seule pièce, et, à partir de ce moment, on les travaille de la même manière.

On pose le plat du fond sur l'établi, et on élève suffisamment la griffe pour former un point d'arrêt; on dresse à la varlope les deux côtés, de manière que les deux pentes du morceau partent du centre juste du morceau, et que l'épaisseur des deux côtés soit la même vers leurs bords opposés. Il faut toujours avoir soin de donner très peu de fer à la varlope, de peur d'enlever des éclats.

Les deux côtés du dessus du fond étant rabotés avec soin, on retourne le morceau sur l'établi pour en raboter la surface plate, et l'on rabote jusqu'à ce qu'en posant une règle bien dressée dans tous les sens, la surface soit absolument plate. Ces opérations, comme on le voit déjà, ne sont pas difficiles.

Si le fond doit être d'une seule pièce, il faut alors tracer avec la pointe, et sur le côté plat, un trait dans toute la longueur du fond, en ayant soin que ce trait se trouve absolument dans la position parallèle le l'arête du dessus du morceau, ce qu'il est facile d'obtenir en traçant à chaque bout, au moyen de l'équerre, un trait qui, partant du plat du fond, vient aboutir à la partie la plus conique du dessus.

Dans les fonds des deux pièces, le joint existant dans le centre, ce tracé devient inutile.

On prend alors le modèle fig. 15, page 32, on le pose sur le plat du fond, en observant de placer le centre du modèle juste sur le trait que l'on vient de tirer, puis on trace tout le contour du modèle avec la pointe, en apportant la plus grande attention à ce travail. On place alors sous le valet le fond tracé, on le découpe avec la scie à chantourner, ayant toujours bien soin de ne pas trop s'approcher du trait, parce qu'après la scie, le canif et la lime devront lui donner les contours exacts du modèle. En présentant souvent l'équerre, on s'assurera que les bords forment un angle droit avec le côté plat de la forme.

Les contours terminés, on prend le traçoir et on lui donne une ouverture de deux lignes (5 millimètres). On prend le fond sur les genoux, et, appuyant sur le plat la grande jambe du traçoir, on tire tout à l'entour des bords un trait qui servira à indiquer l'épaisseur que doivent conserver ces mêmes bords.

Il faut alors poser à plat le fond sur l'établi, le fixer par le moyen des valets, et commencer à ébaucher la voûte au moyen de la plus grosse des gouges. C'est ici qu'il faut redoubler d'attention et aller lentement pour arriver plus vite au but, car un seul éclat enlevé peut gâter tout l'ouvrage qui pourrait être terminé.

Il faut commencer par enlever dans la longueur le bois nécessaire pour arriver à obtenir la voûte du modèle (fig. 17 D), qu'il est nécessaire de présenter souvent, en ayant soin de ne pas trop faire mordre la gouge, de peur d'enlever trop de bois. La voûte de la longueur obtenue, il faut, s'il est nécessaire, replacer le fond dans une nouvelle position sur l'établi et s'occuper de reproduire la voûte indiquée par la figure 17 C, qui est la voûte centrale en travers. Pour trouver le point juste, on prend le modèle des ff, on le pose sur le fond et l'on marque les deux crans intérieurs desdites ff. On enlève ensuite le modèle, et, au moyen d'une règle, on tire une ligne entre ces deux crans; le centre de cette ligne donne le point sur lequel sera posé le modèle (fig. 17 C), pour creuser la voûte de cette partie.

L'emplacement des modèles des voûtes, en travers du haut et du bas du violon, n'a pas besoin d'explication, puisque c'est au plus large du haut et du bas de l'instrument que cette voûte doit être prise.

Quand les voûtes ont été creusées avec tout le soin possible, si l'on a eu la précaution de n'enlever que peu de bois à la fois, les coups de gouges sont peu saillants, et il est facile de les faire disparaître avec les petits rabots. Le plus petit de ces rabots sert à donner la forme voulue à la gorge du fond. On appelle gorge le petit enfoncement qui règne tout à l'entour du fond, à une ligne et demie (3 millimètres forts) des bords, dans lequel se trouvent incrustés les filets.

Ayant donc égalisé les différentes parties de l'extérieur du fond, autant que le permettent les petits rabots, on fera disparaître, au moyen des ratissoirs, les aspérités qui peuvent encore exister et l'on finira en polissant avec le papier de verre.

Toutes ces opérations terminées, il faut s'occuper de creuser le fond du côté plat et de lui donner les épaisseurs exigées pour que l'instrument entièrement terminé ait le son convenable.

On plante dans un des trous de l'établi un morceau de bois arrondi, en le faisant entrer un peu de force. Ce morceau sert de point d'arrêt pour appuyer un des bords du fond, qu'on maintient, au moyen de la main gauche, contre cette cheville; la droite creuse le bois, au moyen des gouges, en le prenant par le travers.

Il faut, pour exécuter ce travail, poser un tapis de laine sur l'établi, et y placer le côté fini du fond, pour éviter de le fouler ou de le rayer. On doit prendre plusieurs précautions en creusant le fond; 1° toutes les parties du contour sur lesquelles les tasseaux, les coins, les éclisses et les contre-éclisses doivent venir s'appuyer doivent rester parfaitement intactes; 2° il faut n'enlever le bois qu'avec une grande réserve, de peur d'en ôter de trop, mal qui serait sans remède, et laisser à tout le fond et dans toutes ses parties une demi-ligne (1 millimètre) de plus d'épaisseur qu'elles ne doivent avoir. C'est avec le compas d'épaisseur que l'on se guide dans ce travail; alors on termine avec les petits rabots, les racloirs et le papier de verre. On trouvera la manière précise d'obtenir ces proportions au § 8.

Le fond terminé, on le pose sur le côté du moule qui présente les éclisses, les contre-éclisses, les coins et les tasseaux préparés pour le recevoir; on examine si les bords du fond ressortent également tout à l'entour des éclisses, qu'ils doivent déborder d'une ligne (2 millimètres); alors fixant le fond sur les éclisses, au moyen de quatre vis placées aux deux parties les plus larges, on perce avec le vilebrequin de petits trous qui, traversant le fond, viennent se terminer dans les tasseaux, vis à vis du point de jonction des éclisses du haut et du bas. Pour que ces trous ne se voient pas plus tard, on les place sur l'endroit même où se trouveront placés les filets. Ces trous percés, on y enfonce deux petites chevilles de bois de plane.

Cette opération sert à trouver tout de suite la place que doit occuper le fond sur les éclisses quand on veut le coller; car s'il fallait chercher à placer le fond quand la colle est déjà posée, la chose ne serait pas possible, la colle, qui ne doit jamais être employée que très chaude, se refroidissant très vite.

Quand on est sûr que le fond est prêt à être collé sur les éclisses, on retire les petites chevilles dont nous venons de parler, et, étendant avec le pinceau la colle sur les tasseaux, les coins, et sous le contour des éclisses, on pose le fond immédiatement; on place les chevilles dans les deux trous, puis on les enfonce avec le marteau; enfin on place tout à l'entour de l'instrument autant de vis que ses contours l'exigent.

Il faut poser ces vis de la manière suivante, pour éviter que le fond venant à entrebailler, la colle ne se refroidisse en quelques endroits. On place deux vis sur le tasseau du haut, deux sur le tasseau du bas, une à chaque bout des éclisses du haut et du bas, vers les coins; enfin dans les C, et partout ensuite où on peut en placer.

On trempe alors un pinceau dans l'eau chaude du bain-marie, on lave la colle qui a pu glisser en dehors des éclisses, et on laisse sécher.

§ 7. MANIÈRE DE CONFECTIONNER LA TABLE ET DE PERCER LES *f f*.

On sait que la *table* est le dessus de l'instrument. Comme on l'a déjà dit, la table des instruments se façonne absolument de la même manière que le fond. On doit prendre encore plus de précaution pour lui donner sa forme que pour le fond, attendu que le sapin est bien plus fragile que le plane, et que le fil de ce bois tendre est souvent très irrégulier, ce qui oblige souvent à changer la direction des outils pour le couper convenablement.

Quand la table est d'une pièce, on opère tout comme pour le fond.

Quand elle est de deux pièces, il faut avoir soin : 1° de dresser les deux côtés qui doivent être joints par la colle, en suivant les fils du sapin, de manière que le joint leur soit parallèle;

2° De mettre la partie du cœur de l'arbre, c'est-à-dire les veines les plus rapprochées, dans le centre de la table ;

3° De ne pas tracer, en posant le modèle, le petit demi-rond qui se trouve en haut du fond, et qui se nomme talon, puisque ce prolongement est inutile à la table.

Les trous des *ff* sont donc la seule différence qui existe entre le fond et la table. On ne les perce que quand cette table est entièrement terminée et mise d'épaisseur.

A cet effet, on prend le modèle des *ff* (fig. 16, page 33), et on le pose sur la table que l'on vient de terminer, de manière que les coins du modèle se trouvent ainsi que les C parfaitement d'aplomb sur les parties correspondantes de la table ; on place celle-ci sur l'établi, et, avec un crayon taillé bien fin, on trace nettement tout l'intérieur des *ff* du modèle.

On perce alors, en haut et en bas, un trou moins grand que le rond des *ff;* on introduit dans ces trous la lame d'un canif moyen, on découpe petit à petit le bois qui se trouve dans l'intérieur des lignes de crayon, jusqu'à ce que les *ff* soient entièrement découpées.

On pose ensuite la table sur le moule monté du côté où les éclisses lui sont affleurées, et l'on perce deux trous destinés, comme pour le fond, à recevoir deux petites chevilles. Cette précaution est utile, comme on le verra plus tard, en raison de ce que, séparées du moule, les éclisses peuvent quelquefois un peu se déjeter, inconvénient qui est empêché par les chevilles dont nous venons de parler, puisqu'elles forcent les éclisses à reprendre la position qu'elles avaient lorsqu'elles étaient fixées au moule.

Arrivé à ce point de l'ouvrage, il faut retirer le moule de l'intérieur des éclisses. Cette séparation s'opère au moyen d'un ciseau dont on place le taillant entre les tasseaux, les coins et les entailles du moule ; le ciseau ainsi placé, il faut frapper un petit coup sec sur son manche, et les coins ainsi que les tasseaux seront séparés du moule, auquel ils n'avaient été fixés que par une seule goutte de colle, comme on l'a expliqué précédemment.

Il est alors nécessaire d'ajouter, comme on l'a déjà fait pour le fond, les contre-éclisses qui doivent, ainsi que les éclisses, se joindre à la table. Il faut ensuite donner la rondeur aux tasseaux, au moyen de la lime et du canif, puis avoir soin d'évider de même les coins, et, après avoir enlevé avec un ciseau la colle qui peut avoir débordé les éclisses du fond, polir tout l'intérieur des tasseaux, des coins, des éclisses et des contre-éclisses avec le papier de verre. On termine l'opération en collant la barre à la table, et enfin la table sur le violon.

§ 8. ÉPAISSEURS DE LA TABLE ET DU FOND ;
EMPLACEMENT DE LA BARRE.

Ce travail, qui consiste à donner au fond et à la table du violon l'épaisseur convenable, est ce qu'il y a de plus minutieux dans l'art du Luthier.

Luthier.   4

En tirant une ligne droite entre les deux crans intérieurs des *ff* et en prenant le centre juste de cette ligne, on obtient un point qui est la base fondamentale des procédés employés pour donner à la table et au fond les épaisseurs nécessaires pour la mise en vibration des différentes parties de ces deux pièces. C'est là l'opération dont dépend principalement le plus ou moins beau son de l'instrument.

Ayant donc établi avec exactitude le point dans le centre des *ff*, du côté intérieur de la table, on prend un compas, et l'ouvrant exactement de 9 lignes (21 millimètres), on pose une de ces pointes sur le point, et l'autre sur la ligne qui va vers une des *ff;* là, on marque un point sur la ligne et, retournant la pointe du compas, on marque également du côté opposé un autre point, toujours sur la ligne. Conséquemment, les deux points qu'on vient de marquer ont entre eux 18 lignes (42 millimètres) d'intervalle. On prend une règle, et l'on trace sur chacun de ces deux points une ligne qui se prolonge parallèlement au joint dans la longueur de la table, vers le haut du violon à 3 pouces (83 millimètres) de la ligne, et vers le bas à 2 pouces (56 millimètres) ; on aura alors un carré de 5 pouces (139 millimètres) de longueur sur 18 lignes (42 millimètres) de largeur. Tout le bois de la table compris dans ce carré doit avoir 1 ligne et demie (3 millimètres forts) d'épaisseur.

A partir de tous les traits extérieurs du carré, cette proportion, de 1 ligne et demie (3 millimètres forts), va en diminuant d'une manière insensible, pour mourir vers les bords de la table, là où elle s'appuie sur les éclisses, les tasseaux et les coins, en s'arrêtant à trois quarts de ligne (1 millimètre et demi) d'épaisseur.

Ainsi, pour nous faire mieux comprendre, l'épaisseur de la table du violon a sur toute l'étendue de ses contours, à partir de l'endroit où elle cesse de porter sur les éclisses, les tasseaux et les coins, trois quarts de ligne (1 millimètre et demi) d'épaisseur; en remontant des bords de la table vers son centre qui est le carré long, cette épaisseur augmente insensiblement jusqu'à ce qu'arrivée au carré, elle ait une ligne et demie (3 millimètres forts), proportion qui doit régner avec une parfaite exactitude dans tout l'intérieur de ce carré.

Les épaisseurs du fond sont en tout absolument semblables à celles de la table, à cette différence près, que dans toutes ses proportions l'épaisseur est d'une demi-ligne (1 millimètre) plus forte que celle de la table.

Voilà comme on procède pour donner à la table les épaisseurs dont nous venons de parler. On dresse en forme de coin un morceau de bois dur, long de deux à trois pouces (56 à 83 millimètres) (fig. 24).

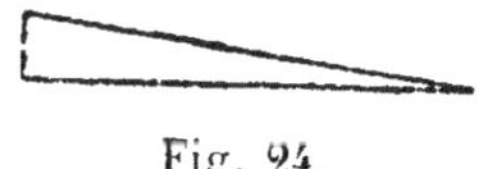

Fig. 24.

Sur un des côtés de ce coin, on tire à angle droit trois traits. Le premier à la place où le coin a juste 1 ligne et demie (3 millimètres forts) d'épaisseur; le second à la place où il a juste 1 ligne (2 millimètres) d'épaisseur, et enfin le troisième à la place où il **a** exactement trois quarts de ligne (1 millimètre et demi) d'épaisseur.

On remarquera que le premier trait indique l'épaisseur du carré long; le second l'épaisseur des différentes parties de la table qui se trouvent entre le carré et les bords; enfin, le troisième l'épaisseur des bords de la table.

On prend donc le compas d'épaisseur, on introduit le coin entre ses deux boutons, jusqu'au trait qui a une ligne et demie (3 millimètres forts) d'épaisseur; on ferme le compas, au moyen de sa vis, et on lui donne ainsi une ouverture d'une ligne et demie (3 millimètres forts) qui est l'épaisseur du carré.

On diminue alors, avec le petit rabot, le bois qui se trouve en trop à la table, et l'on a soin de présenter souvent cette dernière dans l'ouverture du compas, de peur de trop enlever de bois; on parvient ainsi petit à petit à donner au carré l'épaisseur exacte qu'il doit avoir.

Ce travail terminé, on introduit de nouveau le coin entre les boutons du compas d'épaisseur, et, le resserrant sur le second trait, on lui donne 1 ligne (2 millimètres) d'ouverture.

On commence alors à enlever du bois tout à l'entour du carré, en allant de chaque face de ce carré vers les bords; on fait en sorte que l'épaisseur des parties de la table qui se trouvent entre ledit carré et les bords aient juste l'épaisseur donnée en ce moment au compas.

Enfin, on introduit pour la dernière fois le coin dans le compas, que l'on fixe sur le troisième trait, et l'on amène les épaisseurs aux bords de la table, à trois quarts de ligne.

Au fur et à mesure qu'on met le carré d'épaisseur, on ne peut faire autrement que d'enlever avec le rabot les traits tracés au crayon, il faut donc les tracer de nouveau chaque fois que cela devient nécessaire.

Il faut laisser toutes les épaisseurs indiquées ci-dessus plus fortes, parce que le râcloir et le papier de verre devront encore être employés pour polir les surfaces, et que naturellement ces deux petites opérations enlèveront encore un peu de bois.

Enfin, il sera utile de faire un second coin pour mettre d'épaisseur le fond qui, comme on l'a vu, doit avoir dans toutes ses proportions correspondantes à celles de la table, une demi-ligne (1 millimètre) de plus.

On termine la construction intérieure du violon en plaçant la barre. C'est un petit morceau de sapin, collé à la partie gauche de la table, qui sert, d'un côté, à faire supporter le poids des cordes à l'instrument, et de l'autre à donner aux deux grosses cordes la gravité de son qu'elles n'auraient pas sans cette pièce.

La barre a 10 pouces (278 millimètres) de long, 2 lignes (5 millimètres faibles) d'épaisseur, et 4 lignes (9 millimètres) de hauteur dans son centre, qui est vis-à-vis le point; elle se termine à ses deux bouts par des biseaux allongés sur la table à laquelle elle est collée.

4.

Voici comment on doit s'y prendre pour la préparer : on dresse à la varlope un morceau de sapin de 7 à 8 lignes (16 à 19 millimètres) de largeur ; on lui donne 2 lignes un peu fortes (5 millimètres) d'épaisseur, en ayant soin que les fils du bois se trouvent du côté de cette épaisseur et dans le même sens que ceux de la table, quand la barre y sera collée.

Ce morceau de sapin étant dressé comme il a été dit, on ouvre un compas de 9 lignes (21 millimètres), et, plaçant une de ses pointes sur le point du centre, on marque, au moyen de l'autre pointe, un point qui se trouve conséquemment à 9 lignes (21 millimètres) du joint de la table. C'est ici absolument la même opération que celle qui a été décrite pour établir le carré dont il est parlé en tête de cet article. On tire alors sur le point qu'on vient de marquer, une ligne parallèle au joint, dans toute la longueur de la table, et l'on a l'emplacement de la barre.

Afin de donner à la barre la courbure nécessaire pour qu'elle vienne s'adapter naturellement et comme d'elle-même à la table, il faut opérer de la manière suivante :

On pose de champ, comme on l'a fait pour obtenir les modèles de voûte, la barre préparée, sur la ligne que l'on a tracée sur l'intérieur de la table, et, ouvrant un compas de l'espace nécessaire, on pose à plat une de ses pointes sur la table, et l'autre sur la barre, par son plat bien entendu ; on promène le compas d'un bout à l'autre de la barre, et l'on obtient la courbe de la voûte de la table.

On enlève alors avec le canif le bois inutile ; on présente la barre à l'endroit de la table auquel elle doit être collée, et l'on enlève peu à peu du bois qui l'empêche de joindre entièrement avec la table ; puis on dresse son assiette bien carrément, et la voilà prête à être collée. La partie du violon sur laquelle doit être fixée la barre n'étant pas plate, il faut que la partie de cette barre soit taillée un peu en biais, pour qu'étant collée elle forme angle droit avec la table.

Pour coller la barre à la table, on se sert d'outils de bois, nommés *pinces à barre* (fig. 10, page 15).

On couvre de colle le pied de la barre, puis on la pose sur le trait déjà tracé sur la table, de manière que ses deux bouts se trouvent aussi éloignés l'un que l'autre du haut et du bas des bords de la table ; on pose la table sur les quatre doigts de la main gauche, en serrant et en maintenant à sa place la barre avec le pouce de la même main ; la main droite se trouvant ainsi libre d'agir, c'est par son secours que l'on fait passer une pince en-dessous de la table, d'un côté, et au-dessus de la barre de l'autre ; alors, en forçant un peu, on fait entrer cette pince jusqu'à ce que la barre soit suffisamment fixée, et l'on ajoute successivement jusqu'à cinq ou six de ces pinces, que l'on fait serrer à égale distance les unes des autres, jusqu'à ce que la totalité de la barre soit bien fixée à la table. Avec un pinceau et de l'eau chaude, on lave la colle qui peut avoir bavé le long du joint de la barre, puis on laisse sécher.

Le collage de la barre étant sec, on enlève les pinces, et, posant la table sur les genoux, on enlève le plus gros du bois inutile avec le petit rabot ; on prend ensuite un compas, auquel on donne une ouverture de 4 lignes et demie (10 millimètres) ; on pose à plat sur la table une de ses pointes et l'on marque avec l'autre dans le centre de la barre, la hauteur qu'elle doit avoir en cet endroit ; on reprend alors le rabot, avec lequel on taille la barre de manière à lui donner la forme de la figure 25 ; on enlève les traces du rabot avec le râcloir, et l'on finit en polissant avec le papier de verre.

Fig. 25.

Il s'agit maintenant de tabler le violon. Cette main-d'œuvre n'offre pas de difficultés, car après avoir couvert de colle les éclisses, les contre-éclisses, les tasseaux et les coins du violon, tel que nous l'avons laissé à l'article précédent, il ne faut plus qu'y fixer la table, d'abord par le moyen de deux petites chevilles dont nous avons parlé précédemment, et ensuite par les vis, en usant des mêmes procédés que pour le collage du fond ; on laisse sécher après avoir, comme de coutume, lavé la colle qui aurait pu s'échapper en dehors des éclisses.

Le violon arrivé à ce point et débarrassé des vis, il faut examiner avec soin si les bords, soit de la table, soit du fond, ne débordent pas plus les éclisses dans quelques endroits que dans d'autres, et remédier à ce défaut en rognant avec le canif, et toujours bien carrément, ceux des bords qui auraient trop de saillie sur les éclisses.

Ce travail fini, il faut s'occuper de fileter la table et le fond. On appelle fileter, introduire et fixer avec la colle, dans tout le pourtour de l'instrument, et dans une petite rainure disposée à cet effet, des filets ou de petites lames de bois qui ne servent à autre chose qu'à orner l'instrument. Ces filets sont ordinairement au nombre de trois ; deux sont en bois teint en noir, et le troisième, qui se place au milieu, reste blanc.

Aujourd'hui on trouve à acheter ces filets tout préparés chez les marchands de Mirecourt; ils sont d'autant mieux faits, qu'on les a obtenus par des scies mécaniques, à telle épaisseur qu'on les a désirés ; mais comme il est bon qu'un ouvrier puisse autant que possible façonner tout ce qui a rapport à son état, nous allons donner la manière de faire ces filets, en commençant par dire que l'on teindra en noir ceux destinés à recevoir cette couleur, avec la recette indiquée pour le noir au chapitre qui traite des couleurs et vernis.

Le bois dont on peut le plus facilement obtenir des filets, c'est l'alisier. On commence donc par dresser un morceau de ce bois dans la dimension de 15 lignes (35 millimètres) d'épaisseur sur 6 pouces (167 millimètres) de largeur. Il suffit que sa longueur ait au moins celle que devra avoir le filet mis en place. On

comprend que ce morceau ne doit avoir ni nœuds ni
gerçures. On le serre dans la presse de l'établi, en
présentant le côté le plus étroit au fer du rabot, et
l'on donne à l'outil le fer nécessaire pour enlever du
morceau un ruban ; ce premier ruban enlevé, on regarde s'il a l'épaisseur désirée. Est-il trop mince, on
donne plus de fer ; dans le cas contraire, on en donne
moins.

Les deux tiers de ces rubans ou copeaux sont teints
en noir ; ensuite on colle trois de ces morceaux ensemble, en plaçant le blanc dans le milieu, et l'on a
soin de n'employer que de la colle délayée, affaiblie
avec de l'eau, pour que, lorsqu'on veut coller ces
filets dans la rainure, ils soient plus flexibles pour
suivre les contours de cette même rainure.

Quand les filets sont collés et secs, il faut creuser
la rainure qui doit les recevoir ; voilà comment on
s'y prend pour faire cette opération, qui demande
beaucoup de soin.

On prend le traçoir et on lui donne, par le moyen
de la vis, l'ouverture nécessaire pour écarter plus ou
moins des bords les filets, chose qui dépend entièrement du goût de l'ouvrier, à moins que, voulant copier fidèlement un violon d'auteur, il ne s'astreigne
à l'imiter en tous points.

On tient donc le violon sur les genoux, en l'assujettissant avec la main gauche, on pose la grande jambe
du traçoir sur les bords, en faisant porter la jambe
coupante sur la table ou sur le fond ; il importe peu
que l'on commence par l'une ou par l'autre. Le tra-

çoir étant posé ainsi qu'on vient de le dire, on a soin de le tenir toujours bien droit, en le promenant tout à l'entour des bords de l'instrument et en se reprenant à chacun des quatre coins. De cette opération, il résulte un petit trait sur la table et sur le fond ; on a soin de vérifier si le traçoir a fait partout son trait bien net, et l'on repasse là où il aurait pu manquer. Cette première opération faite, on n'a encore tracé qu'un des deux traits destinés à former la rainure, celui le plus rapproché du bord. Il faut alors tracer le second trait de la rainure, en calculant l'épaisseur des trois filets réunis, pour ouvrir en conséquence le traçoir, et de manière que lorsque la rainure sera terminée, les filets n'y puissent se loger qu'en les forçant un peu avec le marteau.

On se sert également d'un outil composé de deux lames soigneusement affilées et très rapprochées, qui permet de tracer à la fois les deux rainures.

Le second trait de la rainure étant tracé comme le précédent, il reste une petite lacune sous le talon, petit demi-rond qui se trouve au haut du fond.

Pour obvier à ce manque dans le tracé de la rainure, on prend un petit morceau de bois mince, comme le bois des modèles dont nous avons parlé plus haut, et, avec le canif, on lui donne la courbure que doit avoir la rainure en cet endroit, puis on trace avec la pointe la partie que le traçoir n'a pu atteindre.

Toute la rainure étant donc ainsi tracée sur les deux côtés du violon, avec la pointe d'un canif, on repasse dans les traits qu'a laissés le traçoir, de manière à enfoncer la rainure assez pour que les filets puissent s'y loger, mais en prenant bien garde que le canif, en appuyant trop fort, surtout pour le sapin, n'aille couper la table d'outre en outre.

Ce travail fini, il faut enlever le bois qui se trouve placé entre les deux traits formant la rainure ; rien n'est plus facile en se servant d'un petit bédane que l'on se procure aisément avec une fine alène de cordonnier. On casse cette alène à l'endroit où elle se trouve avoir un peu moins d'épaisseur que la rainure n'a de largeur, et on lui forme sur la meule un petit biseau semblable à celui d'un bédane, ce qui forme l'outil avec lequel on enlève le bois qui doit faire place aux filets. C'est du côté courbe de l'alène que doit être préparé le biseau.

Pour placer les filets dans la rainure, il faut commencer par les ajuster afin de les tailler de longueur, en ayant soin de les couper, avec le canif, en bec de sifflet, là où ils doivent venir aboutir aux coins du violon. Cette opération faite, on commence toujours par prendre deux filets à la fois pour les faire entrer en même temps dans les coins, après avoir auparavant mis la colle nécessaire dans la rainure. Une fois ajustés dans les coins, on presse les filets sur la rainure voisine du coin, et on les fait entrer en frappant de petits coups de marteau. Au-dessous du talon et en bas des grandes éclisses, les filets devant nécessairement se rejoindre et avoir l'air de ne faire qu'une seule pièce, il faut les couper en biais et bien nettement pour qu'on ne remarque pas leur point de jonction.

Une chose qu'il est nécessaire de bien observer, c'est que ces filets, avant d'être employés comme il vient d'être dit, doivent être découpés de manière qu'ils ne débordent la rainure que de très peu de chose.

Pour les découper à cinq quarts de ligne (2 millimètres et demi) de hauteur, on fait à un râcloir, au moyen d'une lime triangulaire, dite tiers-point, une dent semblable à une dent de scie; il faut que cette dent ait une demi-ligne (1 millimètre) d'élévation au-dessus du plat du râcloir, comme le représente la figure 26.

Fig. 26.

On pose alors les rubans à filets sur le plat de la varlope, et, plaçant la dent sur le filet et le plat du râcloir sur la varlope, on tire le râcloir denté comme si l'on se servait du traçoir ou du trousquin, d'un bout à l'autre de la feuille de filet ; on la retourne pour réitérer de l'autre côté la même opération, et le bois se trouve découpé. On n'a plus qu'à séparer avec les doigts le morceau de filet destiné à entrer dans la rainure.

La colle des filets étant sèche, il faut enlever avec précaution ce qu'ils ont de trop saillant sur le fond et sur la table..Pour cela, on enlève le plus gros avec le canif, en prenant beaucoup d'attention pour empêcher les éclats; le râcloir fait le reste.

Luthier.   5

Le corps du violon est maintenant fini, moins les bords, qui au lieu d'être ronds sont encore carrés. On peut croire, au premier abord, que pour arrondir ces bords le travail n'est pas bien difficile ; il faut cependant un soin minutieux pour bien réussir dans ce travail.

Au moyen d'un petit canif bien affilé, on enlève, du côté des éclisses, l'arête formée par les bords, en ayant grand soin de ne pas enlever plus de bois dans une place que dans l'autre, en conservant, surtout à l'entour des coins, la forme exacte du modèle qui a servi à tracer le fond et la table, et en observant encore de ne pas toucher au bois qui se trouve former la partie latérale des bords. Il faut avoir soin aussi de changer la direction du canif chaque fois que l'on apercevra que le fil du bois s'oppose à son action. On agit de même sur le côté des bords opposés aux éclisses ; on arrondit afin de faire disparaître tout ce qu'il y a de plat dans les bords, au moyen d'une lime dont le grain soit un peu fin, et l'on donne enfin le poli avec le papier de verre.

Il est prudent d'arrondir les bords du côté des éclisses avant de coller la table et le fond, afin de ne pas risquer d'entamer les éclisses pendant l'opération. Pour les bords opposés aux éclisses, cette précaution n'est pas nécessaire.

Avant de finir cet article, nous recommanderons encore aux personnes qui voudraient faire de la lutherie une occupation d'amateurs, d'avoir toujours en travaillant un violon bien fait sous les yeux, pour leur servir de guide.

§ 9.   MANIÈRE DE CONFECTIONNER LE MANCHE.

Il est aisé de comprendre ce que l'on entend par *manche* d'un instrument.

Pour confectionner cette pièce, on prend un morceau de plane de dix pouces (278 millimètres) de long ; on le dresse bien d'équerre sur quatre faces. Deux de ces faces ont vingt lignes (46 millimètres) de largeur, et les deux autres, qui deviendront les côtés du manche, ont vingt-huit lignes (65 millimètres).

Ce morceau une fois dressé bien régulièrement, on pose le modèle du manche sur une de ses faces de côté, et l'on trace avec le crayon tous les contours du modèle, qui est représenté par la figure 19, page 37.

On trace alors avec l'équerre un trait transversal sur les quatre faces, en commençant au point G, qui est l'endroit où commencera le chevillier; on mesure, à partir du trait tiré à ce point G et en allant vers le bout opposé du manche, cinq pouces quatre lignes (148 millimètres), et l'on marque par un point cette longueur, qui est celle du manche à partir du chevillier jusqu'au bout qui doit s'enclaver dans le corps de l'instrument. On tire encore, en se servant de l'équerre, un trait transversal sur le point que l'on vient de marquer, et l'on répète ce trait sur toutes les faces du morceau.

On prend alors le trousquin, on donne à sa pointe 10 lignes (23 millimètres) d'ouverture, et l'on tire, sur les deux faces étroites du morceau et dans toute sa longueur, un trait qui le partage en deux parties égales.

On prend un compas, auquel on donne cinq lignes et demie (13 millimètres) d'ouverture, on pose une de ses pointes sur la ligne que l'on vient de tirer, et juste au point où elle se trouve coupée à angle droit par celle qui a été tracée transversalement sur le point G, pour indiquer le commencement du chevillier ; on marque à droite et à gauche de la ligne transversale, deux points qui ont entre eux onze lignes (25 millimètres) de séparation. Cette mesure est la proportion du manche à la naissance de sa poignée, et la proportion du sillet qui se trouvera à cette même place.

On donne alors au compas une ouverture de sept lignes et demie (17 millimètres forts), et, posant une de ses pointes sur le point où la ligne transversale du bas est coupée par celle qui partage le manche en deux dans sa longueur, on marque à droite et à gauche sur ladite ligne transversale deux points qui auront entre eux quinze lignes (33 millimètres) d'écartement. C'est la proportion de la largeur du manche à son extrémité, qui plus tard sera encastrée dans le corps du violon.

Ce tracé terminé, on serre le manche sous le valet, en le faisant déborder de l'établi de toute la partie qui doit former la volute et le chevillier ; au moyen de la scie à chantourner, on enlève tout le bois inutile qui se trouve à l'entour du tracé, depuis la lettre **A** jusqu'à la lettre G (fig. 19, page 37) ; on donne à cette partie la forme qu'elle doit avoir finalement, pour n'y plus revenir, en se servant des ciseaux, du canif, des limes, enfin des outils qui conviendront le mieux. On coupe alors le manche de longueur à la ligne transversale du bas.

Avec le trousquin dont la pointe a encore dix lignes (23 millimètres) d'ouverture, on retrace la ligne centrale sur la partie du manche que l'on vient de chantourner, depuis A jusqu'à E.

On tire ensuite deux lignes droites avec une règle; en partant des deux points que l'on a marqués à la ligne transversale qui sépare le chevillier du manche pour aller rejoindre les deux autres points, que l'on a également marqués au bas du manche; on serre le morceau sous le valet, de manière à pouvoir fixer de chaque côté du manche tout ce qui est en dehors des deux derniers traits que l'on vient de tracer, et l'on prolonge les deux traits de scie jusqu'à la ligne pointée K E (figure 18, page 34).

Maintenant, il ne reste plus qu'à s'occuper de la volute, qui se fait en partant du bouton d'où commence la spirale. Avec une gouge, dont la courbe se rapporte exactement à celle de la spirale, après avoir fixé sur l'établi le manche couché sur un des côtés, on tient l'outil perpendiculairement, et on l'enfonce dans le bois en suivant exactement la ligne tracée sur la volute; en le penchant ensuite, on forme les creux arrondis, en laissant le moins possible d'inégalités dans ces creux, que l'on finit avec de petits râcloirs et le papier de verre. Il faut changer de gouges au fur et à mesure que la courbe de la spirale se redresse en s'éloignant du bouton.

Ce travail étant fini des deux côtés du manche, il faut encore figurer l'espèce de coulisse ou creux qui, partant de derrière le manche, vient en tournant finir au haut du chevillier, dans lequel on creuse enfin la mortaise. Le travail du manche est assez difficile; mais, avec de la patience et un peu d'exercice, on vient bientôt à bout de faire un beau manche.

Nous allons donner la manière de finir entièrement le manche jusqu'au moment où on le réunira au corps de l'instrument.

La poignée, qui doit avoir sept lignes (16 millimètres) d'épaisseur du dessus au dessous, n'offrant aucune difficulté, nous n'en parlerons plus, afin de nous occuper du pied du manche. C'est ainsi que se nomme la partie qui s'enclave dans le tasseau du haut du violon d'un côté et qui, de l'autre, repose sur le talon du fond.

On donne à un compas une ouverture de quinze lignes (35 millimètres), et, plaçant ses deux pointes sur le bout inférieur du manche, exactement vis-à-vis les deux points que l'on a marqués précédemment pour déterminer la largeur de cette partie, on trace un cercle avec une des pointes du compas en fixant l'autre sur le point indiqué. Ce cercle tracé, on en fait un second dans le sens contraire, et le point où se rencontrent ces deux cercles, sert de guide pour tirer, de la ligne centrale du manche, un trait de prolongement qui partage le bout du manche en deux parties égales.

On prend ensuite la largeur du talon du fond de l'instrument, et on la partage en deux avec le compas; on la marque sur le pied du manche èn posant une pointe du compas sur la ligne que l'on vient de tracer, et en faisant un point à droite et à gauche de cette ligne à la place qui devra s'appuyer sur le talon. Comme on ne peut voir à l'œil quelle sera cette place, voici comment on la trouve :

Le manche devant déborder la table du violon de deux lignes (5 millimètres), on commence par tirer avec le trousquin un trait de cette épaisseur au bout du manche, en appuyant cet outil sur le plat qui doit recevoir la touche. On mesure alors avec le pied de roi la hauteur des éclisses et de la table à partir du plat du talon, on rapporte sur le pied du manche, cette hauteur en dessous du trait tiré au trousquin ; c'est là que l'on doit marquer par les deux points, comme on l'a vu précédemment, la largeur du talon.

On tire ensuite, à partir des deux lignes de droite et de gauche du plat du manche et à l'endroit où elles se terminent au bout du manche, deux traits qui viennent tomber sur les deux derniers points dont nous avons parlé ; on ôte alors le bois inutile des deux côtés du manche, ainsi que celui qui dépasse les deux points qui donnent la largeur du talon ; le manche est prêt à être enclavé dans l'instrument. La figure 27 représente ce tracé.

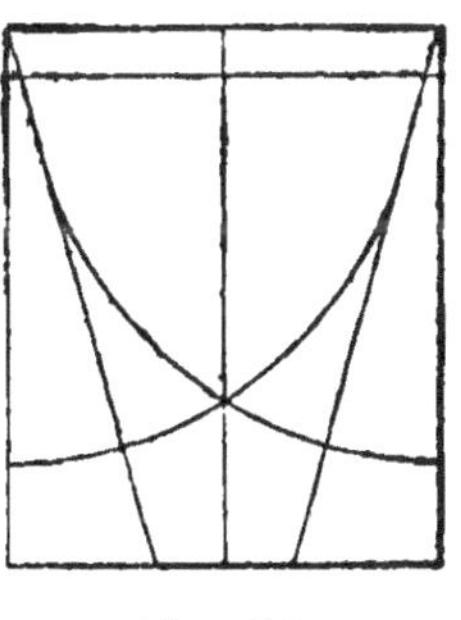

Fig. 27.

§ 10.   MANIÈRE DE CONFECTIONNER LA TOUCHE.

La touche est la partie de l'instrument sur laquelle doivent porter les doigts de la main gauche de l'exécutant. De toutes les pièces qui composent les instruments à archet, elle est sans contredit la plus facile à confectionner. Néanmoins, il y a encore quelques soins à prendre pour la rendre susceptible de bien remplir son rôle, lorsqu'elle est jointe aux autres pièces de l'instrument qu'on se propose de construire.

On commence donc par se faire un modèle qui présente exactement la longueur et la largeur de la touche, modèle qui n'offre pas la moindre difficulté, puisque ce n'est autre chose qu'une planchette longue de 9 pouces 9 lignes (27 centimètres), large, à l'un de ses bouts, de 11 lignes (25 millimètres), et à l'autre de 19 lignes (44 millimètres) (fig. 28).

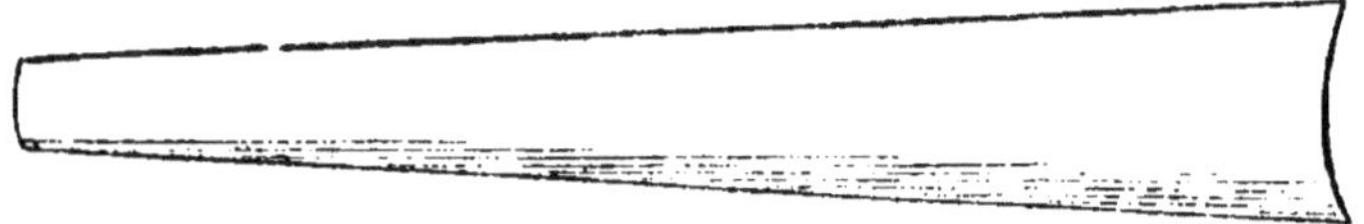

Fig. 28.

On coupe un morceau d'ébène à la longueur de 10 pouces (28 centimètres), et on le refend à 4 lignes (9 millimètres) d'épaisseur; on pose alors le modèle sur l'ébène que l'on a refendue, on trace la touche et on la découpe.

La touche découpée, on dresse un de ses côtés à plat à la varlope. Ce côté est celui qui doit être collé plus tard sur le manche ; l'autre côté doit présenter une surface arrondie, comme on le voit dans la fig. 28.

Comme il serait impossible d'arrondir la touche en la laissant à plat sur l'établi, on prend un morceau de hêtre qui ait en largeur 4 lignes (9 millimètres) de plus que la touche, et en longueur, 2 pouces (56 millimètres) aussi de plus. On pose le modèle de touche sur le milieu de ce morceau de bois qui doit avoir 2 pouces (56 millimètres) de hauteur ; on tire deux traits à droite et à gauche, chacun à 2 lignes (5 millimètres) des bords de ce morceau ; on donne deux traits de scie que l'on enfonce d'une ligne et demie (3 millimètres forts) de profondeur en suivant les deux traits ; enfin, l'on enlève le bois qui se trouve entre les deux traits de scie à la même profondeur. C'est dans cette coulisse que l'on place la touche pour l'arrondir, d'abord avec la varlope, ensuite avec le grand rabot de fer, en se servant pour guide d'un petit modèle en forme de voûte.

Pour que le morceau en question puisse se fixer sur l'établi, on scie à moitié son bout le plus large, comme le repré- sente la fig. 29, et, po- sant le bout étroit contre sant le bout étroit contre

Fig. 29.

la griffe de l'établi, on serre le morceau au moyen de l'entaille que l'on vient de faire, et avec le valet, pour le fixer solidement.

5.

§ 11.   PLACEMENT DU MANCHE.

Dans l'avant-dernier paragraphe, nous avons laissé le manche du violon prêt à être réuni et fixé au corps de l'instrument ; nous allons maintenant nous occuper de cette opération.

Il est bon d'observer, avant d'aborder l'étude de ce travail, que si la table du violon est d'une seule pièce, il faut avant d'aller plus loin, tirer sur la table une ligne au crayon qui, passant sur le point central qui se trouve entre les deux *ff*, partage ladite table en deux parties parfaitement égales.

Cette ligne, comme nous le verrons tout à l'heure, servira de guide pour placer le manche droit et pour l'empêcher de pencher, soit à gauche, soit à droite de l'instrument.

On prend donc le manche, dont on pose le pied sur les éclisses à la place qu'il doit occuper, en ayant soin que la ligne centrale qui partage sa poignée en deux parties égales se trouve exactement vis à vis de la ligne que l'on vient de tracer sur la table. On prend avec la main droite la pointe à tracer, et avec la main gauche le pied du manche, dans la position que nous venons d'indiquer ; on trace avec ladite pointe deux traits qui, partant du talon du fond, viennent finir à la table, marquant ainsi l'ouverture dans laquelle le pied du manche sera enclavé. On pose le manche sur l'établi, et, avec le canif, on coupe juste à ces deux traits, les éclisses et la partie de la table

comprises entre eux. On donne 3 lignes (7 millimètres) de profondeur à cette entaille, en ayant soin de
n'enlever que le bois nécessaire pour que, lorsqu'on
présentera le pied du manche dans l'entaille, il ne
puisse y entrer qu'en le forçant un peu. Sans cette
précaution indispensable, il n'y aurait point de solidité dans l'ouvrage.

Quand le pied du manche est ajusté dans l'entaille et qu'il s'élève à 2 lignes (5 millimètres) juste
au-dessus de la table, il faut avoir soin de le faire
pencher d'une demi-ligne (1 millimètre) du côté de la
chanterelle.

Ce travail fini, il faut s'occuper de donner au manche la pente en arrière ; c'est cette pente que l'on
nomme *renversement*. Cette position du manche sert
à faciliter le jeu de l'instrument, dans les passages
où il faut se servir du démanché.

Pour s'assurer que le manche a le renversement
convenable, voilà comment on procède :

La touche étant préparée, comme nous l'avons dit
au paragraphe précédent, et ayant 2 lignes (5 millimètres) d'épaisseur sur chacun de ses bords et 3 lignes
(7 millimètres) dans son centre, on la pose sur le
manche (qui doit déjà être ajusté dans l'entaille),
comme si on voulait la coller.

On tient de la main gauche le manche et la touche, et, prenant une règle bien dressée, on la pose
sur le centre de la touche. On maintient encore, avec
la main gauche, cette règle ainsi placée, et, prenant
de la droite le pied de roi que l'on place debout sur

la table, à l'endroit précis où se trouve le point, on regarde si dans cet endroit la règle s'élève de **12 lignes** un quart (**28 millimètres forts**) au-dessus de la table.

Cette élévation est la mesure exacte du renversement, qui ne peut manquer d'être exact si l'on n'a pas oublié de donner au pied du manche les **2 lignes** (**5 millimètres**) d'élévation au-dessus de la table, ainsi que nous l'avons déjà recommandé.

Si, en essayant le renversement, on remarque que la règle a plus de **12** lignes un quart (**28 millimètres forts**) d'élévation, il faut, avec le canif, enlever dans l'entaille un peu de bois du tasseau, du côté de la table, et présenter de nouveau la règle jusqu'à ce qu'elle ait enfin atteint la hauteur voulue. Dans le cas où la règle n'atteindrait pas exactement cette hauteur, il faudrait enlever un peu de bois de l'entaille du côté du talon du fond.

On doit remarquer que cette opération est fort délicate et que, si elle est mal faite, elle influe très sensiblement sur la bonté du son de l'instrument.

Avant de coller le manche dans son entaille, il faut s'assurer s'il est parfaitement droit. Pour cela, on prend une règle de noyer qui n'a pas plus de cinq quarts de ligne (**3 millimètres**) d'épaisseur, afin qu'elle puisse plier. On pose cette règle sur la ligne que l'on a tracée au crayon sur la table et sur le trait central du manche, afin de s'assurer s'il penche d'un côté ou de l'autre; s'il en est ainsi, on y remédie en enlevant dans l'entaille un peu de bois du côté où cela est nécessaire pour arriver à le redresser ; il ne reste plus alors qu'à le coller.

On prend une happe, on lui donne l'ouverture convenable, puis on la pose sur l'établi pour s'en servir. On taille ensuite un morceau de liège de 5 lignes (12 millimètres) d'épaisseur sur 2 pouces (56 millimètres) de long et 1 pouce (28 millimètres) de large. Ce morceau est destiné à être placé en travers, sous le talon et le tasseau du fond, pour recevoir le bec de la happe et l'empêcher de faire une foulure quand on serrera la vis.

Ces préparations terminées, on enduit de colle, avec le pinceau, tout l'intérieur de l'entaille, on fait entrer le pied du manche dans l'entaille, et l'on place le morceau de liège. Sous le talon et le tasseau, on pose le bec de la happe sur le liège, et le tourillon sur le plat du manche et à son extrémité, puis on serre fortement le manche en le maintenant de la main gauche, pour l'empêcher de dévier de l'entaille. On lave les bavures de colle avec de l'eau chaude et un pinceau et l'on pose le violon dans un endroit où il puisse sécher.

Au bout d'une demi-heure, on ôte la happe, on reprend la touche et la règle, puis on vérifie le renversement ; s'il est juste, on replace la happe comme auparavant et on laisse sécher.

Il est inutile de dire que quand la table de l'instrument est de deux pièces, il n'est pas nécessaire de tirer sur son centre la ligne au crayon dont il a été question précédemment, puisque le joint de la table remplace cette ligne.

Dans les temps humides, il est bon de chauffer un peu le manche en le présentant au feu, avant de l'introduire dans l'entaille. C'est le meilleur moyen de faire sécher la colle plus vite.

Il est encore bon de piquer avec la pointe à tracer ou avec la pointe du canif un grand nombre de petits trous dans le plat du pied du manche et à sa partie qui viendra s'asseoir sur le talon. Ce moyen permet à la colle de mieux faire son effet.

§ 12. PLACEMENT DE LA TOUCHE SUR LE MANCHE. DU GRAND ET DU PETIT SILLET.

Le collage du pied du manche étant sec et la happe enlevée, il faut s'occuper de coller la touche sur le manche.

La touche étant parfaitement dressée et ayant les épaisseurs et proportions indiquées précédemment, on la colle sur le manche en ayant soin de laisser, entre le chevillier et son bout étroit, un intervalle de 2 lignes (5 millimètres). Cet intervalle est destiné à recevoir le sillet des cordes ou *petit sillet*.

Pour coller la touche, il ne s'agit que de couvrir de colle le plat du manche; en posant ensuite la touche sur cette colle, on serre au moyen d'un morceau de tresse le manche et la touche, en ayant soin d'empêcher cette dernière de déborder d'aucun côté, ce qui est facile, puisque les deux traits tracés sur le manche, tant à sa droite qu'à sa gauche, indiquent son emplacement.

On prend alors un morceau d'ébène d'une dimension propre à en faire le sillet des cordes, on le rabote avec la varlope en lui donnant 3 à 4 lignes (8 millimètres) de haut sur 2 lignes (5 millimètres) de large, et on le colle à sa place. La longueur de ce morceau doit naturellement déborder un peu de chaque côté le manche du violon.

Le sillet du bas, autrement dit *grand sillet*, est une pièce d'ébène placée au-dessus du bouton de l'instrument, c'est-à-dire à l'extrémité opposée du violon ; il est destiné à porter la corde qui fixe le cordier au bouton. On donne ordinairement à ce sillet 1 pouce (28 millimètres) de longueur sur 3 lignes (7 millimètres) de hauteur et autant de largeur.

Pour lui donner plus de solidité, on le fait entrer de 3 lignes (7 millimètres) dans la table et d'autant dans les éclisses.

Du reste, cette pièce est tellement simple, qu'il suffit, à l'œil le moins exercé, d'en voir une semblable, pour pouvoir l'exécuter tout de suite. Le seul soin à prendre dans sa confection, consiste à l'élever assez au-dessus de la table pour que le cordier ne puisse toucher cette dernière, et ensuite à l'arrondir à l'angle qui doit porter l'attache du cordier, de manière qu'il ne puisse la couper.

Quand le collage des sillets et de la touche est sec, on enlève avec un canif le plus gros du bois inutile des deux sillets, et, avec une lime, on donne la forme voulue à ces pièces, puis on dispose le sillet des cor-

des de manière qu'il n'ait qu'une demi-ligne (1 millimètre) de plus qu'elle en élévation.

On finit encore de donner avec le canif la forme à
la poignée du manche qui, sur ses côtés, doit être
affleuré avec la touche ; on rabat avec la lime les
coups de canif, et l'on polit avec le papier de verre.

On entaille ensuite dans le petit sillet, au moyen
d'une petite lime ronde nommée queue de rat, les
quatre crans destinés à recevoir les cordes, en les
faisant le moins profonds possible, puis on polit avec
le papier de verre. Alors on perce, au milieu d s
éclisses et au point de leur jonction, le trou destiné à
recevoir le bouton.

§ 13.   PLACEMENT DE L'AME, DES CHEVILLES, DU CHEVALET ET DES AUTRES ACCESSOIRES.

Quand le violon est vernissé, on s'occupe de polir
la touche et les sillets. Pour cela, on met tremper,
pendant quelques minutes, cinq ou six morceaux de
prêle dont on a coupé les nœuds, et l'on frotte en
mouillant toujours la prêle jusqu'à ce que l'ébène
ait un beau poli. On prend ensuite un chiffon imbibé
d'huile mêlée de tripoli et de charbon pilé et tamisé
bien fin, et l'on frotte jusqu'à ce que les pièces aient
acquis un éclat semblable au vernis.

Ce travail terminé, avec une mèche d'une dimension plus faible que ne sera celle de la tige des chevilles, on perce les trous qui devront les recevoir, et,
avec la lousse, on les élargit de manière que les che-

villes puissent s'y adapter. Cet ajustage, qui ne paraît pas difficile, exige cependant beaucoup de soin.

La chose la plus désagréable pour le joueur d'instruments à archet, est d'avoir à se servir de chevilles qui sautent, ne roulent que par saccades et échappent. Pour éviter cet inconvénient, il faut que le luthier ait soin, pour ajuster les chevilles, de se servir d'une lime qui ne soit ni trop fine ni trop grosse ; il faut qu'il ait soin de faire serrer également la cheville dans les deux trous qu'elle remplit, pour l'empêcher de se tordre d'abord et de se rompre ensuite ; il faut encore que les trous soient percés bien ronds, ce qui est facile quand la lousse est affûtée de manière à couper nettement et sans effort de la main qui la dirige.

Il existe un petit moyen, que tout le monde ne connaît pas, pour faire rouler également les chevilles et pour les empêcher d'échapper ; nous allons l'indiquer :

On prend deux parties blanc de Troyes, réduit en poudre très fine, on y ajoute une partie de colophane aussi en poudre. On mêle bien ces deux matières, et quand les chevilles sont ajustées, on prend un morceau de savon bien sec, on en frotte légèrement les tiges des chevilles, puis on les couvre du mélange de blanc et de colophane. On les fait fonctionner ainsi aussi bien que possible.

Avant d'aller plus loin, il est bon de remarquer que les chevilles et les boutons étant faits par le tourneur, c'est chez ce dernier que le luthier se procure ces fournitures. Les chevalets et les cordiers s'achètent aux fabricants de Mirecourt, et à si bon marché qu'il n'est presque pas de luthiers qui confectionnent ces deux objets. Celui qui cependant voudrait s'en occuper, réussira bientôt à faire des cordiers ; quant au chevalet, il lui faudra beaucoup de temps avant d'en fabriquer un qui soit aussi bien fait et d'une forme aussi gracieuse que ceux de Mirecourt. Dans cette ville de fabrique, l'ouvrier qui confectionne des chevalets ne fait rien que cela ; aussi les exécute-t-il parfaitement et avec la plus grande habileté.

Le chevalet doit être assez solide pour pouvoir résister à la tension des cordes ; cependant, il est à désirer que le dessus sur lequel reposent les cordes soit aussi mince que possible, ce qui augmente de beaucoup l'éclat et la pureté du son de l'instrument.

Les chevilles ajustées, on perce à chacune d'elles, au moyen du foret, le petit trou nécessaire pour y fixer le bout de la corde.

On met une attache au cordier. Cette attache est formée généralement d'un morceau de *ré* de violoncelle ou de tout autre corde teinte en noir et ayant la grosseur voulue.

Il faut alors placer le chevalet et le disposer à recevoir les quatre cordes qui doivent être montées sur l'instrument.

On commence par bien ajuster les pieds du chevalet sur la table, de manière à ne pas laisser exister le moindre intervalle entre ces deux parties, car le son devient rauque et sourd si les pieds du chevalet ne sont pas parfaitement appuyés dans toute leur surface sur la table.

Le dessus du chevalet doit être arrondi, de manière qu'en se servant de l'archet, on ne puisse toucher sans le vouloir plusieurs cordes à la fois. Il ne faut pas non plus qu'il soit trop arrondi, parce qu'il en résulterait de la difficulté pour le joueur qui serait obligé de faire trop de mouvements pour conduire l'archet de la chanterelle à la quatrième corde. Enfin, il faut lui donner à peu près la même voûte que celle que nous avons indiquée pour la touche. On donne en outre le moins de profondeur possible aux quatre petits crans qui servent à retenir les cordes en place sur le chevalet.

Enfin, la hauteur du chevalet doit être approximativement telle que la quatrième corde (le *sol*) soit élevée de 2 lignes et demie (6 millimètres environ) au-dessus du bout de la touche, le *ré* et le *la* insensiblement moins, et enfin la chanterelle (le *mi*) de 2 lignes (5 millimètres). L'écart des cordes du *sol* à la chanterelle est de 16 lignes (37 millimètres).

Il faut enfin faire une âme, et la poser ensuite dans l'instrument.

Cette pièce, qui est si peu de chose par elle-même, influe beaucoup sur le son ; nous allons donner tous les détails nécessaires pour la confectionner, et pour la placer ensuite convenablement.

On prend un morceau de sapin bien sec et sans nœuds et on le dresse carrément avec la varlope. On diminue chaque face du carré jusqu'à ce que, présentant le morceau à l'ouverture de l'*f* droite du violon, il puisse y entrer. Alors, avec le canif, on abat les quatre angles du carré, et, avec une lime, on arrondit bien cylindriquement le morceau. On essaie alors la hauteur que doit avoir l'âme, on la coupe, et on la polit au papier de verre.

Pour savoir quelle sera la hauteur de l'âme, on prend un bout de fil de fer, une aiguille à tricoter par exemple, et, en le passant dans le rond du haut de l'*f,* on fait descendre sa pointe sur le fond du violon ; on pince alors le fil de fer à la surface de la table, on le retire et l'on sait la longueur que l'on doit donner à l'âme.

Les fils du sapin de l'âme, quand elle est posée, doivent se trouver en travers des fils du sapin de la table. Il ne faut pas perdre de vue cette observation importante, afin de mieux comprendre ce qui nous reste à expliquer.

Le fond et la table du violon n'étant pas exactement plats mais bien voûtés, il faut, pour que la tête et le pied de l'âme joignent parfaitement à ces deux parties, que le pied et la tête de l'âme soient taillés un peu en biais ; c'est avec un canif parfaitement affilé que l'on donne ce biais à l'âme, et ce biais doit être pris dans le sens des fils du sapin.

On prend alors la pointe aux âmes, on enfonce son côté pointu dans l'âme, de 4 à 5 lignes (10 à 11 millimètres) au-dessous de sa tête et dans la partie tendre de son bois. On fait ensuite passer l'âme par l'*f* droite du violon et l'on appuie son pied sur le fond, en penchant sa tête vers le bas du violon ; une fois le pied placé à peu près à l'endroit qu'il doit occuper définitivement, on redresse l'âme et on la fait glisser sous la table jusqu'à ce qu'elle soit dans une position verticale. On retire alors la pointe du corps de l'âme et, en retournant l'outil, on finit par la mettre à sa vraie place au moyen des crochets.

La place de l'âme est à 1 ligne (2 millimètres) derrière le pied du chevalet, et exactement à 9 lignes (21 millimètres) d'éloignement du point central de la table, c'est-à-dire que si l'on se figure une ligne tirée parallèlement au joint de la table de l'instrument, la partie extérieure du pied du chevalet et la partie aussi extérieure de la tête de l'âme se trouveront toutes deux sur cette ligne dont l'éloignement du joint est de 9 lignes (21 millimètres).

L'âme étant posée, il faut placer le bouton qui doit entrer un peu à force dans le tasseau, afin de lui donner la solidité convenable.

Il ne reste plus alors, pour terminer le violon, qu'à y fixer les cordes en observant soigneusement qu'elles ne s'enchevêtrent pas dans le chevillier. Cette opération est tellement simple qu'il nous paraît superflu de l'expliquer.

CHAPITRE IV

Moyen de tracer un violon sans modèle.

—

On a vu dans le chapitre précédent que pour établir un violon, il fallait, pour ainsi dire, en copier un autre. Cependant les luthiers anciens avaient un autre moyen que celui-là. Nous ne croyons pas que ce moyen ait jamais été pratiqué en France; c'est cependant celui dont se servaient les Amati et autres auteurs renommés. Cette méthode de tracer un beau modèle de violon a été tirée d'un livre italien, imprimé en 1782 à Padoue, et publié par Antonio Bagatella, célèbre luthier de cette ville (1).

Il existe en Allemagne deux violons et un violoncelle qui ont été faits d'après cette ingénieuse méthode, qui est toute mathématique, et ces trois instruments ne laissent rien à désirer sous le rapport du son ni sous celui de la beauté.

Avant d'aller plus loin, il faut bien observer que la moindre négligence, la moindre inexactitude dans ce

(1) Nous reproduisons ce chapitre, afin de ne pas écourter l'œuvre de M. Maugin; mais nous prévenons nos lecteurs que nous avons expérimenté la méthode qu'il indique sans avoir pu réussir. Peut-être les indications sont-elles incomplètes ou un détail est-il inexact? Nous les prions de nous tenir au courant de leurs essais, afin de rectifier l'erreur qui pourrait avoir été commise.

travail en fait manquer le but, et c'est de la juste combinaison du tracé que nous allons décrire, que dépend la réussite du tout. (Voir la planche 1re, figures 1 à 4).

On trace sur une planchette de l'épaisseur de celle des modèles dont nous avons déjà parlé, une ligne perpendiculaire ; cette ligne doit avoir précisément la longueur que l'on se propose de donner au corps de l'instrument (figure 1). On divise cette ligne perpendiculaire en soixante-douze parties égales.

Lorsque cette ligne perpendiculaire est ainsi partagée, on tire vingt autres lignes horizontales qui forment angle droit avec la ligne perpendiculaire. L'emplacement de ces lignes horizontales doit être dans l'ordre suivant :

La   1re, sur le point   8 ;
La   2e,   —   14 ;
La   3e,   —   16 ;
La   4e,   —   20 ;
La   5e,   —   21 1/4 ;
La   6e,   —   22 ;
La   7e,   —   23 ;
La   8e,   —   27 ;
La   9e,   —   28 ;
La 10e,   —   31 ;
La 11e,   —   33 ;
La 12e,   —   34 ;
La 13e,   —   37 ;
La 14e,   —   39 ;
La 15e,   —   40 ;

La 16ᵉ, sur le point 44 1/4 ;
La 17ᵉ,   —   48 ;
La 18ᵉ,   —   55 ;
La 19ᵉ,   —   56 ;
Enfin, la 20ᵉ, sur le point 65.

On donne au compas neuf parties d'ouverture, on place une de ses pointes sur le n° 6, et l'on trace les deux petites courbes $a\,a$.

On donne vingt-quatre parties au compas, on pose une de ses pointes sur le n° **24**, et l'on trace la courbe $a\,b\,a$.

On donne deux parties au compas, et l'on marque sur la troisième ligne horizontale les deux points $c\,c$.

On pose le compas sur ces points $c\,c$, on l'ouvre jusqu'au point $a\,a$, et l'on trace les deux courbes qui vont d'$a\,a$ à la ligne horizontale A A, en passant par $d\,d$.

On ouvre le compas d'une partie, et l'on marque deux points sur la ligne B B, à droite et à gauche du n° 14 ; on pose le compas sur les points que l'on vient de marquer, et on l'ouvre jusqu'aux points $d\,d$; on tire alors les deux courbes de la ligne A A jusqu'à la ligne D D, en passant par $f\,f$.

On prolonge ensuite la ligne 33, de manière que de la ligne perpendiculaire jusqu'à ses deux extrémités, elle ait vingt-deux parties un tiers ; on pose alors le compas sur le point h et, l'ouvrant de onze parties, on tire la courbe de P P à la ligne L L, en passant par $i\,i$.

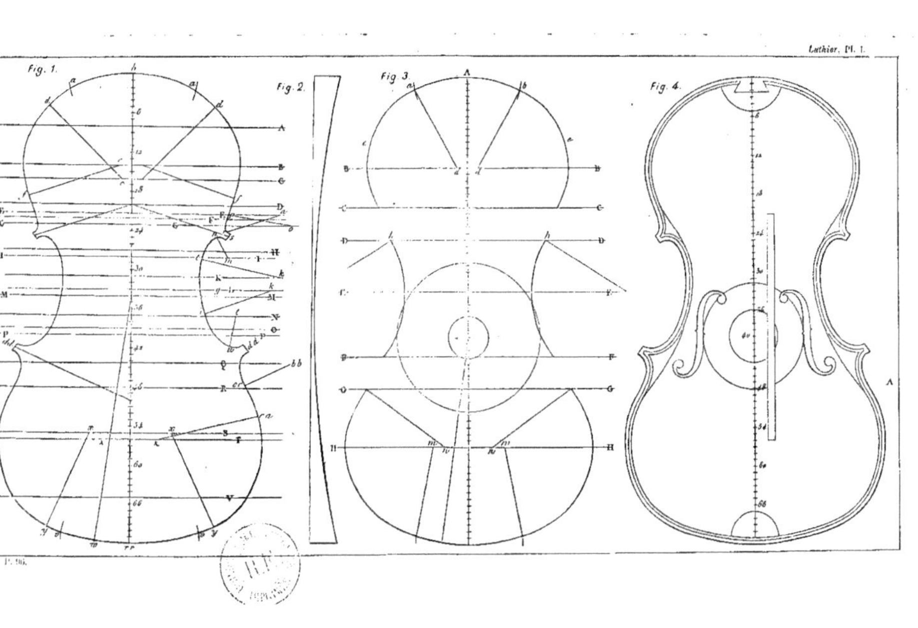

Fig. 1.
Fig. 2.
Fig. 3.
Fig. 4.

On prolonge la ligne 31 à vingt-trois parties trois quarts de la perpendiculaire et, le compas posé sur le point K, on l'ouvre jusqu'à la courbe qu'on vient de tracer et la ligne M M, puis on trace la courbe depuis la ligne L L jusqu'à la ligne H H.

On ouvre le compas de onze parties et, posant une de ses pointes sur le point 72, on trace les deux petits arcs *v v;* on pose alors une des pointes du compas sur le point 35, et l'autre sur le point 72, et l'on trace la courbe comprise entre les deux petits arcs qu'on vient de décrire.

On pose le compas ouvert de six parties sur le point 55, et l'on marque les deux points *x x* sur la ligne S S.

On pose le compas sur les points *x x*, et on l'ouvre jusqu'aux petits arcs *v v*, puis on trace la courbe qui va de ces arcs à la ligne V V.

On pose le compas ouvert de quatre parties sur le point 56, on marque les deux points *z z*, on pose le compas sur les points *z z* et l'on trace la courbe de la ligne V V à la ligne R R.

On prolonge la ligne 23 à vingt-quatre parties et demie de la perpendiculaire, et l'on marque les deux points *o o;* on pose le compas sur ces points *o o* et, l'ouvrant jusqu'à *f f*, au-dessus de la ligne D D, on tire la courbe, qui de ce point va jusqu'à la ligne F F.

On prolonge la ligne 28 à quatorze parties deux tiers de la perpendiculaire, et l'on marque les deux points *m m;* on pose le compas sur ces points *m m*, en l'ouvrant jusqu'au point où se croisent la ligne H H et la courbe du violon, et l'on trace la petite courbe qui va jusqu'aux points *ff*.

On prolonge la ligne 21 1/4 à vingt-deux parties de la perpendiculaire, et l'on marque les deux points *q q* ; on pose le compas sur ces points *q q* et, l'ouvrant jusqu'au point *p* de la ligne E E, on tire la courbe qui va de *p p* à *r r*. On pose ensuite le compas sur le point 20, on lui donne seize parties un tiers d'ouverture, et l'on trace les deux coins *s s*.

On prolonge la ligne 44 1/4 à vingt-quatre parties de la perpendiculaire, et l'on marque les deux points *b b* ; on pose le compas sur ces points *b b*, on l'ouvre jusqu'à l'endroit où la ligne R R se trouve coupée par la courbe de V à R, et l'on tire la courbe *c c* de ce point à *d d*.

On prolonge enfin la ligne 37 à seize parties et demie de la perpendiculaire, et l'on marque les points *t t* ; on pose le compas sur ses points *t t*, on l'ouvre jusqu'au point où la ligne P P se joint à la courbe *i*, et l'on trace la petite courbe.

Pour en finir, on place le compas ouvert de dix-neuf parties trois quarts sur le point 49, et l'on trace les deux coins *d d*.

Comme on l'a vu plus haut, ce tracé demande beaucoup de soin et de précaution ; mais une fois que l'on a le modèle, on peut s'en servir un temps infini avant d'avoir besoin d'en faire un nouveau.

Voilà maintenant comment on s'y prend pour avoir le modèle de la voûte de l'instrument prise dans sa longueur.

On dresse à la varlope une planchette de bois dur de 1 ligne et demie (3 millimètres forts) d'épaisseur sur 2 pouces (56 millimètres) de largeur, et ayant un peu plus de longueur que le violon ; on prend le milieu de cette longueur, puis, au moyen de l'équerre, on tire à angle droit le trait qui le partage ; on fixe la planchette sur l'établi au moyen de deux valets que l'on fait pincer sur ses deux bouts ; alors prolongeant le trait B (voir la figure 2, planche 1re) de la planchette sur l'établi, au moyen d'une règle et d'un morceau de craie, on donne à un grand compas une ouverture de deux cent seize parties, c'est-à-dire trois fois la longueur de la perpendiculaire, puisque 72 multiplié par 3 donne 216.

On pose alors une des pointes du compas sur le point A, et l'autre pointe sur la ligne tracée à la craie, et l'on trace le courbe A B C, qui est la voûte à donner au fond et à la table de l'instrument.

Le tasseau du manche doit avoir dix parties de largeur et quatre parties d'épaisseur ; celui du bas la même épaisseur, mais seulement huit parties de largeur.

Les éclisses, près du bouton qui fixe le cordier, ont six parties et quart de hauteur, et à la naissance du manche six parties seulement ; on donne ordinairement aux contre-éclisses une demi-partie d'épaisseur, et une partie et demie de largeur.

La longueur des *ff* est de quinze parties, l'entaille qui les sépare par le milieu doit se trouver précisément vis à vis du point 40 ; ainsi leur tête commence vis à vis du point 32 1/2, et leur pied se trouve vis à vis du point 47 1/2.

Le diamètre des trous du haut est d'une partie un tiers, celui des trous du bas est d'une partie trois quarts ; elles doivent être séparées l'une de l'autre, dans le haut, de neuf parties à prendre du bord intérieur des trous ; au centre, de quinze parties à prendre des crans intérieurs ; et enfin, dans le bas, de vingt-quatre parties à prendre aussi du bord intérieur des trous. (Voir la figure 3).

Des épaisseurs du fond.

Les personnes qui voudraient faire usage de cette méthode, devront se pourvoir d'une règle qui, ayant précisément la longueur de l'instrument qu'elles façonnent, sera divisée en soixante-douze parties, pour qu'au moyen d'un compas elles puissent prendre sur cette règle les proportions que l'on va indiquer.

Le point 42 est le point de départ pour arriver à donner les épaisseurs voulues au fond. On commence par ouvrir le compas de quatre parties un tiers, on pose une de ces pointes sur le point 42, et l'on trace un cercle ; tout le bois renfermé dans ce cercle doit avoir d'une façon très précise une partie d'épaisseur. Ceci fait, on trace un second cercle de douze parties. Pour tracer le second cercle, le compas doit être ouvert de douze parties, alors on enlève petit à petit le bois dans ce cercle, de manière qu'en s'éloignant du premier cercle, qui a une partie d'épaisseur, et en diminuant insensiblement, le bois tout à l'entour du second cercle n'ait plus que deux tiers de partie d'épaisseur. A partir des bords extérieurs du second cercle, l'épaisseur doit aller en mourant, de tous les côtés, vers les bords et jusqu'aux éclisses, et se terminer à une demi-partie d'épaisseur. (Voir la fig. 3).

Des épaisseurs de la table.

Le point 40 est le point de départ pour mettre la table d'épaisseur.

On ouvre un compas de quatre parties, on pose une de ces pointes sur le point 40, et l'on trace un cercle. Tout le bois renfermé dans ce cercle aura deux tiers de partie d'épaisseur. On ouvre le compas de neuf parties et l'on trace un second cercle; on enlève du bois de manière qu'en s'éloignant du premier cercle, l'épaisseur vienne mourir au bord du second à une demi-partie, et de là, en allant vers les bords de la table jusqu'aux points où elle s'appuie sur les éclisses, elle n'ait plus qu'un fort tiers de partie d'épaisseur.

De la barre.

La barre doit avoir trente-six parties de long, une de large, deux de haut dans le centre, et cette hauteur doit diminuer insensiblement aux deux bouts jusqu'à la proportion de deux tiers de partie. Sa place est précisément sur le bord du cercle intérieur. La barre doit courir parallèlement au joint, et être partagée en deux par le point 40. (Voir figure 4).

6.

De l'âme.

L'âme doit avoir une partie de diamètre ; sa place est à deux parties derrière le pied du chevalet. Du reste, elle doit être placée d'après les principes exposés précédemment.

Du chevalet.

Le chevalet doit avoir huit parties de l'extérieur d'un pied à l'autre ; sa hauteur est de six parties et demie.

Du manche.

Le manche doit avoir exactement vingt-sept parties de longueur, depuis le chevillier jusqu'aux éclisses.

Toutes les proportions que nous venons d'indiquer sont en tout point applicables aux autres instruments à archet. Cependant, pour les violoncelles et les contre-basses, on doit faire deux exceptions : d'abord en ce que leurs éclisses ont douze parties au tasseau du cordier, et onze parties et quart au tasseau du manche, puis en ce que leurs chevalets ont onze parties d'élévation au-dessus de la table.

CHAPITRE V

Construction des Altos, des Violoncelles et des Contre-Basses.

—

Tous ces instruments sont fabriqués de la même manière que le violon; seulement, leurs dimensions étant beaucoup plus grandes, les outils dont on se sert doivent leur être proportionnés. Du reste, le travail de fabrication est en tous points semblable à celui du violon.

§ 1. ALTO.

L'*Alto*, moins connu sous les noms d'alto-viole et de *quinte*, tient le milieu entre le violon et le violoncelle. C'est un instrument essentiellement d'accompagnement. Il s'accorde cinq tons plus bas que le violon, d'où son nom de *quinte*, sous lequel on le désigne quelquefois.

L'alto ne diffère du violon que par ses dimensions qui sont un peu plus grandes. On ne le fabrique qu'en format *entier*.

Il n'est pas rare que le luthier ne donne aucune voûte au fond de cet instrument, ce qui n'influe en rien sur le son dont l'éclat légèrement nasillard est encore accru par cette disposition. Toutefois, un alto à fond plat offre moins de solidité et sera par conséquent d'une durée moins longue.

La hauteur de ses éclisses au bouton est de 15 lignes et demie (36 millimètres) et de 14 lignes et demie (34 millimètres) au tasseau du manche.

Son manche qui a 5 pouces 6 lignes (155 millimètres) de longueur, doit avoir 12 lignes (28 millimètres) de largeur au sillet et 16 lignes (37 millimètres) à l'extrémité qui domine son pied.

Son renversement est de 13 lignes et demie (29 millimètres) au point des *ff*, son manche étant élevé de 2 lignes et demie (6 millimètres) au-dessus de la table.

Enfin sa barre a un demi-pouce (14 millimètres) de plus en longueur que celle du violon, une demi-ligne (1 millimètre) de plus dans sa hauteur.

Ses épaisseurs ont partout un tiers de ligne (1 millimètre faible) de plus que le violon.

§ 2. VIOLONCELLE OU BASSE.

Le *Violoncelle* ou basse n'est autre que l'ancienne *basse de viole* ou *viola di gamba* des Italiens. Il s'accorde à l'octave en dessous de l'alto. C'est de tous les instruments à archet, celui dont le son se rapproche le plus de la voix humaine, et, s'il est le plus beau des instruments à archet, son jeu est aussi le plus hérissé de difficultés.

Nous ne nous étendrons pas sur les détails de sa construction, qui est la même que celle du violon.

Le violoncelle est toujours fabriqué au format *en-tier*. Cependant, il arrive parfois qu'on établit, sur commande, des violoncelles de formats moindres, dits instruments de *petit format*.

La hauteur de ses éclisses au bouton est ordinairement de 4 pouces (111 millimètres), et au tasseau de 3 pouces 9 lignes (105 millimètres).

Son manche au sillet a 14 lignes (33 millimètres) de largeur et 22 lignes (51 millimètres) à son extrémité du côté de son pied.

Son renversement est de 3 pouces (83 millimètres) au point des *ff*, le manche étant élevé de 7 lignes (16 millimètres) au-dessus de la table.

Son manche a 10 pouces 8 lignes (297 millimètres) de longueur et doit entrer de 6 lignes (14 millimètres) dans l'entaille du tasseau.

Ses épaisseurs sont partout le double de celles du violon, et la barre est aussi le double de celle de cet instrument.

Afin de soutenir le violoncelle et de l'élever à la hauteur convenable pour l'exécutant, on y adapte en faisant entrer à force dans le bouton, qu'on fera bien de viroler, une pointe de quinze à vingt centimètres de longueur, nommée *pied* ou *pique*. Cette pointe se fait toujours en bois dur, tel que l'ébène, le grenadier ou le palissandre ; on la façonne au tour en lui donnant une forme élégante, et on la munit à son extrémité inférieure d'un piquant en acier qui vient se fixer dans le sol. On emploie aussi, mais plus rarement, des *pieds* en acier vissés dans le bouton.

§ 3. CONTRE-BASSE.

La contre-basse ne se fabrique qu'au format *entier*.

La hauteur de ses éclisses au bouton est de 8 pouces (22 centimètres) et au tasseau de 7 pouces 6 lignes (21 centimètres).

On donne à la partie supérieure de la touche de cet instrument une largeur un peu moins grande, afin de permettre à la main gauche de l'exécutant d'appuyer sur les cordes avec plus de commodité.

Son manche a au sillet 20 lignes (47 millimètres) de largeur et à l'autre bout 3 pouces (83 millimètres). Son renversement est de 5 pouces (14 centimètres); il est élevé de 1 pouce (28 millimètres) au-dessus de la table. Il a 22 pouces (61 centimètres) de longueur et il doit entrer de 8 lignes (19 millimètres) dans l'entaille du tasseau.

Ses épaisseurs sont le double de celles du violoncelle. Sa barre est également le double de celle de cet instrument.

Au lieu de chevilles en ébène, on se sert, pour tendre les cordes de la contre-basse, d'un mécanisme particulier consistant en quatre clefs d'acier et de forme hélicoïdale qui viennent engrener sur un même nombre de petites roues dentées correspondant aux chevilles. Cette disposition est nécessitée par la résistance qu'il faut *opposer* à la grosseur et à la force de tension des cordes.

CHAPITRE VI

Couleurs et Vernis.

—

Les anciens maîtres dont les ouvrages servent aujourd'hui de modèles aux luthiers, mêlaient la couleur aux vernis. Soit que leurs procédés ne nous soient pas parvenus, soit que les préparations qu'exigent ces sortes de vernis aient dégoûté les luthiers de nos jours de s'en servir, le fait est que très peu d'ouvriers emploient des vernis colorés ; ils sont cependant bien préférables à ceux qui sont appliqués sur les instruments, après que ceux-ci ont été mis en couleur au moyen de la teinture.

Voulant satisfaire autant qu'il est possible les personnes qui recourront à ce Manuel, nous allons donner la description des deux procédés employés usuellement dans les ateliers de lutherie, en commençant par indiquer les recettes des couleurs qu'on applique sur les instruments avant qu'on les ait vernissés.

§ 1. COULEURS EMPLOYÉES PAR LES LUTHIERS.

Couleur noire.

Cette couleur sert à teindre les sillets que l'on ne veut pas faire en bois d'ébène par raison d'économie. Les luthiers qui fabriquent des instruments à bas prix s'en servent aussi pour noircir les cordiers, les touches, les chevilles et enfin toutes les pièces qui, dans les instruments soignés, sont généralement faites en bois d'ébène.

On fait bouillir pendant trois quarts d'heure, dans un litre d'eau, **125** grammes de bois d'Inde ; on retire le vase du feu et, versant doucement la teinture dans une terrine, on y ajoute pendant qu'elle est encore chaude 15 grammes de couperose broyée.

On applique cette teinture, au moyen d'un pinceau, sur les pièces que l'on veut noircir ; on les laisse sécher et l'on recommence l'opération jusqu'à ce que le noir paraisse avoir atteint le degré désirable.

Il est bon d'observer que, plus longtemps on laisse bouillir les matières, plus le noir qui résulte de l'opération est beau.

Cette manipulation terminée, on applique également avec le pinceau, sur les pièces à noircir, une ou deux couches de la composition préparée de la manière suivante, qui sert de fixatif à la couleur employée.

On remplit à moitié un pot de terre avec du fort vinaigre de la meilleure qualité que l'on puisse se procurer ; on jette dans ce vinaigre de vieux morceaux de fer rouillé (les plus rouillés sont, bien entendu, les meilleurs).

Il faut que le vinaigre surnage de trois millimètres environ sur le fer. On a le soin de remuer souvent cette composition qu'il faut laisser macérer pendant deux ou trois semaines. Il est nécessaire de remettre du vinaigre au fur et à mesure qu'il diminue par suite de l'évaporation.

Couleur rouge.

Cette couleur est très solide et ne coûte presque rien à préparer. Il n'y a qu'à faire bouillir dans un litre d'eau 125 grammes de bois de Fernambouc haché très menu avec 25 grammes d'alun ; on laisse ensuite les matières sur le feu pendant une bonne demi-heure, puis on les abandonne au repos. Alors on tire la couleur au clair et l'on applique avec un pinceau.

Plus on laisse bouillir, plus la couleur est foncée.

Couleur brune.

Il faut faire bouillir pendant une bonne demi-heure, dans un litre d'eau, 250 grammes de bois de campêche haché menu, avec 25 grammes d'alun. On applique ce mélange comme précédemment après l'avoir tiré au clair.

Les luthiers du Tyrol se servent du moyen suivant pour donner aux instruments qui sortent de leurs mains un air d'ancienneté.

Après avoir appliqué cette couleur sur toutes les parties de l'instrument, ils trempent leur pinceau dans de l'eau chaude, avec laquelle ils découvrent la couleur dans les endroits qui sont censés avoir été usés par l'usage qu'on aurait fait de l'instrument, comme la poignée du manche, le cercle et la partie de la table qui s'appuient sous le menton du musicien, ainsi que toutes les parties saillantes.

Couleur jaune.

On obtient une fort belle couleur jaune en faisant
bouillir dans 23 décilitres d'eau 62 grammes de curcuma avec 15 grammes d'alun ; pendant que les matières sont en ébullition, on essaie de temps à autre,
au moyen d'un pinceau, si la couleur que l'on étend
sur un morceau de bois est au degré de clair ou de
foncé que l'on désire. Lorsque la couleur a acquis le
ton cherché, on retire le vase du feu, on tire la couleur au clair et on la conserve pour l'usage.

Couleur jaune-orangé.

Cette couleur est celle dont les luthiers de Mirecourt
se servent presque exclusivement ; elle est fort belle.

On fait bouillir dans un quart de litre d'eau, 60
grammes de rocou avec 30 grammes de potasse. Après
que le liquide a jeté trois ou quatre bouillons, on le
retire du feu ; on laisse reposer la matière pendant
vingt-quatre heures, puis on verse le plus clair dans
une bouteille bien propre et on le conserve pour
l'usage.

Le rocou se gâtant très vite, il faut n'en faire qu'une
petite quantité à la fois et seulement au fur et à mesure du besoin.

En fabriquant cette couleur, ainsi qu'en la versant
après sa cuisson dans une bouteille, il faut avoir bien
soin qu'aucun corps étranger ne s'y mêle, car la
composition tournerait tout de suite et perdrait absolument toutes ses qualités.

Avant de faire bouillir le rocou, il faut avoir soin de bien l'écraser dans une petite quantité de l'eau destinée à sa décoction, de manière qu'il soit entièrement délayé.

Couleur brun-rouge.

On obtient cette couleur, qui est généralement celle des vieux violons allemands, en faisant cuire 30 grammes de rocou avec 30 grammes de terre de Cassel et 30 grammes de potasse dans un quart de litre d'eau.

Il faut comme pour la couleur ci-dessus écraser et délayer le rocou et la terre de Cassel avant de les soumettre à l'action du feu.

Cette composition doit bouillir un peu plus longtemps que la première, parce que la terre de Cassel est plus longue à se dissoudre que le rocou.

Après avoir laissé reposer vingt-quatre heures, on tire la liqueur au clair, puis on la renferme dans une bouteille que l'on bouche hermétiquement.

Couleur d'acajou.

Cette couleur s'obtient en faisant cuire pendant une demi-heure 500 grammes de garance moulue avec 125 grammes de bois jaune dans un litre d'eau. Par ce moyen on obtient une couleur d'acajou claire.

Si l'on désire que cette même couleur soit plus foncée, il faut employer en place du bois jaune 125 grammes de bois de campêche ou de santal.

Ces couleurs (la claire ou la foncée) étant appliquées sur le bois, il faut faire dissoudre dans un quart de litre d'eau 8 grammes de potasse et en donner une couche au bois, après toutefois que les premières couches sont entièrement sèches.

Moyens d'obtenir toutes ces couleurs dans leur plus grande perfection.

Lorsqu'on délaie ces couleurs, il faut autant que possible se servir d'eau de rivière ou d'eau de pluie, employer pour chaque couleur un pot de terre vernissé intérieurement, remuer pendant la cuisson avec un morceau de bois de sapin, enfin se servir toujours du même pot pour la même couleur.

On doit entretenir sous les pots un feu égal et retirer du feu le pot chaque fois que l'ébullition fait monter la matière, pour le remettre au feu dès que les bouillons trop précipités ont cessé.

Il est bon de laisser la matière s'épaissir un peu pour avoir la couleur plus foncée qu'on ne le désire, et cela par la raison toute simple qu'on peut toujours plus tard la rendre plus claire en y ajoutant un peu d'eau, tandis que si elle est trop claire elle ne peut servir, une même couleur ne pouvant être deux fois remise au feu sans tourner.

Enfin, un feu de charbon est préférable à un feu de bois, parce qu'en jetant quelques cendres sur les charbons trop ardents, on règle à volonté le chauffage du pot.

§ 2. COULEURS DESTINÉES A ÊTRE MÉLANGÉES AVEC LE VERNIS A L'ALCOOL.

Couleur noire.

Le seul moyen que nous connaissions pour obtenir un beau noir est le suivant :

On remplit de bonne encre un plat de terre vernissé ; on l'expose, si c'est en été, à l'ardeur du soleil ; si c'est en hiver, on le place sur un poêle, on l'abandonne enfin jusqu'à ce que tout le liquide, par suite de l'évaporation, n'ait laissé sur le plat qu'une espèce de croûte noire. Au moyen d'un couteau arrondi ou d'un morceau de bois, on détache ce noir du fond du plat, et on le broie avec une molette de verre sur un marbre ou sur un morceau de glace avec un peu d'esprit de vin ; on en mêle ensuite au vernis en telle quantité qu'il sera nécessaire pour fournir une belle couleur noire.

Les Allemands broient du noir de lampe avec le vernis, et l'appliquent ensuite ; ce procédé est beaucoup plus prompt, mais le noir est désagréable à l'œil, parce qu'il tire sur le gris.

Couleur rouge.

On opère de la même façon qu'à l'article précédent, avec le rouge tiré au clair, indiqué pour les couleurs appliquées avant le vernis ; mais si l'on veut un rouge foncé, il faut procéder de la manière suivante :

On fait bouillir dans un pot de terre neuf et vernissé 60 grammes de laque plate, la plus foncée en
couleur que l'on puisse trouver, avec 4 grammes de
couperose verte. On retire du feu quand on juge la
couleur assez foncée ; après avoir laissé reposer vingt-
quatre heures, on tire au clair, et l'on fait dessécher
comme pour le noir ; on broie ensuite avec l'esprit de
vin pour mêler au vernis.

Couleur brune.

On fait pour le brun la même opération que pour
le noir, en employant en place d'encre la couleur
indiquée précédemment dans les couleurs appliquées
avant le vernis.

Pour le brun-rouge, on opère absolument comme
pour le noir, ainsi que nous l'avons expliqué page 107.

Couleur jaune.

On fait simplement infuser du curcuma ou du safran pendant vingt-quatre heures dans l'esprit de vin,
puis on mêle avec le vernis.

Le curcuma, qu'on nomme aussi *terra merita*, et le
safran donnent bien tous deux une couleur jaune ;
mais il existe cependant une différence entre ces deux
principes colorants.

Il existe une troisième drogue qui, dissoute dans
l'alcool, produit aussi un beau jaune, c'est la gomme-
gutte ; mais il faut la faire dissoudre au bain-marie.
On verra plus loin, à l'article vernis, comment on se
sert du bain-marie.

Couleur d'acajou.

On fait infuser dans 187 grammes d'esprit de vin 15 grammes de curcuma et 15 grammes de sang-dragon. On laisse dissoudre ces matières pendant quatre ou cinq jours, en ayant soin de remuer souvent la bouteille, puis, lorsque la solution des gommes est parfaite, on mêle cette couleur au vernis.

On fait dissoudre plus ou moins de la quantité ci-dessus indiquée de curcuma ou de sang-dragon, suivant que l'on veut obtenir une couleur tirant plus ou moins sur le jaune, ou se rapprochant plus ou moins de la teinte rouge.

Si l'on est pressé, il existe un moyen d'obtenir plus vite la solution des matières, c'est de poser la bouteille légèrement bouchée sur un poêle chaud, en ayant soin de mettre entre elle et le poêle une feuille de papier pliée en quatre, afin d'éviter que la bouteille se fende à une chaleur trop élevée.

Couleur jaune-orangé.

On met dans une bouteille un quart de litre d'esprit de vin, 45 grammes de rocou et 8 grammes de potasse ; on laisse infuser deux ou trois jours en remuant souvent la bouteille. Après avoir laissé reposer pendant trois autres jours, on verse ce qui est clair avec beaucoup de précaution dans une autre bouteille, pour le mêler ensuite au vernis.

§ 3. VERNIS A L'ALCOOL.

Vernis ordinaire solide.

Ce vernis, comme tous ceux de la même espèce que nous allons décrire, se ferait pour ainsi dire de lui-même, en laissant les matières qui le composent dans une bouteille bien bouchée ; mais comme il est bon en toute espèce de travail de faire vite et bien, nous indiquerons ici le procédé de fusion au bain-marie que l'on peut employer pour tous les vernis à l'alcool.

Ce procédé consiste à renfermer dans une bouteille tous les ingrédients destinés à faire un vernis.

1° Il faut que la bouteille soit au moins d'un tiers plus grande qu'il ne serait nécessaire pour contenir les matières ;

2° Il faut qu'elle soit convenablement bouchée avec un papier plié en deux lié avec une ficelle ;

3° On ne doit pas oublier de piquer ce papier avec une épingle, pour donner à l'air intérieur de la bouteille une issue, qui, si elle n'était pas préparée, ferait éclater le verre.

Ces précautions observées, on prend un vase quelconque, une casserole par exemple, soit en terre, soit en fer-blanc ; on pose au fond de cette casserole une planchette de bois, du foin ou des copeaux, et l'on met la bouteille sur celle de ces matières qu'on aura employée pour empêcher le fond de la bouteille de communiquer avec celui de la casserole, contact qui pourrait faire éclater le verre. Ceci fait, on verse de l'eau dans la casserole, en ayant bien soin que l'eau se trouve à 3 millimètres au-dessous du liquide renfermé dans la bouteille; alors on met la casserole sur un feu de charbon qu'on gouverne de manière que les bouillons de la bouteille ne montent pas trop fort. De temps en temps, on retire la bouteille de l'eau pour voir si les ingrédients sont entièrement fondus ou dissous; si l'on n'aperçoit plus de morceaux, et quand tout le contenu de la bouteille est entièrement fondu, on retire la casserole du feu, puis on laisse tomber la chaleur.

On débouche alors la bouteille, puis on passe le vernis à travers un linge qui ne soit ni trop fin ni trop grossier, pour le mettre ensuite dans une autre bouteille bien propre et bien sèche.

Le vernis, dont nous avons parlé plus haut, sera composé ainsi qu'il suit :

Gomme laque.	90 grammes.
Sandaraque.	15 —
Mastic en larmes.	15 —
Esprit de vin.	1/4 de litre.

Il faut, avant de mettre ces trois sortes de résines dans la bouteille avec l'esprit de vin, les piler quelque peu grossièrement; si elles étaient pilées trop fin, elle se dissoudraient moins facilement, parce qu'alors elles se réuniraient en masse.

Voici le moyen d'éprouver la qualité de l'esprit de vin dont on se sert.

On prend une pincée de poudre de chasse, qu'on met dans une cuillère à bouche; on verse par dessus un peu de l'alcool à employer, de manière que la poudre soit entièrement couverte; on allume l'alcool avec un morceau de papier. Si l'esprit de vin est de bonne qualité, la poudre s'enflammera quand il aura cessé de brûler.

Vernis meilleur que le précédent.

On obtient ce second vernis en mélangeant les matières suivantes dans les proportions indiquées :

Gomme-laque.	60	grammes.
Sandaraque.	240	—
Mastic en larmes..	30	—
Gomme-élémi.	30	—
Térébenthine de Venise.	60	—
Verre pulvérisé.	60	—
Esprit de vin.	1	litre.

Observations.

Toutes les gommes que l'on emploie ne doivent être mélangées qu'après avoir été bien nettoyées et séparées des corps étrangers qui pourraient se trouver mêlés avec elles.

Le verre pilé ne sert à autre chose qu'à empêcher les matières de se réunir en masse. En filtrant le vernis, il se trouve dans le linge qui a servi à cette opération, et il ne peut par conséquent nuire en aucune façon au brillant du produit.

Il faut avoir soin de faire dissoudre aussi la térébenthine au bain-marie dans l'alcool ou dans l'esprit de vin, avant d'ajouter les autres ingrédients.

Ce vernis est très beau et très solide.

Vernis blanc pour les tables de guitares.

Ce vernis, pour être absolument sans couleur, doit être préparé de la manière suivante :

On prend 500 grammes de térébenthine de Venise qu'on verse dans un pot de terre neuf bien vernissé ; on verse sur la térébenthine autant d'eau que de lessive ordinaire en quantité suffisante, pour que la térébenthine soit bien recouverte ; on fait bouillir le tout sur un feu de charbon, jusqu'à réduction de moitié ; on retire du feu, et l'on verse de l'eau froide dans le pot. Le tout refroidi, on jette la lessive et l'on pétrit bien la térébenthine dans les mains ; enfin on recommence l'opération jusqu'à ce que cette matière soit devenue parfaitement blanche, et on la laisse sécher.

On prend alors 90 grammes de sandaraque bien nettoyée, et autant de térébenthine traitée comme ci-dessus ; on fait fondre dans un pot de terre vernissé, à une douce chaleur, d'abord la térébenthine ; quand elle est bien fondue, on y ajoute la sandaraque pulvérisée, en remuant continuellement avec un morceau de sapin ; on verse le tout bien fondu dans un vase rempli d'eau froide ; quand cette masse s'est durcie, on la casse en morceaux, on la réduit en poudre, et l'on y ajoute un demi-litre d'esprit de vin.

Il faut prendre alors 90 grammes de ce vernis, le mêler avec 375 grammes d'esprit de vin, et y ajouter 45 grammes de térébenthine préparée comme ci-dessus ; puis on renferme le tout dans une bouteille qu'on expose au soleil ou sur un poêle modérément chauffé. On obtient ainsi un très beau vernis qui sèche en peu de temps.

§ 4. VERNIS COLORÉS A L'ALCOOL.

Vernis couleur d'or orangé.

On fait infuser pendant vingt-quatre heures dans 625 grammes d'esprit de vin, 23 grammes de curcuma et 65 décigrammes de safran oriental ; on passe cette infusion, puis on la verse sur un mélange bien pulvérisé de 23 grammes de gomme-gutte, 60 grammes de sandaraque, autant de gomme-élémi, 30 grammes de sang-dragon en roseaux, et autant de laque en grains ; on fait dissoudre ensuite le tout au bain-marie.

Vernis rouge des Indes.

On prépare ce vernis en faisant dissoudre au bain-marie dans un quart de litre d'esprit de vin les subs-tances suivantes pulvérisées avant l'opération :

Cochenille.	15 grammes.
Sang-dragon.	30 —
Gomme-laque.	30 —

Après parfaite dissolution, on retire le produit du bain-marie et on le filtre pour le conserver.

Vernis gras, autrement dit vernis à l'huile.

Tous les luthiers célèbres de l'Italie et de l'Allemagne, tels que les Amati, les Stradivarius, les Stainer, se sont servis de vernis gras ou vernis à l'huile, qui sont bien plus beaux et bien plus durables que ceux à l'esprit de vin. Ils ont encore sur ces derniers un grand avantage, celui de n'avoir pas besoin d'autant de poli ; de plus, deux couches appliquées à un instrument suffisent pour en couvrir le bois, aussi bien que le feraient sept à huit couches de vernis à l'esprit de vin.

Les matières composant ce vernis sont : 1° le succin ; 2° l'huile de lin ; 3° l'essence de térébenthine.

Avant de pouvoir s'occuper du vernis, il faut préparer l'huile pour la rendre siccative, car si on l'employait naturelle, le vernis mettrait un temps infini à sécher.

Il y a deux moyens de rendre cette huile siccative. Le premier, que nous allons indiquer, est connu de tous les peintres en bâtiment ; voilà en quoi consiste ce procédé :

On prend 500 grammes d'huile de lin, 15 grammes de litharge, autant de céruse, de terre d'ombre et de plâtre ; on fait bouillir le tout dans un pot de terre vernissé sur un feu doux et égal, en ayant soin d'écumer. Dès que l'écume commence à devenir rousse et rare, on arrête le feu, et on laisse reposer l'huile pour la tirer ensuite au clair.

Il est bon de dire que cette opération doit se faire dans un jardin, pour éviter les accidents et la mauvaise odeur qui s'exhale pendant la cuisson.

Le second procédé n'offre pas ces inconvénients, mais il est plus long.

On mêle à 10 kil. d'huile de lin 200 grammes d'acide muriatique (esprit de sel), et on laisse reposer le mélange jusqu'à ce que l'acide soit séparé de l'huile, qui devient claire et limpide.

On remplit alors au quart une bouteille de sable bien lavé et séché ; on verse dans la bouteille ainsi préparée une partie d'huile et deux parties d'eau bouillante, et l'on a soin de remuer la bouteille plusieurs fois par jour. Quand l'huile a déposé sur le sable, on la retire avec précaution, on jette ensuite l'eau, on remet de l'huile sur le sable, et l'on verse de l'eau fraîche dessus. On recommence l'opération jusqu'à ce que l'eau ne se trouble plus ; on laisse reposer quelques jours, et l'on met l'huile dans une bouteille propre et sèche.

L'huile ainsi préparée, on procède à la confection du vernis.

On prend 120 grammes de succin bien nettoyé des corps étrangers qui peuvent y être mêlés ; on casse ce succin en morceaux de la grosseur de petits pois, et on les met dans un pot de fer n'ayant jamais servi. On verse sur ces morceaux de succin une cuillerée d'essence de térébenthine ; on couvre le pot de son couvercle, et on le met sur un feu de charbon ; il faut à peu près un quart d'heure de cuisson ; on remue de temps en temps la matière avec un morceau de sapin, en ayant soin de remettre le couvercle chaque fois que l'on a remué. Quand le succin est entièrement fondu, on retire le pot du feu, et l'on remue avec le morceau de sapin jusqu'à ce que la plus grande chaleur soit tombée ; on verse alors avec précaution 60 grammes de l'huile préparée comme nous venons de le dire, en ayant soin de bien mélanger les deux matières ; enfin on ajoute l'essence de térébenthine (120 grammes), colorée par les gommes qu'on aura employées.

Pour donner de la couleur à l'essence, on prend les gommes, telles que le sang-dragon, la gomme-gutte, etc., on les écrase finement, et on les met dissoudre dans l'essence, de la même manière que dans l'esprit de vin.

Vernis pour les archets.

Nous terminerons ce sujet en indiquant la manière de confectionner le vernis qui sert au fabricant d'archets, pour donner de l'éclat à ses baguettes.

Ce vernis se compose ainsi :

Gomme-laque.	120 grammes.
Sang-dragon.	30 —
Copal.	30 —
Esprit de vin.	500 —

Nous observons ici que ce vernis s'emploie pour les baguettes d'archets en bois rouge, tels que le Brésil et le Fernambouc ; quand il doit servir pour des bois de couleur brune, tels que le bois de fer, le bois de Campêche, on supprime le sang-dragon.

On commence par piler en poudre fine le copal que l'on mêle à 90 grammes de craie très sèche et écrasée aussi en poussière très fine. On met ces deux substances dans une bouteille de verre blanc très mince, avec 250 grammes seulement d'esprit de vin; on bouche convenablement la bouteille avec un papier double bien ficelé; on fait au moyen d'une épingle un trou au papier, pour empêcher le verre d'éclater, et l'on pose la bouteille sur un poêle chaud, où on la laisse pendant quelques jours. Il faut avoir soin de placer un papier plié en quatre, entre la bouteille et le poêle. On remet un nouveau papier ficelé tous les matins avant de replacer la bouteille sur le poêle, et après avoir mêlé le marc qui est tombé au fond ; on opère de même chaque jour jusqu'à ce que l'esprit de vin ait pris une couleur de vieux vin d'Espagne, et qu'en en versant une goutte dans un verre d'eau, ce liquide devienne blanc comme du lait ; alors le copal est dissous. On laisse encore reposer jusqu'à ce que le marc soit bien séparé du liquide ; on verse avec précaution dans une autre bouteille, puis on y ajoute la laque et le sang-dragon bien écrasés avec l'autre moitié d'esprit de vin qu'on a réservée. Les matières employées étant essentiellement inflammables, la dissolution à chaud doit se faire au bain-marie.

Ce vernis s'applique au tampon sur les baguettes d'archets. On entend par appliquer au tampon, étendre le vernis sur la pièce à polir, au moyen d'un chiffon imbibé d'huile.

Voici le procédé : on prend un chiffon de laine blanc plié en plusieurs doubles, fortement serrés les uns sur les autres ; on trempe la surface de ce chiffon dans le vernis, en en prenant peu à la fois ; on recouvre le tampon d'un vieux linge sur lequel on met une goutte d'huile siccative, et l'on passe légèrement le tampon sur la baguette, en le promenant d'un bout à l'autre et en échauffant ainsi le vernis.

Dès qu'on s'aperçoit que le tampon colle au bois, on reprend du vernis comme auparavant, et, changeant le linge de place, on y met encore une goutte d'huile pour frotter de nouveau, et ainsi de suite, en étendant le vernis le plus également possible.

§ 5.   VERNISSAGE.

Opérations préliminaires.

Avant de terminer le sujet qui nous occupe, nous devons dire un mot de l'état où doit se trouver l'instrument pour recevoir ce dernier ornement.

Il faut prendre un râcloir bien affûté et râcler légèrement sur toutes ses surfaces extérieures, soit les petites inégalités qui pourraient encore exister, soit les taches de colle ou autres que le maniement aurait pu y laisser en le confectionnant. Cette opération finie, on polit avec le papier de verre toutes les parties extérieures de l'instrument.

On prend alors une éponge bien propre, que l'on imbibe d'eau, on mouille légèrement le violon et on le laisse sécher.

Enfin on recommence ces opérations jusqu'à ce que le bois, parfaitement poli, ait acquis l'apparence d'un vernis peu brillant.

On prépare alors une eau de colle très légère, avec laquelle on donne une couche à l'instrument, et, lorsque cette couche est parfaitement sèche, on polit encore avec le papier de verre. Alors l'instrument est prêt à recevoir le vernis.

Application des Vernis.

Il faut avoir, pour chaque espèce de couleur, un pinceau particulier. Les pinceaux dont on se sert en cette occasion sont en soies de porc très fines.

On place, dans le trou du bouton, un morceau de bois assez long pour qu'on puisse, en le saisissant de la main gauche, tenir le violon isolé; c'est dans cette position qu'on lui donne la couleur.

On tend un fil d'archal dans un endroit bien aéré, mais où cependant aucune poussière ne puisse s'introduire; lorsque le violon est couvert de la couleur, on l'accroche par la volute à ce fil d'archal, et on le laisse sécher.

Si la première couche ne paraît pas suffisante ou assez forcée, on peut en donner une seconde, après toutefois que la première est bien sèche. Après chaque couche sèche, il faut essuyer tout le violon avec un linge propre, mais vieux et usé.

Pour appliquer le vernis, on commence par en verser dans une tasse bien propre la quantité qu'on suppose nécessaire.

Il faut prendre peu de couleur à la fois.

On trempe un pinceau plat en poils de blaireau dans le vernis, et, avant de l'appliquer, on l'essuie sur le bord de la tasse ; car il faut étendre le vernis le plus mince possible, en donnant, sur chaque endroit de l'instrument, seulement deux coups de pinceau, l'un en allant, l'autre en revenant.

Il faut attendre que la première couche de vernis soit parfaitement sèche, avant d'en appliquer une seconde sur le violon.

Enfin, pour les vernis à l'esprit de vin, il faut donner sept à huit couches, et seulement deux pour les vernis gras.

On polit les vernis à l'alcool avec un chiffon imbibé d'huile de lin et de tripoli, en ayant soin de frotter en faisant décrire à la main de petits cercles.

Il faut avoir soin de ne pas frotter trop longtemps à la même place, de peur d'enlever tout le vernis. Enfin, il faut remettre de l'huile sur le chiffon quand on sent qu'il s'attache au vernis.

L'instrument s'essuie avec un linge doux et propre. Pour obtenir un très beau vernis, il faut polir après chaque couche.

Pour le vernis gras, on peut se dispenser de le polir. Cependant, si l'on veut le faire, son éclat, quoique moins vif, n'en est pas moins agréable. On le polit, comme nous l'avons dit, en prenant, au lieu d'huile et de tripoli, de l'eau et de la pierre ponce très finement pulvérisée et passée au tamis de soie.

CHAPITRE VII

Réparation des vieux Instruments.

—

Il ne suffit pas au luthier de savoir établir convenablement un instrument neuf, il faut encore et surtout qu'il puisse réparer les anciens instruments qui, par l'usage ou par les accidents, se trouvent hors d'état de pouvoir servir.

Avant d'en venir au point d'être obligé d'ouvrir le corps de ces instruments, le luthier doit examiner avec soin s'ils ont les proportions exactes décrites dans cet ouvrage, et rectifier ce qu'il peut y avoir de défectueux dans le renversement de la touche, le chevalet, le cordier, les chevilles, etc., recoller les parties décollées, enlever de l'intérieur du corps de l'instrument la poussière qui souvent s'y trouve en telle abondance qu'elle empêche toute vibration.

Voilà la manière de s'y prendre pour enlever cette poussière : on fait chauffer une poignée d'orge dans une casserole bien propre ; l'orge une fois échauffée, on l'introduit dans le corps de l'instrument par l'ouverture des *ff;* bouchant alors ces *ff* avec une serviette ou tout autre linge, on agite le violon dans tous les sens pour que l'orge roulant ainsi dans toutes les cavités intérieures, elle puisse en détacher la poussière qui s'y est attachée.

On fait alors sortir l'orge et la poussière par les *ff*
que l'on débouche, et l'on recommence si la chose paraît nécessaire jusqu'à ce qu'il ne reste plus de saleté
dans le corps du violon.

Quelquefois, les pieds du chevalet ont à la longue
creusé la table à l'endroit qui les supporte, il faut
alors boucher ces excavations avec le mastic suivant :

On mêle bien en les pulvérisant, les matières suivantes : 30 grammes de terre d'ombre, 30 grammes
de minium, 30 grammes de céruse et 4 grammes de
litharge ; on prend alors la quantité suffisante de cette
composition et l'on en fait un mastic au moyen d'un
peu de colle affaiblie avec de l'eau.

On applique cette composition avec la lame d'un
canif dans les petites fentes et les cassures où l'on ne
peut remettre du bois ; car, pour peu que ces fentes
soient un peu grandes, il faut y recoller du bois ajusté
dans le sens même de celui de l'instrument, et là où
se trouve la fente.

Souvent la touche se trouve plus ou moins creusée
sous chacune des cordes du violon, ou même sous
une seule ; il faut alors, au moyen du grand rabot
de fer, redresser cette touche et placer entre elle et
le plat du manche une feuille d'ébène qui la relève,
de manière à lui rendre la position indiquée pour le
renversement.

Toutes ces réparations extérieures faites à l'instrument, il faut l'essayer ou le faire essayer si celui qui
le répare ne sait pas jouer du violon. C'est alors que
l'on s'aperçoit combien il est regrettable que les

luthiers n'apprennent pas à jouer du violon en même temps qu'on leur enseigne leur état. Les instruments sortant de leurs mains n'en seraient pas plus mauvais assurément.

En essayant le violon, on remarque si, en termes d'artiste, il est égal sur ses quatre cordes, et si le son que l'on en tire a toutes les qualités désirables. S'il en est ainsi, on laisse le violon dans cet état, puisqu'il remplit entièrement le but qu'on doit en attendre.

Si, au contraire, on remarque une grande inégalité entre son dessus et sa basse (c'est ainsi qu'on nomme les deux cordes les plus fines et les deux plus grosses), et que la basse, par exemple, ait plus de force que le dessus, il faut essayer de lui mettre une âme qui, étant un peu plus haute que celle qui existe déjà, donne plus de tension aux tables; quelquefois ce moyen rétablit le juste équilibre entre la basse et le dessus, mais quelquefois aussi il est inefficace.

Si l'on remarque dans les sons de la basse moins d'intensité, comparativement au dessus, il n'y a alors d'autre moyen que de détabler le violon pour interroger ses proportions intérieures avec le compas d'épaisseur, et vérifier tout d'abord la position et les dimensions de sa barre.

Le violon une fois ouvert, si l'on remarque que ses épaisseurs sont régulières, on ne doit plus s'occuper que du soin de le rebarrer.

Ici une explication est nécessaire; il n'y a pas aujourd'hui de luthier qui ne mette, soit aux violons qu'il répare, soit à ceux qu'il établit neufs, une barre beaucoup plus forte que n'étaient celles que les grands maîtres employaient pour leurs instruments. Pour que tous les luthiers agissent de la sorte, il faut que tous aient senti la nécessité de le faire. Or voici la raison de cette manière de travailler : de riches amateurs allemands possèdent plusieurs instruments qui ont été conservés avec un soin religieux, absolument dans la forme que leur avaient donnée les Amati et les Stradivarius. Les chevalets de ces violons n'ont qu'un pouce et quelque chose (3 centimètres environ) d'élévation au-dessus de la table, tandis qu'aujourd'hui ces mêmes chevalets ont quatorze lignes et quelque chose (**33** millimètres). Or, la table étant mise en vibration par des cordes plus éloignées d'elle, et ces cordes vibrant par elles-mêmes davantage à la distance de quatorze lignes (**31** millimètres) qu'à celle de douze (**27** millimètres), il a fallu renforcer la barre qui, sans cela se trouvant entraînée dans une trop grande vibration, aurait donné aux cordes *sol* et *ré* un son *cotonneux*, qui aurait nui à la bonté de l'instrument.

Quand donc il s'agit de rebarrer un instrument, il faut commencer par enlever la barre qui doit être remplacée. Pour cela, on prend un des petits rabots, et l'on enlève par copeaux la vieille barre, en ayant bien soin de ne pas toucher à la table, car on dérangerait par là la proportion de ses épaisseurs. Cette barre enlevée, on procède à la confection de celle qui doit la remplacer, et cela d'après les principes indiqués à l'article de la barre, comme l'on a vu précédemment.

Voilà maintenant comment on soude les fentes qui peuvent exister, soit à la table, soit au fond des instruments. On glisse de la colle bien chaude dans ces cassures, en serrant contre une cheville plantée dans un des trous de l'établi, au moyen de la main gauche la partie de la table ou du fond sur laquelle se trouve cette fente, pour faire remettre les deux lèvres de la fente à leur place respective, puis on pose, en dedans de l'instrument, un morceau de fort papier sur la fente; ce morceau de papier doit avoir la longueur de la fente, et à peu près quatre à cinq lignes (1 centimètre) de large. Le papier ainsi appliqué avec soin, on passe sur toute sa longueur un fer chaud qui, faisant dessécher la colle, fixe la cassure. Il faut que ce fer, dont nous allons donner la description, ne soit pas trop chaud, car, en échauffant la colle trop précipitamment, il pourrait la brûler.

Le fer dont nous venons de parler se nomme fer à souder; la figure 30 le représente.

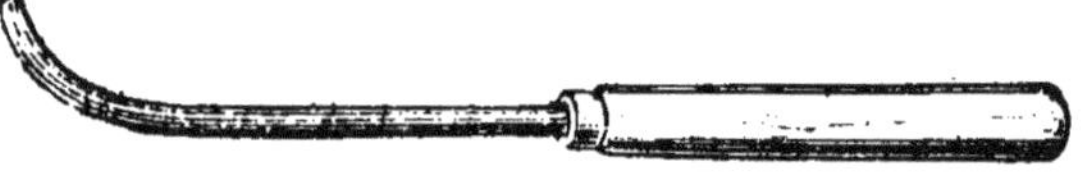

Fig. 30.

Cet outil doit avoir dix pouces (28 centimètres) de longueur, et être terminé en pointe carrée pour pouvoir entrer de deux à trois pouces (6 à 7 centimètres) dans un manche virolé, qui donne la facilité de le faire chauffer et de s'en servir.

Au reste le luthier qui veut bien réparer doit être d'une grande adresse et pourvu d'une grande patience, car souvent un violon à réparer donne plus d'ouvrage que la confection d'un instrument neuf.

Assez souvent la tête de l'âme a creusé dans la table du violon, de manière à en diminuer sensiblement l'épaisseur. Outre que cet accident empêche qu'on puisse y ajuster une âme dont la tête puisse joindre parfaitement avec la table, cette excavation empêche la vibration dans cette partie de la table; il faut donc y remédier en collant un petit morceau de sapin dont le grain se rapporte le mieux possible à celui de la table. Il faut d'abord rendre unie avec le petit rabot la place où se trouvait l'excavation creusée par l'âme, et coller le morceau dont nous venons de parler sur l'endroit préparé pour le recevoir; la pièce doit avoir une forme ovale dont la longueur est de dix-huit lignes (42 millimètres), et la largeur d'un pouce (28 millimètres). Cette pièce doit être placée de manière que l'âme se trouve avoir la tête dans le centre de cette pièce, étant à sa place indiquée.

Enfin, si la table ou le fond n'ont pas, dans quelques endroits, les épaisseurs précisées par les règles indiquées aux chapitres précédents, on y remet le bois nécessaire.

Lorsque l'on est obligé de remettre ainsi du bois dans l'intérieur des instruments, il faut toujours avoir soin de mettre les pièces plus épaisses qu'elles ne doivent réellement l'être, pour leur donner ensuite les épaisseurs voulues.

Luthier.   8

Pour coller ces pièces, les luthiers réparateurs se servent d'un morceau de bois creux qui a la forme d'une table ou d'un fond de violon ; on pose alors la partie qui doit recevoir une pièce dans ce morceau de bois creux, qui a dix-huit lignes (42 millimètres) d'épaisseur ; on met ensuite le morceau encollé à la place qu'il doit occuper, et par-dessus un morceau de bois doublé de liége ; on serre avec une happe dont le bec prend le dessous du morceau creux, et le tourillon le petit morceau doublé de liége ; on serre le tout ensemble en prenant garde que la pièce que l'on veut coller ne sorte pas de la place où on veut la fixer, en glissant sur la colle.

CONSEILS AUX AMATEURS.

Nous ajouterons à ces indications qui concernent spécialement les luthiers de profession quelques conseils destinés aux amateurs désireux de conserver leur instrument en bon état. Nous pensons qu'ils les liront avec intérêt et qu'ils en feront leur profit. Souvent, avec un peu de précaution, on maintient un instrument en bon état.

Beaucoup d'amateurs, dans l'espoir de rendre leurs instruments meilleurs qu'ils ne sont, sont persuadés qu'une réparation quelconque leur fera obtenir ce qu'ils désirent. Mais quelle que soit l'habileté du luthier chargé de cette réparation, si l'instrument n'est pas bon, on ne le changera pas. Quand il tombe entre les mains d'un réparateur inhabile et peu consciencieux, c'est encore bien pis.

On le répare jusqu'à ce que l'amateur se rebute de payer; souvent l'instrument est devenu détestable.

Beaucoup de personnes sont dans la ferme persuasion que plus un violon a été brisé, plus il doit rendre de beaux sons. C'est là un préjugé absurde ; la colle n'est propre qu'à assourdir un instrument.

Quelques amateurs ont le tort de placer et de déplacer sans nécessité et trop fréquemment l'âme et le chevalet de leur instrument. Il en résulte que, par suite de ces dérangements, la tête et l'âme d'un côté et les pieds du chevalet de l'autre, ont bientôt usé et dégradé l'endroit de la table qui doit avoir le plus de bois, et que bientôt aussi la vibration de la chanterelle ne se faisant plus qu'irrégulièrement, cette corde perd toute sa résonnance.

Il vaut mieux souffrir un petit défaut à un violon, que de lui en donner de grands par une réparation inutile ou intempestive.

Une barre trop longue étouffe la vibration, et par conséquent le son grave de la quatrième corde, et cependant nous avons vu un grand nombre d'amateurs qui voulaient absolument une grande barre à leur instrument.

Nous avons connu un amateur qui plaçait son violon dans son lit au moment où il venait de le quitter, pendant qu'il était encore chaud, et qui prétendait ainsi rendre l'instrument meilleur. Il est certain qu'il aura dû le rendre tout à fait sourd, la poussière des draps et des couvertures n'ayant pu manquer de s'introduire dans son instrument.

Du suif ou de l'huile serait-il tombé dans un instrument, il faut tout de suite le faire ouvrir pour remédier à cet accident ; sans cela, ce serait un instrument bientôt perdu.

Le violon ouvert, voilà comme on procède pour enlever ce corps gras. On mêle du savon gras avec de la terre à foulon, et, avec ce mélange, on frotte la tache et on la gratte ensuite avec le papier de verre quand le savon est sec et qu'on l'a enlevé. En faisant ce mélange chaud pour l'employer, son effet est plus prompt.

Si l'on veut acheter un violon, et qu'en l'essayant on remarque que le *fa* naturel et le *fa* dièze sur la corde *ré* sont sourds et rauques, cela vient de ce que l'instrument n'a pas assez de bois dans les joues.

Si l'on remarque la même chose sur la corde *la*, par rapport à l'*ut* naturel et à l'*ut* dièze, c'est que la table n'a pas assez de bois dans l'estomac, c'est-à-dire sous le chevalet.

Pour bien conserver un instrument, on doit le tenir dans un endroit sec et le renfermer dans un étui doublé de flanelle.

Pour en chasser les vers, qui pourraient s'y établir, il est bon de répandre dans l'étui quelques gouttes d'une eau de senteur très forte.

En hiver, lorsque, venant de l'air extérieur, on entre dans un appartement bien chaud et qu'on tire le violon de son étui, en un moment il est couvert d'une vapeur qu'il faut essuyer.

Il ne faut jamais, quoi qu'en disent les vieux musiciens, laisser la poussière de la colophane ni sur la table, ni sur les cordes ; il faut au contraire l'essuyer de temps en temps.

Dès qu'on ne se sert plus d'un violon, il faut le remettre dans son étui et détendre les crins de l'archet.

Le meilleur moyen de conserver les cordes que l'on a de rechange, est de les envelopper dans plusieurs feuilles de papier ; il ne faut pas trop les graisser, car l'huile en vieillissant se rancit et les pourrit.

Dans les orchestres, on est assez souvent exposé à faire des taches de suif aux crins de son archet. Beaucoup de musiciens, pour enlever le suif ou neutraliser son effet, font fondre un peu de colophane sur la place où le suif a coulé. Cela ne vaut rien, il ne faut employer ce moyen que quand on est dans l'impossibilité de faire autrement. Il faut, avec du savon mélangé dans de l'eau salée, laver les crins de l'archet jusqu'à ce que le suif ait disparu, et ensuite les laver de nouveau avec de l'eau claire jusqu'à ce qu'il ne reste plus de savon à leur surface.

APPENDICE

Violon trapézoïdal de **M. F. Savart.**

Nous ne voulons pas terminer cette partie, entièrement consacrée à l'étude et à la fabrication du violon et des instruments qui en dérivent, sans dire quelques mots du violon trapézoïdal proposé au com-

8.

mencement de ce siècle par le Dr F. Savart. Cet essai n'eut pas le succès qu'en attendait son inventeur, probablement à cause de sa forme, qui était moins commode et moins élégante que l'ancien violon, tel qu'il existe encore de nos jours.

A la suite de recherches et d'études approfondies sur l'acoustique et les vibrations, Savart fut conduit à établir un violon nouveau, en forme de trapèze et à éclisses droites; il pensait que les fibres rectilignes du bois qui composait le fond et la table de son instrument rendraient un son plus puissant, étant données les conditions d'élasticité et de vibration dans lesquelles il se trouvait. Et, de fait, il n'était pas mauvais comme sonorité.

Dans cet instrument le fond et la table étaient absolument plats et parallèles; les éclisses, également droites, étaient collées sur leurs bords; les *f f* curvilignes étaient remplacées par des ouvertures droites. Le reste du violon ne différait pas du modèle ancien.

Les détails de construction de cet instrument ont été consignés dans un *Mémoire sur la Construction des Instruments à Cordes et à Archet*, publié par l'Auteur, et complètement épuisé aujourd'hui. Nous avons pensé qu'il ne serait pas sans intérêt pour nos lecteurs de le connaître; nous l'avons donc reproduit *in-extenso* à la fin de ce volume. On y trouvera la construction du violon de M. Savart dans tous ses détails, accompagnée de planches explicatives.

DEUXIÈME PARTIE

DE L'ARCHET

—

Il existe, pour chacun des instruments dont nous avons parlé dans la première partie de cet ouvrage, une espèce particulière d'archet (figure 31).

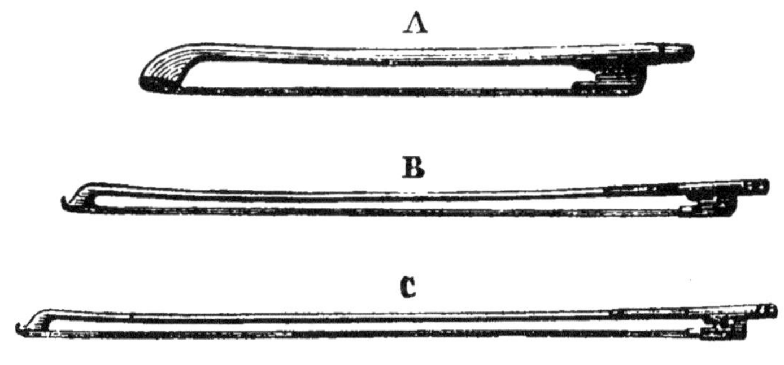

Fig. 31.

L'archet du violon C a une longueur de vingt-sept pouces (73 centimètres).

Celui de l'alto ne diffère de celui du violon qu'en ce qu'il est un peu plus fort de baguette, et cela, parce qu'il doit mettre en vibration des cordes plus grosses que celles du violon.

L'archet de basse ou violoncelle B a vingt-cinq pouces (67 centimètres) de longueur.

Les archets de contre-basses A variant à l'infini de formes et de dimensions, on ne peut rien préciser à leur égard. D'ailleurs, il est si facile à confectionner, qu'en en voyant un, le premier ouvrier sachant travailler le bois pourra en faire un semblable.

Il n'en est pas de même des autres archets ; celui de violon, par exemple, exige une grande adresse dans une main exercée dès longtemps, et les ouvriers qui font bien les archets sont fort rares.

Les archets de violon, d'alto et de violoncelle se garnissent en crins blancs. Pour ceux de contre-basse, on prend toujours des crins noirs ; les plus forts sont les meilleurs.

Tous les archets qui ont quelque prix se font avec des bois des îles, tels que le Campêche, le bois de fer, le bois de Brésil, le Fernambouc et autres. L'ébène et quelquefois l'ivoire fournissent la hausse.

Le meilleur de ces bois est le Fernambouc. Aussi ne voit-on plus d'archet soigné qui ne soit fait avec ce bois ; sa dureté et sa flexibilité lui ont fait donner la préférence à tous les autres pour la confection des baguettes d'archets.

Le bois de fer a bien aussi son mérite, surtout pour les archets de violoncelle ; mais, outre qu'il est un peu trop lourd, il se tourmente volontiers, et les baguettes qu'il a servi à façonner restent rarement droites.

On fait aussi des archets en bois du pays, mais le meilleur ne vaut rien.

§ 1. OUTILS SERVANT A LA FABRICATION
DES ARCHETS.

Il faut bien moins d'outils au fabricant d'archets qu'au luthier. Ces outils sont les suivants :

Un établi semblable à celui du luthier, un valet, deux rabots en fer, un foret, des ciseaux, des canifs, deux scies, des limes, une filière et ses tarauds, un étau, et un étau à main.

Des rabots en fer.

Le premier de ces rabots en fer est semblable au rabot ordinaire (fig. 1, page 7). La seule différence entre eux consiste dans ses dimensions qui sont moindres. Ce rabot a 14 centimètres de long sur 3 centimètres faibles de large à sa semelle.

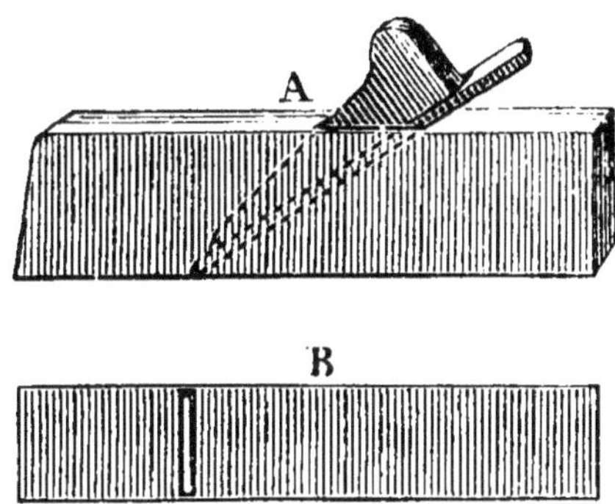

Fig. 32.

La figure 32 représente le petit rabot en fer dans sa grandeur naturelle A, rabot tout monté, B, semelle. Il est du reste organisé comme ceux en fer du luthier.

Des forets.

La figure 33 représente cet outil qui est fort connu, car il n'y a pas de serrurier qui n'en ait un semblable.

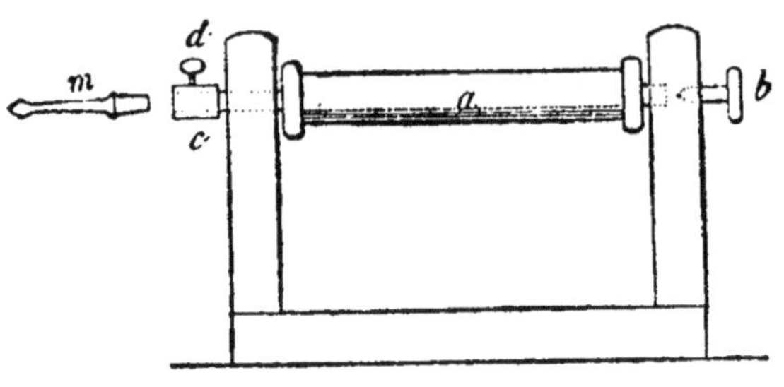

Fig. 33.

Pour mettre cet outil en mouvement, il faut avoir ce qu'on appelle un archet ; cet archet est une lame de fleuret ou d'épée recourbée à sa pointe en forme de crochet pour y fixer une lanière de cuir ou un *ré* de violoncelle. On fait faire deux ou trois tours de la partie *a* du foret à cette lanière que l'on fixe ensuite au manche de l'archet ; en tirant et en poussant on imprime au foret un mouvement de rotation semblable à celui du tour.

La vis *b* sert à assujettir le porte-foret *a* pour l'empêcher de sauter en tournant. Dans l'intérieur du bout *c,* on a pratiqué un carré dans lequel s'adapte le bout du foret *m* ; ce carré a une profondeur de huit lignes (2 centimètres) ; on fixe le foret dans le carré par la petite vis *d.*

Il faut avoir des forets de différentes dimensions; et tous ces forets doivent naturellement être proportionnés aux trous qu'ils sont destinés à forer. Ainsi, par exemple, il en faut deux pour l'archet de violon.

Un de ces forets sera destiné à percer le trou du bas de la baguette pour y loger la vis qui fait avancer et reculer la hausse, ainsi qu'à percer les trous destinés à ouvrir la mortaise dans laquelle sera logée la vis qui tient d'un côté à la hausse, et dont l'écrou va et vient dans cette mortaise; enfin ce même foret peut encore percer dans la hausse le trou qui recevra la vis qui porte l'écrou.

Un autre foret plus large et plus court servira à percer les trous de la tête de la baguette et de la hausse, qui sont destinés à fixer les crins comme on l'expliquera plus tard.

Les forets *m* sont en acier trempé très dur par la pointe. Cette pointe a deux faces qui se terminent en triangle. Chacune de ces deux faces doit être affûtée de manière à former un petit biseau. Ces deux biseaux doivent se trouver chacun sur une des faces du foret, et être taillés de sorte que le même mouvement de rotation leur permette de mordre tous les deux dans le bois en même temps.

Il n'y a que la pointe des forets qui doit être trempée, parce que, si l'on trempait la totalité du foret, on le casserait facilement. Il en est ainsi de presque tous les outils, dits d'affûtage, que l'on emploie pour percer le bois.

Au reste, il est bon de faire établir tous les outils de fer et d'acier par un coutelier ou tel autre ouvrier qui ayant l'habitude de tremper et de travailler ces métaux, les fera toujours mieux que celui qui, étranger à ce travail, ne réussirait souvent pas à faire un bon foret sur cent.

Il faut avoir des forets particuliers pour chaque espèce d'archets.

Des ciseaux.

Les ciseaux du fabricant d'archets sont et doivent être très courts ; on les emmanche dans des morceaux de bois en forme de champignon ; ils ressemblent parfaitement à un burin tout emmanché de graveur sur métaux.

55 millimètres de lame et autant de manche, telle est la proportion que doivent avoir ces outils, qui, de plus grande dimension, seraient gênants, et de plus exposeraient celui qui s'en sert à s'estropier.

Il faut que ces outils aient peu de longueur pour que la main qui les fait agir ait plus de force pour les faire mordre dans les bois à archets, qui sont tous d'une grande dureté.

Ces ciseaux sont proportionnés aux différentes mains-d'œuvre auxquelles ils sont destinés. Ainsi celui qui doit creuser la mortaise de la tête et celle de la hausse, doit être plus large que celui qui doit creuser la mortaise du bas de la baguette. A la simple inspection d'un archet bien fait, on verra déjà quelles sont les proportions à donner aux différents outils du fabricant d'archets.

Des canifs.

Ces outils étant en tout semblables à ceux du luthier, nous renvoyons le lecteur à la première partie de cet ouvrage.

Des scies.

Deux scies suffisent pour la fabrication des archets. Une scie d'un mètre 16 centimètres de longueur sur 4 centimètres de large et montée à l'allemande, sert à refendre le bois qui fournira les baguettes. Il faut que la lame de cette scie soit de très bonne trempe, car autrement elle ne résisterait pas longtemps à la dureté des bois qu'elle doit découper.

Une autre scie en ressort et très dure, montée en fer, et se bandant au moyen d'une vis, sert à couper le fer, le laiton, l'ivoire, la nacre et en général tous les corps durs servant à la construction de l'archet. C'est un outil que l'on trouve à acheter tout prêt chez les quincailliers.

Des limes.

Il faut des limes de différentes dimensions et de différentes formes au fabricant d'archets.

Pour la baguette, il faut des limes plates et demi-rondes, comme nous l'expliquerons plus loin. Pour la hausse, il en faut des plates et des rondes.

La taille de ces diverses limes doit en général être plutôt fine que grossière, mais cependant pas trop fine. Au reste, l'usage aura bientôt appris à choisir ces outils d'une manière convenable.

De la filière et de ses tarauds.

Voilà encore un outil que l'on achète tout fait chez les quincailliers ; il ne s'agit, en faisant cette emplette, que de choisir celui dont les pas de vis sont en rapport avec l'ouvrage que l'on veut confectionner. Pour cela, on calcule la grosseur du plus petit trou de la filière sur une vis d'archet de violon et le plus gros sur une vis d'archet de contre-basse.

Des étaux.

Enfin, il faut deux étaux au fabricant d'archets : un étau qui ait deux pouces et demi (7 centimètres) de mâchoire, et par derrière une vis et une patte au moyen desquels on puisse fixer l'étau sur un bout de planche que l'on fixe elle-même sur l'établi au moyen du valet. De plus un petit étau à main qui sert à pincer les pièces de petit volume que l'on ne peut tenir dans la main, comme l'écrou de la hausse, la vis de l'archet, etc.

Les quincailliers fournissent également ces deux outils.

Les râcloirs sont aussi des outils dont se sert le fabricant d'archets. Les ayant décrits dans la première partie de cet ouvrage, nous n'en parlerons pas ici.

§ 2.   DES MODÈLES.

Comme le luthier, le fabricant d'archets a aussi ses divers modèles qui sont pris dans des planchettes de bois dur de 2 à 3 millimètres d'épaisseur.

Le principal de ces modèles est celui de la baguette. Pour l'obtenir, il faut commencer par se procurer un archet dont la confection ne laisse rien à désirer sous le rapport de la beauté et de la bonté.

Quand on s'est procuré cet archet, il faut en détendre les crins, et séparer la hausse de la baguette que l'on couche à plat sur la planchette destinée à devenir le modèle. On trace alors avec soin, comme pour les modèles de violon, toutes les formes de cette baguette et l'on découpe la planchette. On fait de même pour la hausse, et les deux modèles principaux se trouvent établis.

Il faut prendre ensuite un petit morceau de bois plat, et lui faire trois entailles carrées comme celles

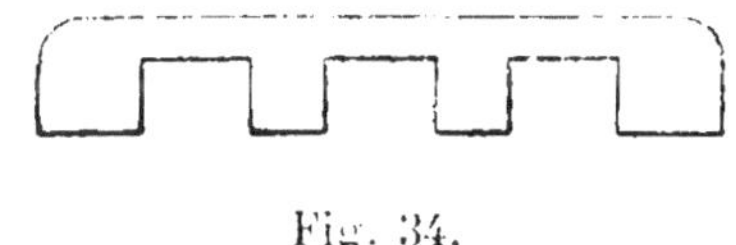

Fig. 34.

de la figure 34. Ce petit calibre donnera, comme guide, les différentes épaisseurs que devra avoir l'archet dans sa longueur.

La plus grande entaille sera l'épaisseur exacte du bout de la baguette, là où elle se joint au bouton de la vis. La seconde entaille aura l'épaisseur juste du milieu de la baguette. Enfin, la troisième donnera l'épaisseur juste de la baguette, prise contre la tête de l'archet.

§ 3.   Fabrication des baguettes d'archets.

Une des choses les plus essentielles pour fabriquer de bons archets est le choix du bois qui doit les fournir. Il faut bien se garder d'employer un morceau dans lequel on apercevrait soit des nœuds, soit des gerçures, ou enfin quelques autres défauts; car le travail serait en pure perte. Un archet qui a quelqu'un de ces vices de bois, ne peut jamais rester droit, ni posséder l'élasticité qui est sa première qualité.

Quand donc on aura fait choix d'un morceau de bois bien sain et dont le fil, au lieu de se tortiller, sera bien droit, on commencera par raboter et dresser à la varlope ce morceau sur une de ses faces. Il faut choisir le côté que l'on dresse ainsi, de manière à tirer le meilleur parti possible du morceau, car les bois des îles, le Fernambouc, par exemple, sont très chers.

Supposons que le morceau que l'on veut travailler, une fois coupé à sa longueur, soit vingt-sept pouces (73 centimètres), présente sur une de ses faces la largeur nécessaire pour y prendre deux archets l'un sur l'autre, et que l'autre face n'ait que la largeur suffisante pour un archet et la moitié d'un, il faut donc refendre de manière à faire tomber le dos de la baguette du côté où l'on ne peut prendre deux archets dans la même surface de bois.

On pose d'abord le modèle sur le côté dressé dont nous venons de parler, et l'on trace avec de la craie les contours de ce modèle, en le plaçant de manière que les fils du bois suivent la courbe du modèle autant que possible ; cette opération faite, on trace avec le trusquin l'épaisseur de la baguette sur le côté qui fait angle avec celui sur lequel on vient de tracer le modèle de la baguette.

Il est nécessaire d'observer dans cette manutention qu'il faut refendre la baguette de manière qu'elle ait au moins une ligne (2 millimètres) de plus qu'elle ne doit réellement avoir dans toutes ses proportions, pour pouvoir lui donner plus tard avec les outils la tournure qu'elle doit avoir définitivement.

On fixe donc le morceau sous le valet de l'établi, et l'on enlève cette feuille avec la scie à refendre.

On dresse de nouveau le morceau avec la varlope, et l'on opère comme ci-dessus jusqu'à terminaison du travail.

Les baguettes ainsi disposées en feuilles, il faut les découper à la scie en suivant le tracé du modèle.

On prend alors le grand rabot en fer, et l'on commence par raboter le côté de la baguette qui porte les traits de la scie qui l'a refendue.

On commence à raboter les baguettes en les tenant par la tête, de la main gauche, et en posant le corps de la baguette sur l'établi et vers un de ses bouts, pour être plus à même de conduire le rabot comme on le désire.

On rabote ainsi les deux côtés d'abord, en ayant bien soin de regarder souvent si, à partir du bout de la baguette, son dos se trouve bien en ligne droite avec le sommet de la tête. Ces deux côtés dressés convenablement, et en diminuant également d'épaisseur au fur et à mesure que l'on approche de la tête, il faut dresser le dos et le ventre de la baguette, en observant de former de ces quatre faces un carré parfait, dont le côté du dos, une fois bien en rapport avec la tête de l'archet, sera la base de l'ouvrage qui reste à faire.

Cette main-d'œuvre terminée, il faut essayer de placer, dans le calibre fig. 34, le bout de la baguette pour savoir d'une manière précise si elle a ou non l'épaisseur convenable, puis raboter les quatre faces de ce bout jusqu'à ce qu'il ait juste cette épaisseur.

On se sert ensuite de ce calibre pour donner au centre et au bout qui se trouve près de la tête de la baguette les épaisseurs voulues. Il faut prendre l'archet cette fois par son extrémité inférieure dans la main gauche, et le raboter en poussant un peu obliquement le rabot vers la tête de l'archet, et de cette manière, lui donner, en conservant toujours la baguette bien carrée, les trois épaisseurs du calibre.

On prend alors le canif, avec lequel on a soin d'enlever de chaque côté de la tête de l'archet ce qu'elle a de trop d'épaisseur, sans toutefois enlever de bois plus d'un côté que de l'autre.

On s'occupe ensuite de préparer le morceau d'ivoire qui doit garnir la superficie de la tête, et que nous nommerons la semelle. La figure 35 représente cette pièce.

Fig. 35.

Voilà comme on opère pour donner à cette semelle la forme qu'elle doit avoir. Après avoir scié avec la scie de ressort un morceau d'ivoire d'une ligne et demie (3 millimètres) d'épaisseur, et des autres dimensions propres à la semelle, on pince dans l'étau un morceau de bois sur lequel on appuie la semelle, et, avec une lime, on lui donne la forme creuse de la superficie de la tête de l'archet, en laissant à sa pointe une petite élévation qui remontera sur le devant de la tête ; on essaye d'ajuster cette semelle sur l'archet, et on lime jusqu'à ce qu'elle s'ajuste parfaitement ; on la colle alors à la tête de l'archet, puis on la serre au moyen d'une ficelle, on laisse enfin sécher.

Il est bon que les personnes qui voudraient travailler en amateurs, aient toujours sous les yeux un archet bien fait pour leur servir de modèle, car les explications les plus détaillées peuvent quelquefois paraître insuffisantes.

Nous avons laissé la baguette de l'archet ayant une forme carrée. Il s'agit en ce moment de lui donner une forme octogone ou ronde. Dans les deux cas, il faut que le bas, c'est-à-dire la partie qui porte la hausse, soit à huit pans ou octogone. Si maintenant on désire que la baguette soit entièrement d'un bout à l'autre à huit pans, il faut avec le petit rabot en fer rabattre bien également les quatre arêtes que forment les quatre faces de la baguette, en ayant soin de ne pas enlever plus de bois dans un endroit que dans l'autre, pour que les huit pans soient bien réguliers. Pour rabattre ces quatre arêtes, on prend l'archet de la main gauche par le bout de la tête, et on le pose sur l'établi, le bout de la baguette tourné vers le corps.

Il est un endroit de la baguette où les rabots ne peuvent atteindre, c'est la partie du ventre qui avoisine la tête; là on supplée au rabot par la lime.

Si l'on veut que la baguette soit ronde, il faut de même la faire à huit pans, et ensuite, toujours avec le petit rabot, rabattre l'arête de chacun de ces huit pans ; c'est le seul moyen de rendre une baguette bien ronde.

Avant de mettre la baguette à huit pans, ou bien de la faire ronde, il faut creuser dans la tête la mortaise destinée à loger la mèche des crins.

On prend donc un foret qui ait la grosseur proportionnée à la largeur que l'on veut donner à la mortaise, et l'on fait, à l'endroit convenable, dans la tête de l'archet, un trou qui ait trois lignes (7 millimètres) de profondeur ; ensuite, en maintenant ferme sur l'établi la tête de l'archet avec la main gauche, on prend de la main droite le ciseau dont la dimension convienne pour équarrir ce trou et lui donner la forme carrée que l'on a tracée à l'avance sur la semelle, ainsi que le représente la figure 36.

Le côté *a* de cette mortaise tombe perpendiculairement dans la tête de l'archet, tandis que le côté *b* doit, au fur et à mesure qu'il s'enfonce dans la tête de l'archet, devenir plus large qu'à son orifice extérieur. Cette pente sert à tenir solidement le petit morceau de bois taillé en biseau qui fixe les crins, et que l'on appelle tampon.

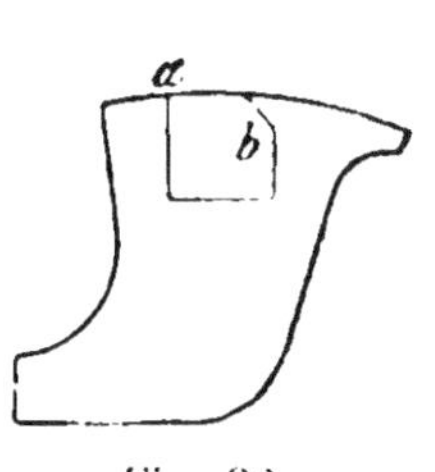

Fig. 36.

On s'occupe ensuite de percer la mortaise allongée dans laquelle doit aller et venir l'écrou de la hausse ; on donne ordinairement huit lignes (2 centimètres) de longueur sur deux lignes et quart (6 millimètres) de largeur à cette mortaise, qui est facile à creuser, puisqu'il ne s'agit que de percer trois ou quatre trous dans son centre, pour lui donner ensuite, avec les canifs et les ciseaux, les dimensions réelles, dimensions qui, quant à sa largeur, sont déterminées par l'emplacement qu'occupera l'écrou de la vis de la hausse.

Enfin, cette mortaise évidée convenablement, on perce le trou qui doit recevoir la vis qui gouverne l'aller et le retour de la hausse. Ce trou est peut-être l'ouvrage le plus difficile de l'archet, car il faut qu'il soit bien dans le centre de la baguette, et cela dans toute sa longueur, pour que le bouton qui emmanche la vis puisse tourner bien rondement sur le bout de sa baguette, en s'appuyant bien régulièrement sur toutes les parties du bout inférieur de la baguette, et aussi pour que l'écrou de la hausse puisse, en allant et en venant, suivre la ligne perpendiculaire de l'archet dans sa longueur. On prend donc le foret destiné à ce travail, et l'on a soin de présenter à ce foret dans une situation strictement horizontale, la baguette de l'archet.

Toutes les fois que l'on voudra se servir du porte-foret, on le fixera sur le bord de l'établi au moyen du valet.

On ménage au bout de l'archet, du côté qui doit recevoir le bouton de sa vis, un petit cercle pris dans le bois même de la baguette, et qui sert à empêcher le bouton de vaciller, et le maintient toujours à fleur de la baguette. Il est inutile de donner une explication sur cette petite main-d'œuvre; à la seule inspection d'un archet, on devine qu'avec la scie de ressort on donne un trait tout à l'entour de la baguette, pour former, avec un canif et une lime, le petit cercle en question.

§ 4. DE LA HAUSSE.

La hausse est sans contredit la pièce la plus difficile à faire dans l'archet; tels soins, telles peines que l'on se soit données pour bien confectionner la baguette, si la hausse n'est pas établie de la manière convenable, l'archet sera toujours mauvais. L'essentiel dans la hausse est que sa coulisse soit entaillée de manière qu'elle permette à l'emboîtement qui reçoit les crins de se trouver parfaitement en ligne droite avec la tête de l'archet.

On dresse donc à la varlope un morceau d'ébène de huit à dix pouces (**22 à 27** centimètres) de longueur, en lui donnant pour épaisseur celle du bas de l'archet, et pour largeur la hauteur de la hausse quand elle sera montée sur l'archet.

On se fabrique alors un modèle de hausse en prenant celle de l'archet que l'on copie, et en opérant comme pour tous les modèles que nous avons déjà décrits. On le pose sur un des côtés plats du morceau d'ébène, et l'on trace comme à l'ordinaire le nombre de hausses que peut fournir le morceau.

Ce tracé fini, on sépare par un trait de scie chacun des morceaux destinés à faire une hausse; alors on commence par enlever à la scie le bois inutile qui, une fois ôté, formera le petit creux qui se trouve à l'avant de la hausse; avec un canif, on arrondit ce creux de manière à lui donner la tournure gracieuse qu'il doit avoir, et l'on évide les deux côtés de la hausse, qui se nomment les joues.

On perce ensuite le trou qui doit former la mortaise qui retiendra les crins, en procédant comme pour la mortaise de la tête de l'archet.

Si l'on désire que le talon de la hausse soit arrondi, il faut scier l'angle qui se trouve à cet endroit, pour l'arrondir ensuite à la lime.

On appelle talon la partie de la hausse qui, prenant de derrière les crins, va rejoindre la baguette.

Toutes ces opérations doivent être faites de sorte que toutes les surfaces du dessus et du dessous de la hausse restent parfaitement plates et d'équerre.

On trace alors, sur la partie de la hausse qui doit porter les crins, l'emboîtement à coulisse qui doit renfermer les crins, et être recouvert d'une feuille de nacre fermée par la *bague*. C'est ainsi que se nomme le morceau d'argent demi-ovale qui est ajusté sur le bout du devant de la hausse.

On appuie alors la hausse contre l'établi, en la tenant dans la main gauche, à moins qu'on ne la pince dans la mâchoire de l'étau, en la préservant d'être foulée par deux morceaux de bois tendre, intercalés entre elle et chaque mâchoire. On prend alors ceux des ciseaux qui paraissent le mieux convenir, et petit à petit, en suivant les deux traits de l'emboîtement, on enlève le bois pour creuser l'emplacement qu'occuperont les crins, comme dans la figure **37 A**, à la lettre *b*. On forme ensuite les deux petits angles *a a* de la même figure, dans toute la longueur de l'emboîtement jusqu'à la mortaise, et l'on place la feuille d'argent qui garnit le talon de la hausse en commençant par tracer la place qu'elle doit occuper,

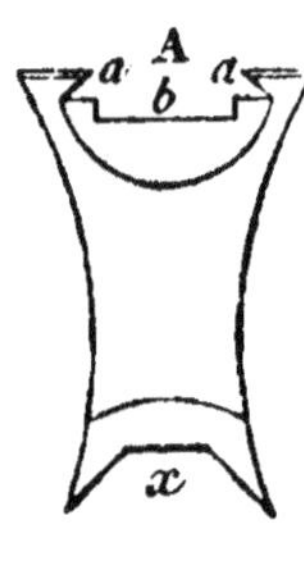
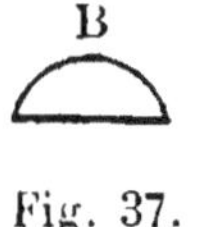

Fig. 37.

pour enlever ensuite de la hausse autant de bois que cette feuille a d'épaisseur. Cette feuille une fois fixée à sa place et parfaitement ajustée, on la fixe avec deux petits clous d'argent que l'on tire d'un fil de même métal, et dont on rive les têtes avec un marteau.

Les deux petits angles *a a* de la figure **37 A** sont destinés à recevoir ce qu'on appelle le recouvrement.

Le recouvrement est une petite feuille d'ébène sur laquelle on a collé une plaque de nacre de perle. Ces deux pièces, qui n'en forment plus qu'une, entrent à coulisse dans les deux angles *a a*, et cachent les crins partout où ils s'appuient sur la hausse.

Ce recouvrement se trouve fixé au bout de la hausse qui regarde la tête de l'archet, par une bague d'argent qui a la forme de la figure 37 B; on fait au-dessus du bout de la hausse une entaille qui, étant proportionnée à l'épaisseur de l'argent, lui permet de se trouver à fleur de l'ébène.

Tout ce travail terminé, on s'occupe de la coulisse, qui doit être montée à cheval sur le bas de la baguette; elle en cache la mortaise et s'adapte aux trois pans du ventre de la baguette, avec une précision telle que la hausse ne puisse en aucune manière vaciller.

Pour arriver à ce but, il faut encore pincer, comme précédemment, la hausse dans l'étau, et avec les petits ciseaux, donner à la coulisse la forme qu'a la figure 37 A, en *x*. Pour bien réussir dans ce travail, il faut le faire petit à petit, et souvent essayer sur la baguette de l'archet si la coulisse s'y adapte parfaitement. Il faut aussi avoir bien soin de ne pas toucher aux deux angles que forment les joues de la hausse avec la coulisse; car s'il en était ainsi, la hausse n'ayant plus la hauteur voulue, les crins ne manqueraient pas de venir s'appuyer sur la baguette, c'est-à-dire qu'on ne pourrait se servir de l'archet.

Le travail jusqu'à présent décrit étant arrivé à ce point, il faut s'occuper de faire la vis et l'écrou qui doivent fixer, et en même temps faire mouvoir, la hausse sur la baguette.

Pour cela, on commence par limer rond un morceau d'acier qui soit de la dimension nécessaire pour occuper le trou que l'on a foré au bout de la baguette. Il faut que ce morceau y entre sans être gêné ; alors on le taraude avec celui des pas de vis de la filière qui lui convient, jusqu'à ce qu'on lui ait donné la forme de la figure 38.

Fig. 38.   Fig. 39.

On prend ensuite un morceau de laiton, on l'aplatit par un bout, de manière qu'ayant pris la forme de la figure 39, il puisse entrer dans la mortaise de la baguette de l'archet, et y glisser sans être ni trop, ni trop peu gêné ; on fore juste dans son centre un trou, et, prenant le taraud qui se rapporte au trou de la filière qui a fait le pas de vis du morceau d'acier dont on a parlé tout à l'heure, on taraude le laiton en le fixant dans l'étau, et en fixant le taraud dans l'étau à main. Chacun sait que pour tarauder un pas de vis il faut avoir soin de graisser, soit la filière, soit le taraud, avec une goutte d'huile.

L'écrou taraudé avec soin, il faut tarauder également le bout du laiton qui doit entrer dans la hausse, percer un trou dans la hausse, de manière que le pas de vis y entre un peu à force, pas trop cependant,

car on pourrait fendre la hausse, puis fixer le laiton
dans cette dernière pièce, le remontant ou le des-
cendant au moyen de sa vis, de manière que le trou
de l'écrou se trouvant juste vis à vis la ligne que
forme le trou percé dans la baguette, le pas de vis
d'acier puisse en y entrant faire appuyer la hausse
sur l'archet, sans lui permettre de vaciller.

On fixe ensuite le morceau à vis qui est carré sur
la partie postérieure dans le bouton.

Ici nous ferons remarquer que le fabricant d'archets, comme le luthier, a besoin du tourneur pour
la confection de ce bouton ; de plus, il a aussi besoin
de l'orfèvre pour la bague et le talon de la hausse et
les deux viroles qui garnissent les deux extrémités
du bouton.

Il est vrai que le luthier et le fabricant d'archets
pourraient se pourvoir d'un tour et des outils nécessaires à l'orfèvre pour fabriquer ce qui regarde la
partie du tourneur et de l'orfèvre ; mais on conviendra
que ce serait se donner beaucoup d'embarras et dé-
penser beaucoup d'argent pour des choses qui sont
si peu par elles-mêmes, qu'il ne vaut pas la peine
d'en parler.

Voici maintenant comment se façonne le bouton.
On donne au tourneur les deux viroles que l'on a fait
faire par l'orfèvre, en les lui commandant d'un diamètre un peu plus fort que n'est l'épaisseur du bout
de la baguette. Le tourneur monte ces deux viroles
sur le bouton, et perce dans son centre le trou qui
doit recevoir la vis de l'archet ; alors le fabricant

d'archets fait entrer à force le bout carré de la vis dans le trou du bouton, en ayant bien soin que cette vis ne se jette pas de côté.

Cela fait, il monte la hausse sur l'archet, et fait venir, au moyen de la vis, jusqu'au bord de la mortaise, l'écrou de la hausse. De cette manière, le bouton se trouve fixé contre le bout de la baguette; alors, avec une lime, on forme sur le bouton, les huit pans qui existent sur la baguette.

Le tourneur a ménagé sur la tête du bouton un petit rond, dans lequel doit s'adapter un grain de nacre de perle. Rien n'est plus facile que de garnir ce rond en limant un petit morceau de nacre, que l'on y ajuste en le mettant un peu plus épais qu'il ne le faut, pour le coller ensuite, et après que la colle est sèche, le limer encore pour le mettre à fleur de la virole.

§ 5. FINISSAGE, POLISSAGE ET VERNISSAGE DE L'ARCHET.

Quand tout ce que nous avons expliqué dans les articles précédents est terminé, on démonte la hausse de l'archet, et l'on s'occupe de plier la baguette pour la faire pencher en arrière, un peu plus que les différentes mains-d'œuvre qu'elle a reçues ne l'y ont naturellement mise.

Pour cela, on commence par regarder, en tenant près de l'œil le bout de la baguette qui porte le bouton, si l'archet est bien droit. S'il incline d'un côté ou de l'autre, on le redresse au moyen du feu.

Pour faire cette opération, qui est délicate, car en s'y prenant mal on aurait bientôt cassé une baguette, on allume des charbons dans un fourneau, et, quand ils commencent à être embrasés, on chauffe la baguette à la place où l'on a remarqué qu'elle n'était pas droite ; alors on la plie, en la tenant dans les deux mains, jusqu'à ce qu'elle soit parfaitement droite.

Le secret de cette opération consiste à ne chauffer la baguette que petit à petit, jusqu'à ce que, devenue parfaitement chaude, elle se façonne facilement ; il faut prendre garde qu'elle ne vienne à fumer, car alors elle serait brûlée.

Quand la baguette paraît parfaitement droite en la regardant comme nous venons de le dire, c'est le moment de poser la hausse à sa place, et d'examiner si, en mettant l'œil sur cette hausse et regardant en même temps la semelle de la tête de l'archet, le ventre de la baguette est assez courbé pour venir se placer sur la ligne optique qui va de la hausse à la tête ; s'il n'en est pas ainsi, on courbe un peu davantage le ventre de la baguette ; on prend enfin la tête de la baguette dans la main gauche, et l'autre bout dans la main droite et, forçant le ventre de l'archet à se redresser du côté du dos de la baguette, on remarque s'il n'existe pas quelques endroits qui ne soient pas courbés d'une manière analogue aux autres; dans ce cas, on les courbe encore en les faisant chauffer.

Arrivé à ce point du travail, il ne reste plus qu'à polir la baguette dans toutes ses parties avec les râcloirs et le papier de verre, et enfin à la vernisser avec le vernis qui lui est particulier. (Voir le chapitre VI, § 4, de la première partie).

Quant à la hausse, voilà comme on s'y prend pour la polir dans les endroits où la main n'y peut parvenir : on la fixe au moyen de la vis sur la baguette, et posant le haut de l'archet sur l'épaule, et le bouton sur un bout de l'établi, on prend un petit chiffon de toile, imprégné d'huile et de pierre ponce pilée et tamisée, puis on promène, en tirant avec les deux mains, ce chiffon dans toute sa longueur, dans le petit creux qui se trouve sous la bague de la hausse.

§ 6.　FIXAGE DES CRINS SUR L'ARCHET.

L'archet arrivé à ce point de confection, il faut, pour le garnir de crins, commencer par faire deux petites pièces dont nous avons parlé ci-dessus, qui sont les tampons. Ils ont exactement la forme de la mortaise de la semelle (fig. 35).

Le tampon est un petit morceau de bois, dont les bords sont taillés en biseau, pour pouvoir, en entrant dans la mortaise avec un peu de force, serrer les crins et les empêcher de s'échapper.

On fait ces tampons en bois de plane ou de hêtre, en s'y prenant de la manière suivante. Avec un canif, on dispose une planchette de deux lignes d'épaisseur, de sorte que, le biseau établi, elle bouche parfaitement le côté le plus large de l'ouverture de la mortaise. On presse alors avec le pouce ce morceau sur la partie opposée de ladite mortaise; il en résulte une petite marque qui indique que c'est là la longueur du tampon, et on le coupe d'équerre de ce côté.

Avant d'aller plus loin, nous dirons quel choix il y a à faire dans les crins.

Les crins les plus fins et les plus ronds sont les meilleurs. Ceux qui sont plats, grossiers ou raboteux, ne valent rien. Il faut, avant de les employer, les laver avec du savon et de l'eau, dans laquelle on a fait dissoudre un peu de sel de cuisine, et les passer ensuite à l'eau claire pour enlever le savon qui nuirait à l'effet de la colophane.

On réunit en faisceau une quantité suffisante de crins, on les lie fortement par le bout qui touchait à la queue du cheval, et, trempant ce bout dans de la colophane pilée, on le présente à la chandelle pour faire fondre la colophane, et par là les lier entre eux. On enfonce alors ce bout dans la tête de l'archet; on pose par dessus le tampon, en renversant la mèche par dessus la tête de l'archet; puis on fait entrer le tampon en le pressant avec le manche du premier outil qu'on a sous la main, en posant le derrière de la tête de l'archet sur l'établi.

On mouille les crins dans de l'eau claire, et l'on pince la baguette dans l'étau, à 16 centimètres environ de la tête; on entortille auparavant la baguette avec un chiffon, pour ne pas la fouler dans l'étau où elle doit être placée, la mortaise de la tête en l'air. Alors, avec un peigne qui ne sert qu'à cet usage, on éga-

lise les crins ; on pose la hausse sur la mortaise, et
dans sa position la plus rapprochée de la tête de
l'archet, on mesure la longueur que doivent avoir
les crins, puis on les lie à 5 millimètres plus loin que
le bord large de la mortaise de la hausse ; on brûle
ensuite comme on l'a fait pour l'autre bout. On passe
alors les crins dans la bague et on les fixe à la hausse
au moyen du tampon ; on met la vis, afin de tendre
un peu les crins, on glisse la nacre dans la coulisse
et la bague sur la nacre, et tout est terminé.

Si, en tendant les crins, la baguette vient à se jeter un peu de côté, il faut dévisser la hausse et chauffer comme précédemment pour redresser.

On met en dernier lieu la soie à la poignée.

Quand les crins sont secs, il faut avoir soin d'é-
craser avec une palette de bois, sur un coin propre
de l'établi, de la colophane, et de frotter légèrement
les crins sur la colophane en appuyant sur eux avec
la palette.

§ 7. FABRICATION DE LA COLOPHANE.

La colophane est peut-être l'objet le plus minime
en apparence de tous ceux qui se rapportent à la
lutherie ; c'est cependant une des choses les plus
essentielles aux personnes qui se servent habituellement des instruments à archet.

Il n'est pas de musicien qui ne sache combien est
précieux un bon morceau de colophane, et combien
la mauvaise qualité de cette préparation fait de tort

au meilleur instrument, comme au jeu du plus habile virtuose.

La bonne colophane doit être transparente, d'une couleur citrine; appliquée aux crins de l'archet, elle doit les blanchir et ne pas leur donner une teinte jaunâtre; elle doit, par le frottement de l'archet sur les cordes, tomber au pied du chevalet en poussière blanche, et ne pas noircir les cordes dans l'endroit où l'archet les attaque; enfin la bonne colophane ne doit pas coller entre les doigts lorsque l'on en écrase un petit morceau.

Il faut croire que bien peu de personnes connaissent la manière de faire la colophane; car, loin des villes, il est assez difficile de s'en procurer de bonne.

Nous avons vu beaucoup de musiciens faire cuire du galipot ou de la térébenthine avec du vinaigre. C'est ce qu'on peut faire de plus mauvais, car le vinaigre se mêlant avec ces résines, il en résulte une colophane, qui produit au lieu de son un détestable sifflement.

Voilà le secret de cette fabrication qui n'est rien en lui-même, mais qui a son importance :

On fait fondre du galipot dans un pot de terre neuf et vernissé sur un feu modéré de charbon; au fur et à mesure que la matière est fondue, on la verse en la filtrant à travers une toile un peu grossière et neuve, dans un second pot semblable au premier, et que l'on a soin de tenir près du feu; on verse alors cette colophane dans de petits rouleaux de papier, ou bien on la met en tablettes dans de petites boîtes en carton.

On peut faire de plus belle et meilleure colophane
en distillant de la térébenthine de Venise. Cette variété de colophane est à peu près blanche.

On fait la colophane pour les archets de contre-
basses, en mêlant à la colophane de galipot, de la
poix blanche.

La proportion est moitié de l'une et moitié de
l'autre; on les fait fondre afin de bien les mélanger.

TROISIÈME PARTIE

FABRICATION DES CORDES A BOYAU
ET DES CORDES MÉTALLIQUES

PREMIÈRE SECTION

DES CORDES HARMONIQUES

INTRODUCTION.

Avant de décrire la fabrication des *cordes harmoniques* ou *cordes d'instruments*, il nous paraît utile
d'énumérer sommairement les conditions qu'elles
doivent offrir pour mériter la qualification de bonnes.

Abstraction faite de la qualité, le son d'une corde,
dans l'échelle musicale, dépend, pour une tension
donnée, de sa masse, ou, si l'on veut, de son poids,
et, pour un poids donné, de la tension à laquelle on
la soumet. Quant à sa qualité, elle dépend invaria-
blement des rapports qui existent entre la masse et
la tension. On comprend, en outre, que la résistance
à la tension croissant avec la masse, on peut déduire,
de cette résistance même, les qualités particulières
d'une corde.

Les données suivantes résultent de nombreuses
expériences faites par M. Ph. Savaresse, un des indus-

triels qui ont le plus contribué, dans notre pays, aux progrès de la fabrication des cordes harmoniques.

La chanterelle, mise au ton de l'opéra, doit avoir une tension de 7 kil. 500, et elle ne doit rompre que sous celle de 12 à 13 kilogrammes. Plus résistante, elle perd en qualité, manque de moelleux et devient criarde. Plus faible, elle casse au bout de quelque temps, même sans être jouée, mais beaucoup plus tôt si on la joue.

Les matières qui entrent dans une bonne seconde doivent être moins résistantes que celles de la chanterelle, dont cette corde a cependant le double de volume. Elles doivent avoir une tension normale de 8 kilogrammes, c'est-à-dire supérieure de 500 grammes à celle de la chanterelle, et elles doivent rompre sous une tension de 15 kilogrammes. La seconde est donc moins dense que la chanterelle.

La tension de la troisième doit être la même que celle de la chanterelle, dont elle a le triple de masse. Elle ne doit rompre que sous une tension de 40 à 45 kilogrammes.

La quatrième, qui est un peu plus fine que la seconde, a une tension normale de 7 kil. 25, et doit rompre à 14 kilogrammes. On augmente sa masse en enroulant en spirale autour d'elle une cannetille ou fil de laiton blanchi.

Dans les grands instruments, tels que le violoncelle, la quatrième présente aux doigts de l'exécutant une raideur qui gêne beaucoup leur jeu. D'après l'avis de Félix Savart, quelques quatrièmes de violoncelle, beaucoup plus fines qu'à l'ordinaire, ont été filées avec une cannetille de platine qui, en leur donnant la même masse, les douait d'une plus grande souplesse. Le résultat a été très remarquable, mais le prix nécessairement élevé des cordes ainsi fabriquées n'a pas permis d'en faire adopter l'usage.

Deux qualités principales sont nécessaires à toutes les cordes, plus particulièrement aux chanterelles.

La première qualité est une parfaite cylindricité d'une extrémité à l'autre. La corde qui ne le posséderait pas, c'est-à-dire qui irait en diminuant du sillet au chevalet et réciproquement, donnerait des quintes fausses.

On comprend que, lorsqu'un même doigt touche deux cordes qui, à vide, donnent la quinte juste, et les raccourcit de la même quantité, il est indispensable, pour que les deux sons restent à la quinte l'un de l'autre, que la masse de chaque corde soit diminuée d'une quantité proportionnelle, ce qui ne peut avoir lieu si l'une des cordes n'est pas cylindrique.

Il est évident, en effet, que si le doigt sépare une pareille corde en deux parties égales, la moitié attaquée par l'archet donnera un son plus grave que l'octave, si le gros bout de la corde est du côté du chevalet, et un son plus aigu si le même bout est du côté opposé. On comprend, en outre, que cette différence se fera sentir proportionnellement pour toutes les divisions de la corde, laquelle ne pourra jamais se trouver en accord de quinte avec sa voisine, excepté dans les sons à vide.

Luthier.   10

Quand un musicien a, sur un violon, une pareille chanterelle, il peut y remédier, jusqu'à un certain point, en mouillant avec deux doigts la moitié ou les deux tiers de la corde vers le bout le plus mince. Cette opération, en faisant renfler la portion la plus mince, ramène à peu près l'équilibre au moins pendant la durée d'un morceau de musique.

La seconde qualité résulte de l'égalité de la masse. La corde qui ne la possède pas, c'est-à-dire qui, en divers points de sa longueur, a une masse plus ou moins inégale, donne nécessairement des sons faux, si les quantités de molécules dont on arrête les vibrations ne sont pas elles-mêmes proportionnelles à ces mêmes sons.

La justesse des sons, fait remarquer avec raison M. Boquillon, dépend encore, outre l'homogénéité de la matière dont se compose une corde, du nombre de tours de torsion qu'on a donnés à cette matière. Une plus grande torsion ajoute à la flexibilité de la corde, condition paradoxale en apparence, mais dont il est facile de se rendre compte en comparant la rigidité d'un fil de métal droit avec celle d'une hélice formée avec ce même fil.

CHAPITRE PREMIER

Fabrication des Cordes harmoniques.

—

Les cordes harmoniques se font avec les boyaux ou intestins grêles du mouton. Les animaux qui fournissent les meilleures sont ceux qu'on élève dans les pâturages secs et en pays de montagnes. Les moutons de petite race qu'on trouve dans le Berri et dans plusieurs parties de l'Allemagne en donnent aussi d'excellente qualité.

On sait que, par intestin grêle, on entend le duodénum, le jejunum et l'ilion. Toutefois, ces trois intestins n'en forment réellement qu'un, dont la grosseur n'est pas uniforme d'un bout à l'autre, la plus grande se trouvant du côté du duodénum et la plus petite du côté de l'ilion.

On sait aussi que chacun de ces intestins ou plutôt chacune de ces parties d'un intestin unique se compose de trois membranes distinctes, savoir :

1° La membrane externe ou péritonéale, qu'en terme d'atelier on appelle *filandre;*

2° La membrane interne ou muqueuse, qu'on nomme *chair* ou *râclure;*

3° La membrane musculeuse, musculaire ou fibreuse, qui est placée entre les deux autres.

De ces trois membranes, les deux premières sont destinées à être enlevées. C'est donc la troisième, ou la médiane, qui sert à fabriquer les cordes ; elle est, d'ailleurs, la seule qui soit formée de fibres ayant une ténacité convenable.

Les fabricants achètent les boyaux aux bouchers, mais ils se chargent de les extraire eux-mêmes des moutons ou de les faire extraire par des ouvriers spéciaux. Sans cette précaution, ils s'exposeraient à les recevoir dans un état d'altération qui pourrait les rendre impropres à l'usage qu'ils veulent en faire.

1° *Vidage*.

Le *vidage* est la première opération que subissent les boyaux. Pour l'opérer, des ouvriers du fabricant se rendent à l'abattoir, ouvrent les moutons qui viennent d'être tués, détachent les boyaux, puis, étendant aussitôt ces derniers sur une table ou planche inclinée, les râclent avec une lame de couteau, afin d'en faire sortir les matières fécales et de les débarrasser du sang, de la bile et de la graisse. Ce nettoyage doit être fait très rapidement et pendant que les boyaux sont tout chauds, car, si on leur donnait le temps de se refroidir, les matières fécales ne manqueraient pas de communiquer une coloration indélébile aux parties qu'elles auraient touchées, et y détermineraient, en outre, une altération qui en détruirait ou du moins en diminuerait beaucoup la ténacité.

Une fois vidés, les boyaux sont mis en liasses ou en écheveaux, et placés dans des vases pour être apportés à la fabrique.

2° *Premier trempage.*

Immédiatement après leur arrivée à la fabrique, les boyaux sont divisés en paquets de dix, puis mis à tremper dans de l'eau froide, où on les laisse pendant douze à quinze heures.

Cette immersion ou *trempage* peut se faire dans une rivière courante ou dans un cuvier rempli d'eau de puits; seulement, dans ce dernier cas, si l'eau est tant soit peu dure, il est nécessaire d'en corriger la crudité en y jetant **2** grammes environ de carbonate de soude par litre.

Au sortir de l'eau froide, on tient les boyaux, pendant quatre à cinq heures, dans un courant d'eau tiède, dont on maintient la température à 25 degrés environ, après quoi on procède au *ratissage* ou *râclage*.

3° *Ratissage.*

L'action de l'eau, dans le trempage qui vient d'être décrit, a déterminé une légère fermentation destinée à détruire l'adhérence des diverses membranes.

Le *ratissage*, ou *râclage*, a pour objet de séparer la membrane externe et la membrane interne de la membrane musculaire. Il est fait ordinairement par des ouvrières divisées en deux groupes. Les ouvrières du premier groupe étendent les boyaux un à un sur une planche de bois légèrement inclinée, puis, les saisissant de la main gauche, les râclent d'un bout à l'autre, du côté de la membrane externe ou filandre, avec un roseau fendu en deux et taillé en biseau dont leur main droite est armée (1). Les ouvrières du second groupe exécutent la même opération et de la même manière du côté de la membrane interne ou râclure.

Les fragments détachés par le roseau sont reçus dans des baquets.

Les râclures ou fragments de la membrane interne ne peuvent servir que pour faire des engrais.

Quant aux filandres, on les soumet plus tard à un traitement approprié qui permet de les utiliser pour la fabrication des raquettes, des cravaches et des fouets. Ce traitement, qui est fort simple, consiste à les mettre au soufroir, où elles blanchissent et se dessèchent en partie, après quoi on les file et on les frotte avec des brosses de chiendent.

4° *Deuxième trempage.*

Après le ratissage, les boyaux sont réduits au vingtième de leur volume primitif, car ils ne se composent plus que de la membrane musculaire, et c'est sur elle que va désormais se concentrer toute l'attention du fabricant.

On les met par groupes de dix environ dans des terrines de grès, et l'on verse dessus un peu plus de deux litres d'une lessive de potasse qui marque 2° au

---

(1) On se sert pour cet usage de l'*arundo donax*, appelé vulgairement *canne de Provence. grand roseau, roseau à quenouilles, roseau des jardins.*

pèse-sel spécial (1). Au bout de trois à quatre heures d'immersion, on les fait passer un à un entre l'index de la main gauche, garni d'un anneau ou d'un doigt de caoutchouc, et le pouce de la même main armé d'un dé ouvert en cuivre. Ils subissent ainsi une espèce de ràclage très doux au moyen duquel sont enlevés les menus fragments de membrane externe et de membrane interne qui ont pu échapper au ratissage. En exécutant cette opération, que l'on répète généralement trois fois, de deux heures en deux heures et dans la même journée, l'ouvrier a sur sa gauche la terrine où sont les boyaux, et, à mesure qu'il les travaille, il les met dans une terrine semblable, qui est placée à sa droite et qui, de même que la première, contient de l'eau de potasse. On procède ensuite à un quatrième passage au dé, mais à sec, c'est-à-dire sans qu'il y ait de lessive alcaline dans la terrine de droite. Enfin, on termine par un passage à l'eau pour lequel on se sert d'une eau de potasse marquant 3°. Le lendemain et les jours suivants, on procède à de nouveaux passages au dé, tantôt à sec, tantôt à l'eau, matin et soir, en ayant soin, à chaque passage à l'eau, d'augmenter d'un degré la force de la liqueur alcaline, et l'on continue ainsi jusqu'à ce que la liqueur marque 16° au pèse-

---

(1) Ce pèse-sel est construit de la même manière que l'aréomètre de Baumé. Seulement, chacun des degrés de ce dernier y est divisé en dix. Quant à la dissolution alcaline, on la prépare ordinairement avec un mélange en parties égales d'excellente potasse et de cendres gravelées.

sel, ce qui correspond à un peu moins d'un degré et demi de l'aréomètre de Baumé. Les boyaux sont alors suffisamment nettoyés et bons à être filés en cordes ; mais, auparavant, il faut les trier et quelquefois les refendre.

5° *Triage.*

Le *triage* exige une grande habileté. Aussi ne le confie-t-on ordinairement qu'à des ouvriers parfaitement au courant des besoins de la fabrication. Il s'agit, en effet, de classer les boyaux suivant leur blancheur, leur longueur et leur ténacité, afin que chacun ne puisse être affecté qu'au genre de cordes auquel il est le plus propre. On en fait au moins deux lots, dont l'un est composé de boyaux fins que l'on juge pouvoir être transformés en chanterelles à trois fils, tandis que l'autre renferme ceux qui ne sont bons qu'à faire de grosses cordes, et, dans chaque lot, on met à part les boyaux qui ont la même grosseur et ceux qui sont plus ou moins colorés.

6° *Refendage.*

Comme les boyaux, ainsi que nous l'avons vu, n'ont pas un diamètre uniforme, et que cette circonstance rend peu aisée la préparation de cordes régulièrement cylindriques, on tourne la difficulté en les fendant, c'est-à-dire en les divisant, dans toute leur longueur, avec un couteau spécial dit à *soutil,* en deux ou plusieurs brins qu'on appelle *soutiles,* du mot italien *sottile,* qui signifie mince, délié, fin. A mesure que les brins sont obtenus, on les met dans une terrine en ayant bien soin que les bouts se trouvent en sens inverse, c'est-à-dire les bouts inférieurs d'un côté et les bouts supérieurs de l'autre.

On reconnaît d'une manière fort simple si une corde a été fabriquée avec des boyaux entiers ou avec des soutiles. Il suffit pour cela d'en faire tremper un fragment dans une solution d'acide tartrique ou d'acide sulfureux. Au bout d'une courte immersion, les éléments de la corde se séparent, et, s'ils sont formés de boyaux entiers, ils ont l'aspect de petits cylindres, ce qui n'a pas lieu s'ils sont composés de boyaux refendus.

7° *Filage.*

Le *filage* s'exécute à l'aide de métiers qui portent environ trois longueurs de violon, et l'on fait ordinairement trois cordes à la fois, ce qui oblige de se servir d'un rouet à deux crochets. Ces métiers sont de simples cadres ou châssis de 66 centimètres de large sur 1 mètre 66 centimètres de long, dont un des côtés porte plusieurs chevilles de bois à demeure, tandis que le côté opposé est percé de trous destinés à recevoir d'autres chevilles de même matière, mais mobiles.

Le filage se fait en plusieurs fois, lesquelles sont séparées par diverses manipulations, mais il s'effectue toujours de la même manière.

On commence par choisir deux, trois ou un plus grand nombre de boyaux tout humides, suivant la corde que l'on veut fabriquer, et on les assemble de façon que le gros bout de l'un soit avec le petit bout d'un autre. Ces préparatifs terminés, on attache les boyaux, par une extrémité, à une petite cheville, que l'on place sur l'un des crochets du rouet, puis on les passe autour d'une des chevilles fixes du métier; après quoi, on les coupe à la longueur convenable, et l'on fixe l'extrémité libre à une petite cheville, pareille à la précédente, que l'on met sur le deuxième crochet. On met alors le rouet en mouvement, et, pendant qu'il tourne, on promène les doigts sur la corde depuis la cheville du métier jusqu'aux molettes, afin d'empêcher qu'il s'y forme des inégalités.

En général, on ne fait exécuter au rouet qu'un petit nombre de tours, et cela suffit, grâce à la disposition de son mécanisme, pour que les boyaux éprouvent une torsion de plusieurs centaines de tours.

Le filage de la corde étant achevé, on enlève les petites chevilles des crochets, on les introduit dans les deux trous du métier qui sont vis-à-vis de la cheville fixe autour de laquelle passe la corde, et l'on répète, avec un nouveau faisceau de boyaux, la même série d'opérations que nous venons de décrire. On continue ainsi jusqu'à ce que le métier se trouve entièrement garni.

8° *Soufrage.*

Le *soufrage* succède à cette première partie du filage ; il a pour objet de blanchir les cordes. On le fait dans une chambre spéciale dite *soufroir*.

C'est ordinairement le soir que l'on fait cette opération. Après avoir placé dans le soufroir les métiers qui ont été garnis dans la journée, on allume, au centre de la pièce, un vase contenant de la fleur de soufre, puis on se retire en ayant soin de boucher hermétiquement avec de la terre glaise les ouvertures de la porte. En brûlant, le soufre donne lieu à un dégagement d'acide sulfureux, substance qui, nul ne l'ignore, possède la propriété de blanchir les matières animales et végétales.

Il ne faut pas oublier que la plus ou moins grande quantité de soufre qu'on emploie est sans aucune influence sur le succès de l'opération. Comme il ne peut s'en brûler qu'en proportion du volume d'air contenu dans le soufroir, il en résulte que, si l'on en met trop, la partie en excès se liquéfie au lieu de produire du gaz sulfureux, ce qui constitue une perte véritable. On sait, par expérience, que 25 grammes de soufre suffisent généralement pour une chambre cubique de 2 mètres de côté.

Les métiers passent la nuit au soufroir. On les retire le lendemain matin, puis on les place sur des tréteaux ou sur une espèce de caisse inclinée, nommée *rafraîchi*, où on les abandonne, en plein air, mais non à la pluie, jusqu'à ce que les cordes soient séchées à demi. On mouille alors celles-ci avec des éponges, puis, les mettant de nouveau en rapport avec les crochets de la roue à filer, on les tord une seconde fois en leur donnant une assez forte torsion et on les rentre au soufroir.

Le soufrage dure ordinairement deux jours pour les cordes fines et jusqu'à huit jours pour les grosses cordes.

9° *Étrichage.*

Le travail qui vient après le soufrage est l'*étrichage*. Il est destiné à nettoyer et dégraisser les cordes le plus complètement possible, à l'aide d'un polissage énergique qui enlève à la fois toutes les aspérités et tous les filaments isolés dont l'agglutination n'est pas parfaite.

Pour opérer, les cordes étant toujours tendues sur le métier, on les entoure une à une de plusieurs tours d'une corde de crin, et on les groupe de manière à en former des masses ou faisceaux qui en contiennent chacune de dix à quinze. Ces préliminaires terminés, un ouvrier prend une de ces masses dans chaque main, et, après les avoir mouillées avec une éponge trempée dans une eau de potasse, il les frotte fortement en promenant les cordes de crin d'un bout à l'autre et une cinquantaine de fois ; dans l'intervalle, il a soin de mouiller à deux ou trois reprises avec la même liqueur alcaline. Ce frottage manuel étant très pénible, on l'effectue aujourd'hui, dans tous les établissements de quelque importance, au moyen d'un appareil spécial. A l'usine de M. Henry Savaresse, à Paris, cet appareil consiste en un chariot sur lequel on pose le métier, et en deux mâchoires munies intérieurement de coussinets en crin. Quand la machine fonctionne, les mâchoires sont placées, l'une en dessus des cordes, l'autre en dessous, et réunies par des écrous ; elles polissent ces dernières, grâce à un mouvement de va-et-vient que leur communique le moteur de la fabrique.

Après l'étrichage, les cordes de boyau sont débarrassées des cordes de crin, puis essuyées avec une éponge pour les débarrasser des saletés que la lessive potassique y a laissées. On les mouille ensuite avec de l'eau pure, après quoi on les remet au soufroir, où on les tient au moins toute la nuit. Le lendemain, on leur donne un nouveau retordage et on les fait sécher.

10° Polissage.

Le *polissage* succède au séchage, mais on le supprime ordinairement pour les chanterelles.

Les métiers étant préalablement posés horizontalement sur des tréteaux ou sur le rafraîchi, on place les cordes, une à une, avec un peu d'huile d'olive et de verre finement pilé ou de pierre-ponce en poudre, dans des coussinets de caoutchouc ou dans les plis d'une bande d'étoffe, et l'on frotte d'un bout à l'autre jusqu'à ce qu'elles soient parfaitement unies. Ici encore, dans les grands établissements, on remplace la main de l'ouvrier par des appareils disposés comme ceux qu'on emploie pour l'étrichage.

11° Apprêtage.

Après le polissage, on essuie bien les cordes, puis on les enduit légèrement d'huile d'olive de première qualité. Plusieurs fabricants regardent cette dernière opération comme nuisible, à cause de la facilité avec laquelle l'huile rancit; mais on peut remédier à cet inconvénient en ajoutant au corps gras un centième de son poids d'huile de laurier.

Quand le passage en huile est effectué, on porte les cordes à l'étuve pour les faire sécher parfaitement. On reconnaît qu'elles sont assez sèches quand, lâchant une des chevilles, elles ne reviennent pas sur elles-mêmes.

Après le séchage, on coupe les cordes près des chevilles. Il ne reste plus alors qu'à les rouler en cercles au moyen d'un moule cylindrique, à les attacher une à une, et enfin les réunir de manière à en former des paquets de 30 si elles sont fines, ou des demi-paquets de 15 si elles sont grosses.

Nous ne terminerons pas ce chapitre sans dire quelques mots sur le nombre des boyaux qu'on emploie pour la fabrication des diverses sortes de cordes. Ce nombre varie non-seulement suivant les cordes, mais encore suivant les fabricants. Nous donnerons comme exemple celui qui est généralement adopté par M. Henry Savaresse.

Les chanterelles se composent de 4, 5 ou 6 fils, selon la grosseur du boyau, et chaque fil est formé d'une moitié de boyau divisé dans sa longueur.

Les *mi* de violon ont de 3 à 4 fils pleins, mais très fins. Les *la* en ont le même nombre, mais plus forts. Quant aux *ré*, ils en ont de 6 à 7 pleins.

Pour les cordes de guitare, on emploie des fils plus fins que pour celles de violon.

Les cordes de violoncelle ont jusqu'à 10 fils pleins, et celles de harpe jusqu'à 22, également pleins.

Les cordes de violoncelle ont 6 fils pour la chanterelle et 10 pour le *ré*.

Enfin, les cordes de contre-basse ont 40 fils pour la chanterelle et jusqu'à 85 pour le *ré*.

Signes extérieurs de la bonté des cordes.

A quels signes peut-on reconnaître à la vue si une corde harmonique est bonne ou mauvaise?

« Les chanterelles, dit M. Ph. Savaresse, doivent être transparentes, parfaitement unies et assez régulières de grosseur. Elles ne doivent pas être trop blanches, car cela prouverait qu'elles ont été faites avec des agneaux trop jeunes, et lorsqu'on serre un paquet de chanterelles sous la main, elles doivent paraître élastiques et revenir promptement comme le ferait un ressort d'acier. Il est possible de donner de la raideur aux cordes en employant dans leur fabrication des sels à base d'alumine, mais ces cordes se cassent lorsqu'on presse le paquet, elles ne sont pas moelleuses et ne reviennent pas facilement dans la même position cylindrique qu'elles avaient. En outre, elles changent de couleur quand on les comprime. C'est donc toujours un signe de bonne qualité lorsque les cordes ne changent pas de couleur et qu'elles reprennent tout de suite la forme cylindrique.

Les grosses cordes, deuxième et troisième, doivent, au contraire, être transparentes et très blanches. Il faut, en outre, qu'elles soient très molles quand on en comprime un paquet, mais elles ne doivent pas changer de couleur et elles doivent revenir promptement à leur état cylindrique ; si elles présentaient trop de raideur, cela indiquerait qu'elles ont été faites avec des boyaux trop résistants, et, dans ce cas, elles auraient une mauvaise qualité de son. »

On ne doit pas perdre de vue que la bonne confection des cordes harmoniques tient beaucoup au soin et à l'habitude des ouvriers. L'expérience est, sous ce rapport un grand maître, et c'est le meilleur secret pour bien faire. Un manque d'attention dans les diverses opérations, une eau alcaline trop forte, un mauvais tordage, peuvent et doivent donner des produits très défectueux. Le soufrage influe aussi beaucoup sur la qualité des cordes. Il est indispensable pour les obtenir bonnes, mais il y a un point qu'il faut savoir saisir, sans quoi on n'obtient que de mauvais résultats. Si, en effet, on dépasse ce point, les cordes ont moins de ténacité, et, si on ne l'atteint pas, elles manquent de résistance. On voit, d'après ces considérations, que l'art du fabricant de cordes harmoniques attend tout ou à peu près tout de l'expérience, laquelle, comme dit Bacon, est la démonstration des démonstrations.

CHAPITRE II

Cordes teintes, Cordes de soie, Cordes filées.

—

§ 1. CORDES TEINTES.

On sait que certaines cordes de harpe sont teintes en rouge et d'autres en bleu. On leur donne ces colorations artificielles avant le filage, et l'on réserve les boyaux les plus tachés pour la teinture en bleu.

La couleur rouge se prépare en faisant bouillir du marc de cochenille dans une dissolution de potasse marquant un degré Baumé. On filtre la liqueur, puis on y place les boyaux et l'on a soin de les agiter de temps en temps. Une précaution à ne pas oublier, c'est de faire la teinture d'autant plus légère que la grosseur des boyaux est plus grande. Les cordes rouges passent au soufroir de la même manière que les blanches. Il est même à remarquer que l'action de l'acide sulfureux contribue beaucoup à rendre leur éclat plus vif et plus brillant.

La teinture bleue s'obtient ordinairement en faisant macérer du tournesol de Hollande ou tournesol en drapeaux dans la même dissolution de potasse qu'on emploie pour la couleur rouge. On filtre la liqueur, puis on y place les boyaux en ayant soin de les remuer de temps à autre. Comme nous l'avons dit pour la teinture en rouge, il faut se servir d'une liqueur d'autant moins intense que les cordes sont plus grosses. De plus, il faut s'abstenir de passer les cordes bleues au soufroir, parce que, ainsi qu'on l'apprend en chimie, tous les acides possèdent la propriété de rougir la teinture de tournesol, et, en général, les couleurs bleues végétales. C'est ce qui explique pourquoi les cordes bleues finissent habituellement par devenir rouges, surtout quand elles se trouvent habituellement dans le voisinage de cordes soufrées. Lorsque des cordes bleues ont pris une coloration rouge, il n'est pas difficile de leur rendre leur teinte primitive; il suffit pour cela de les exposer à de la vapeur d'ammoniaque.

§ 2. CORDES DE SOIE.

Outre les cordes de boyau, les luthiers en emploient aussi qui sont de soie. Ces dernières ont d'abord été fournies par la Chine, mais on les fait aujourd'hui en Europe.

Les cordes chinoises étaient filées comme de la ficelle et enveloppées d'une couche de gélatine. On leur reprochait de s'allonger au montage du violon et de ne pas rester au ton. Malgré ce grave défaut, les musiciens en plein vent, surtout les ménétriers de village, en faisaient un grand usage. On en expédiait aussi beaucoup aux colonies, où l'action de la chaleur, jointe à celle de l'humidité, ramollit les cordes de boyau au point de les rendre promptement impropres à tout service.

Les cordes de soie que l'on fabrique en Europe, particulièrement à Paris, sont très supérieures aux cordes de l'extrème Asie. non-seulement parce qu'on les fabrique avec beaucoup plus de soin, mais encore parce qu'avant de les livrer au commerce, on les soumet à une tension très énergique qui leur permet de monter immédiatement au ton et d'y rester très longtemps. Elles se composent ordinairement de 140 brins, chacun formé de 12 fils de vers à soie, ce qui donne un total de 1,680 fils. Après avoir ramolli l'écheveau de brins à l'aide de la vapeur, on le tord avec un rouet spécial, puis, quand la corde est terminée, on la recouvre d'une légère couche de gomme arabique et on la polit avec un morceau de cire blanche.

§ 3. CORDES FILÉES.

Il nous reste à dire quelques mots des cordes recouvertes de cannetille, et qu'on appelle généralement *cordes filées*, afin de les distinguer des cordes ordinaires.

Ce sont des cordes de boyau ou de soie revêtues d'un fil de cuivre argenté, quelquefois même d'argent, dont les tours sont très serrés les uns contre les autres. Quand leur intérieur est en boyau, on ne les soumet pas au soufrage, comme aussi on ne les huile pas. Dans les fabriques peu importantes, on les revêt de leur armure métallique à l'aide d'un rouet semblable à celui dont les passementiers font un continuel usage. A cet effet, la corde est fixée par un bout au crochet du rouet, tandis que l'extrémité opposée est attachée à un émerillon tournant ; elle est tendue par un poids suspendu à une ficelle qui, passant sur une poulie, est accrochée à l'émerillon. Un ouvrier engage alors l'extrémité du fil métallique autour de la corde, tout près de l'émerillon, et imprime au rouet un mouvement toujours uniforme. La corde se met aussitôt à tourner en faisant exécuter le même mouvement à l'émerillon, et, pendant que l'ouvrier la soutient de la main gauche, il dirige de la main droite le fil métallique de manière à ce qu'il s'enroule et s'applique sur elle avec la plus parfaite régularité. Dans les grands établissements, cette opération s'exécute aujourd'hui au moyen d'une machine ingénieuse qui, mue par la vapeur, fait tourner la corde quatorze ou quinze mille fois par minute.

CHAPITRE III

Cordes napolitaines.

—

Nous ne terminerons pas cet exposé de la fabrication des cordes harmoniques sans réfuter la croyance où sont encore beaucoup de personnes, que les cordes napolitaines sont supérieures à celles des autres pays. Si cette supériorité a existé autrefois, ce qui est incontestable, il est certain qu'elle a disparu depuis plus de trente ans. Les cordes qu'on fait aujourd'hui en France, surtout à Paris, sont même supérieures à celles d'Italie, et, en outre, elles ont l'avantage de coûter moins cher. Les chanterelles seules laissent quelquefois à désirer, et nous allons en dire la raison.

Le mérite des chanterelles de Naples n'est pas dû, comme on l'a cru pendant longtemps, soit à des secrets de fabrication, soit à la petite taille des animaux qui fournissent la matière, soit à la nature des eaux dans lesquelles on fait tremper les boyaux, soit enfin à la sécheresse et à la chaleur élevée du climat. Elle provient uniquement, dit M. Boquillon, du goût presque exclusif des Napolitains pour la chair d'agneau, et pour la satisfaction desquels les bouchers sont obligés de tuer les moutons dans la première année. Les fabricants de cordes harmoniques doivent à cet usage de pouvoir s'approvisionner de boyaux

11.

ayant un faible diamètre, par conséquent propres à faire des chanterelles.

C'est à Pâques que les bouchers italiens commencent à tuer les agneaux et que les fabricants de cordes commencent aussi leur travail. Mais les animaux étant alors trop jeunes, il en résulte que leurs intestins sont mous et manquent de consistance. Ces derniers sont bons cependant pour faire de grosses cordes, mais les chanterelles qu'on en fabrique ne valent rien, malgré leur apparence qui est fort belle, parce qu'elles sont trop poreuses et ne pèsent pas assez. Les chanterelles parfaites se font aux mois de juin, juillet, août et septembre, partie de l'année où les boyaux ont acquis la grosseur et les qualités les plus convenables. La fabrication cesse après octobre, c'est-à-dire quand les boyaux sont devenus trop gros, et ne recommence que l'année suivante, lorsqu'une nouvelle génération d'agneaux est venue remplacer celle qui a disparu.

La cause de la supériorité des chanterelles napolitaines une fois connue, il semble que, pour en fabriquer partout de semblables, il eût suffi de choisir l'époque dans laquelle les boyaux sont dans les meilleures conditions. Un obstacle s'est opposé et s'oppose même encore, dans plusieurs pays, à la réalisation de ce progrès ; c'est l'usage où l'on y est de ne livrer à la consommation que des moutons parvenus à toute leur croissance. Dans d'autres pays, en France notamment, les droits d'octroi ont, pendant très longtemps, produit le même résultat. En effet, dans la plupart de nos villes, les moutons payant l'entrée par tête, les bouchers, qui se souciaient fort peu de la question des chanterelles, n'achetaient que des moutons réellement adultes, ce qui les mettait, par conséquent, dans l'impossibilité de fournir au commerce des boyaux parfaitement propres à la fabrication de ces cordes. Mais, depuis 1855, les choses ont changé, parce que des modifications introduites, à Paris et ailleurs, dans la perception de l'impôt sont venues permettre à ces industriels de tuer les moutons très jeunes. Nos fabricants de cordes harmoniques peuvent donc aujourd'hui faire des chanterelles aussi bonnes que celles de Naples, et ils y parviennent sans peine. Au reste, avant la réforme des droits d'octroi, ils réussissaient, quand ils le voulaient, à en fabriquer d'excellentes en se servant des intestins de moutons de petite taille qu'on trouve dans les montagnes de plusieurs de nos anciennes provinces, notamment en Auvergne, dans le Berri et dans le Forez.

Nous ne terminerons pas sans rappeler le fait si connu de la dégénérescence actuelle des chanterelles de Naples. C'est qu'autrefois, quand les Napolitains avaient le monopole des cordes harmoniques, ils ne faisaient que des secondes ou des troisièmes pendant les premiers mois qui suivent Pâques, époque à laquelle, ainsi que nous l'avons dit, leurs boyaux ne peuvent servir à faire de bonnes chanterelles, et ils réservaient les autres mois à la fabrication de celles-ci, qui, grâce à cette circonstance, se trouvaient toujours excellentes. Mais, depuis que les fabricants français sont arrivés à fournir les grosses cordes à meilleur marché et de meilleure qualité, ne pouvant lutter avec des concurrents si redoutables, ils se sont décidés à ne faire, pour l'exportation, que des chanterelles. La préparation de ces cordes a donc lieu aujourd'hui pendant tout le temps qui suit Pâques, d'où il résulte que lorsqu'on reçoit des chanterelles napolitaines, il y en a nécessairement dans le nombre de bonnes et de mauvaises, souvent même elles sont toutes mauvaises, parce que, si l'acheteur n'est pas bien connu du fabricant, celui-ci compose l'envoi de cordes faites au commencement de la fabrication.

DEUXIÈME SECTION

EMPLOIS INDUSTRIELS DES CORDES A BOYAU

Indépendamment des cordes harmoniques, la plupart des fabricants font aussi les *cordes des rémouleurs,* dites *des Lorrains,* les *cordes à raquettes,* les *cordes à fouets,* les *cordes pour les chapeliers* et les *cordes pour les horlogers.* A l'exception des premières, pour lequelles on emploie le plus souvent les intestins de cheval, toutes ces cordes se préparent avec les intestins de mouton.

§ 1.   CORDES DES RÉMOULEURS.

Ces cordes sont employées, non-seulement par les rémouleurs, mais encore par les polisseurs et les tourneurs. Comme nous venons de le dire, elles se préparent le plus généralement avec les intestins de cheval.

Les intestins sont fournis par les équarrisseurs (1). A leur arrivée à la fabrique, ils sont souvent en pleine putréfaction. On commence par les laver avec soin, afin de les débarrasser des matières fécales et des autres saletés qui les souillent toujours plus ou

(1) Voyez le *Manuel de l'Équarrisseur,* de l'*Encyclopédie-Roret,* qui fait partie du *Manuel du Charcutier.*

moins. Ensuite, on les attache par un bout à une agrafe fixée sur un poteau, à une hauteur convenable, et, soutenant de la main gauche la partie qui pend, on la ratisse, de la main droite, avec la lame d'un couteau, afin d'en détacher le tissu graisseux et une partie de la membrane péritonéale.

Une fois dégraissés, les intestins sont jetés dans une cuve à moitié pleine d'eau, et l'on procède à leur *invagination* ou *retournage*. A cet effet, une des extrémités de l'intestin à travailler est saisie par la main droite de l'ouvrier, qui, en même temps, y introduit le pouce à une profondeur d'environ 5 centimètres. Pressant alors ce pouce avec l'index et le médian de la même main, l'ouvrier, avec la main droite, fait recouvrir les deux doigts par le boyau, qu'il retourne, et les plonge aussitôt dans l'eau, en ayant soin de les écarter et de les tenir bien perpendiculairement. L'eau, qui entre dans l'intestin par suite de l'écartement des doigts, fait, par son poids, glisser la partie supérieure, et, au moyen d'un léger mouvement de la main et d'une nouvelle quantité d'eau qu'on introduit de temps en temps, l'intestin se trouve très promptement retourné.

Après le retournage, on met les intestins dans un tonneau contenant, pour quinze à vingt boyaux, environ 20 litres d'eau et 500 grammes d'eau de javelle à 13 ou 18°. On les laisse dans ce bain pendant dix à douze heures, après lesquelles on les ratisse.

Le *ratissage* a pour objet de séparer la membrane muqueuse. Il suffit, pour l'opérer, de saisir l'intestin par un bout avec la main gauche, en appuyant dessus avec l'ongle du pouce, puis de le tirer avec la main droite. L'action exercée par l'ongle achève de détruire l'adhérence de la membrane, qu'une simple agitation dans l'eau détache ensuite complètement.

Quand les boyaux sont ratissés et lavés, on les prend par un bout, et l'on y fait entrer une boule de bois qui termine un piquet fixé verticalement sur un établi, et à la base de laquelle sont implantées quatre lames tranchantes disposées en croix. Les choses étant dans cet état, il est évident qu'en tirant l'intestin en bas, il doit être nécessairement partagé par ces lames en quatre lanières ou bandes égales.

Ce sont ces lanières qui servent à faire les cordes. Suivant la grosseur qu'on veut donner à celles-ci, on en prend de quatre à huit, et on les attache, par un nœud particulier, à un bout de grosse ficelle préparée à cet effet, et nommée *lacet*. On passe le bout de cette ficelle dans une cheville introduite dans un trou pratiqué sur un poteau très solide, garni de chevilles. A une distance d'environ 10 mètres, est placé un poteau, semblable au précédent, également garni de chevilles, sur l'une desquelles on passe les lanières. On se rapproche du premier poteau, et l'ensemble des lanières est attaché à un nouveau lacet qu'on enfile à la cheville dont il a été fait mention. C'est ce premier travail qu'on nomme *ourdissage*. On coupe les lanières, et on les attache de la même manière que ci-dessus, si elles sont assez longues, ce qui arrive le plus souvent, attendu que les bouts sont recousus avec de la filandre, après les avoir préalablement coupés en biais et disposés de manière à ce que la couture ne les rende pas d'épaisseur inégale. Si elles sont assez longues, disons-nous, on fait une seconde longueur, jusqu'à ce qu'on ait employé tout le boyau.

Dès que ce travail est terminé, l'ouvrier place convenablement le rouet et passe dans le crochet de l'émerillon la ficelle qui tend la corde ourdie; il met un second lacet, si le rouet est suffisamment fort; il donne quelques tours à la roue, au moyen de la manivelle, et place sur une cheville la corde déjà tordue. Il opère de la même manière sur chacune des cordes ourdies. Ensuite, il passe la main, en pressant convenablement, sur la corde, à partir du rouet, et coupe avec son couteau les filandres qui ne font pas corps avec la corde. Celle-ci ne diminue pas en longueur par la dessiccation, attendu qu'elle est toujours ramenée à la même dimension par les chevilles. Après quelques heures, on remet les cordes au rouet pour les tordre une seconde fois. Environ quinze heures après, on les prend l'une après l'autre, on enfile le lacet à une cheville qu'on tourne dans la main, le rouet n'étant pas ordinairement assez solide. Quand ce tordage est terminé, on les frotte avec une corde en crin, mouillée, et dont on fait un paquet qui les entoure et qu'on tient entre les mains, c'est ce qu'on nomme *étricher*, comme nous l'avons dit plus haut. Trois heures après, on fait un troisième tordage, et l'on étriche fortement, après avoir remis les cordes à la cheville, placée de nouveau au poteau.

S'il arrivait que la corde étant séchée et tordue, ne fût pas bien unie, on la rendrait telle en la frottant avec de la peau de chien. Cette opération devient inutile, si l'on a passé la corde en crin un nombre de fois suffisant. Il est des fabricants qui passent ces cordes au soufrage; le plus grand nombre ne les soumet pas à cette opération ; ils se contentent de les faire sécher. Enfin, on coupe les cordes aux deux bouts, près du lacet, on les ploie en rond et on les livre au commerce.

§ 2. CORDES A RAQUETTES.

Ces cordes sont les plus communes de toutes celles qui se préparent avec les intestins de mouton. On les fait, soit avec ceux qui ont fermenté, soit avec ceux de la plus mauvaise qualité.

On prend les boyaux après qu'ils ont été vidés, lavés, dégraissés, ratissés, mis dans l'eau de potasse et passés au dé, quelquefois même après qu'ils ont été seulement vidés, lavés et dégraissés. On les coupe en biais, s'ils sont en plusieurs morceaux, et pendant qu'ils sont encore mouillés, on les coud avec de la filandre, en ayant soin de mettre un biais au-dessus et l'autre au-dessous, afin que les coutures ne rendent point la corde inégale. On ourdit ensuite comme nous l'avons dit en parlant des cordes des rémouleurs, après quoi, on prend deux, trois ou quatre boyaux, selon la grosseur de la corde qu'on

veut obtenir, et on les attache à un lacet. On continue de les attacher de la même manière en mettant
toujours un lacet, et, pour que l'intestin ne puisse
glisser, on lui fait faire deux tours sur la cheville
qui est vis-à-vis de chaque lacet.

Les attaches terminées, on met un des lacets au
crochet de l'émerillon du rouet, on en met même
deux ou trois autres et l'on donne quelques tours de
manivelle. Le tordage fait raccourcir la corde, mais
on la ramène à sa longueur primitive en tirant par le
lacet, qu'on enfile à la cheville supérieure. Lorsque
celle-ci est garnie, on promène la main sur la corde
à partir du rouet, afin, non-seulement d'en chasser
l'humidité, mais encore d'en rendre la torsion égale
d'un bout à l'autre. Enfin, on effectue un second tordage une ou deux heures après le premier, et l'on
procède à l'étrichage.

La corde étrichée, on la met en couleur. Pour cela,
on enlève une des chevilles qui enfilent les lacets, on
ploie la corde autour, puis, après l'avoir réunie à la
cheville opposée, on met le tout dans du sang de
bœuf. Au bout de quelques minutes d'immersion, on
retire la corde et on la tord de nouveau jusqu'à dessiccation complète. Très souvent, on opère la mise en
couleur avant l'ourdissage. Dans tous les cas, quand
la corde est teinte, on la polit en la frottant une seconde fois avec la corde de crin. Il ne reste plus alors
qu'à la ployer en rond et à la livrer au commerce.

Il y a des cordes à raquettes de plusieurs qualités.
Les plus belles sont faites avec plusieurs boyaux en-

tiers, les autres avec un seul boyau et deux ou trois filandres. Quant au travail, il ne diffère qu'en ce qu'il est plus soigné pour les premières.

§ 3. CORDES A FOUETS.

Elles se font avec les intestins de seconde qualité. Ces intestins ayant été vidés, lavés, ratissés, passés à l'eau de potasse, sont coupés en biais et cousus avec de la filandre, toujours de manière que les coutures ne puissent former des inégalités d'épaisseur. On ourdit ensuite la corde et l'on tord chaque bout séparément, car il est rare qu'on fabrique des cordes à fouets à deux brins, c'est-à-dire à deux boyaux. Après le tordage, on passe au soufre, tantôt deux fois, tantôt une fois seulement. Enfin, on étriche et on fait sécher. Après la dessiccation, les cordes sont coupées par les bouts, et ployées par grosses pour être livrées aux fabricants de fouets.

Les cordes à fouets sont quelquefois teintes de différentes couleurs. On les met en noir avec l'encre ordinaire, en rose avec l'encre rouge, que l'acide sulfureux fait virer au rose, etc. Ces teintes se donnent avant le soufrage.

§ 4. CORDES POUR CHAPELIERS.

Ces cordes sont également connues sous le nom d'*arçons*. Elles exigent beaucoup plus de soins que toutes les autres. Pour les fabriquer, on choisit les intestins les plus gros et les plus longs.

Après avoir nettoyé, ratissé, passé à la potasse les intestins, on les ourdit par 4, 6, 8, 10 ou 12, suivant la grosseur que l'on veut donner à la corde, laquelle a généralement de 5 à 8 mètres de longueur.

Pendant et après l'ourdissage, on tient le rafraîchi sous la corde, afin qu'elle ne se salisse point en touchant à terre. On sait qu'on appelle ainsi une caisse très longue et très étroite, qui est munie d'un rebord de quelques centimètres.

Les arçons ne doivent présenter ni nœuds, ni coutures. Aussi, en ourdissant, l'ouvrier commence par joindre avec un lacet tous les bouts qui doivent former la corde, et attache ce lacet à la première cheville. Si quelques boyaux ne se trouvent pas assez longs pour arriver à la seconde cheville, il passe un autre bout de boyau dans chacun de ceux qui sont trop courts. Enfin, il lie tous les bouts avec un lacet, qu'il place sur la cheville.

Quand l'ourdissage est achevé, on applique la corde au rouet et on la tord à plusieurs reprises en l'étrichant, chaque fois, avec soin. En outre, lorsqu'elle est demi-sèche, on la soufre deux fois. Enfin, on la polit avec la corde de crin, on la fait sécher tendue, on la coupe aux deux bouts et on la ploie par grosses.

§ 5.   CORDES POUR HORLOGERS.

Comme cette qualité de cordes diffère des précédentes par leur peu de grosseur, ou plutôt comme elles doivent être très minces, on fait choix de très petits intestins, et plus souvent des boyaux coupés longitudinalement en deux, au moyen d'un couteau en forme de lance ayant à sa pointe une petite boule en bois ou en plomb, à l'instar des boules de cire que les chirurgiens mettent au bout des bistouris dans certaines opérations. Les deux lanières que l'on obtient ainsi en fendant des boyaux avec les tranchants opposés de cette lance sont très égales; on les travaille avec soin à l'eau de potasse.

Les horlogers font également usage de cordes de différentes grosseurs, que l'on fabrique de la même manière que les cordes harmoniques, mais moins soigneusement.

§ 6. FLEURS ARTIFICIELLES EN BOYAUX.

Depuis quelques années, les fabricants de cordes à boyau ont fait de nombreux efforts pour étendre le domaine de leur industrie. L'innovation la plus remarquable qui ait eu lieu dans cette voie est probablement celle de M. H. Savaresse, qui est parvenu à rendre les boyaux de mouton propres à la confection des fleurs artificielles. Ce que nous allons en dire est extrait presque textuellement d'un rapport rédigé par M. le docteur Duchesne et lu par lui à la *Société d'Encouragement.*

Les boyaux destinés à la fabrication des fleurs artificielles réclament quelques préparations particulières qui sont absolument inutiles dans celle des cordes harmoniques.

Les boyaux étant bien nettoyés dans les lessives alcalines, on les met dans le soufroir pendant cinq à six jours, puis, au moment de les employer, on les trempe, pendant cinq à six minutes, dans une solution d'acide citrique ou d'acide tartrique, qui leur donne une couleur blanche d'un beau brillant. Si l'on veut qu'ils soient d'un blanc mat, on les met en contact, pendant le même temps, avec une légère dissolution d'alun.

Les boyaux ainsi préparés peuvent être teints de différentes manières :

En jaune, avec l'acide picrique, la gomme-gutte, la gaude, la graine d'Avignon ;

En vert, avec l'indigo et l'acide picrique ;

En bleu, avec l'indigo ;

En rouge, avec le carmin ;

En rose, avec le carmin et une légère dissolution de crème de tartre.

Après avoir appliqué la teinture, on procède à l'opération du *soufflage*.

A cet effet, dans une étuve chauffée à 60° et bien éclairée, on dispose, sur des bâtons placés de distance en distance dans les murs, un boyau qui peut avoir une longueur de 25 à 35 mètres.

Le gros bout de ce boyau est placé sur le tube en fer d'un fort soufflet, qui traverse la cloison de l'étuve et dont le corps se trouve dans une autre pièce, afin que l'ouvrier puisse le faire fonctionner lentement, sans être exposé, pendant de longues heures, à une chaleur insupportable.

Un tube recourbé communique d'un bout dans l'étuve et de l'autre au corps du soufflet, de manière à n'envoyer que de l'air chaud dans le boyau et à obtenir une dessiccation plus rapide.

Enfin, un châssis vitré et dormant, qui est fixé dans la cloison, au-dessus du soufflet, permet à l'ouvrier de voir comment s'opère l'insufflation.

En général, il suffit de dix à douze minutes pour dessécher et distendre un boyau humide, et l'amener au degré de ténuité nécessaire. On peut alors le découper de mille manières pour faire des feuilles, des fleurs et surtout des fruits, dont la délicatesse, la légèreté et la solidité ne laissent rien à désirer.

TROISIÈME SECTION

CORDES MÉTALLIQUES

AVANT-PROPOS.

Outre les cordes à boyau, qui sont généralement employées pour le Violon, l'Alto, le Violoncelle et la Contre-basse, dont nous avons décrit la fabrication dans la première partie de cet ouvrage, ainsi que pour la Guitare et la Harpe, dont nous parlerons plus loin, la lutherie emploie aussi les cordes métalliques, conjointement avec les cordes à boyau, pour la Mandoline, la Vielle et la Cithare; elles servent quelquefois pour le Violon et exclusivement pour le Piano.

Nous n'avons pas à nous occuper ici de ce dernier instrument, dont la construction a été décrite dans le *Manuel de l'Accordeur et du Réparateur de Pianos* (1); mais, comme nous nous proposons de terminer notre ouvrage par la description des instruments de musique que nous venons de mentionner, il nous a paru indispensable de donner ici quelques notions sur les cordes métalliques.

Nous commencerons par donner un aperçu succinct sur leur fabrication, puis nous entrerons dans quelques détails sur leur emploi dans la construction des instruments de musique à cordes.

(1) *Manuel de l'Accordeur et du Réparateur de Pianos*, par M. G. HUBERSON. 1 vol. in-18 avec figures et planches. 2 fr. 50.

Aperçu historique.

Les Anciens ont connu la fabrication des fils métalliques, témoin l'emploi qu'en fit, dit-on, Vulcain pour retenir captif le dieu Mars, qui s'était introduit furtivement auprès de la trop légère Vénus. La Bible en fait mention à propos du vêtement sacerdotal du grand-prêtre Aaron, qui fut tissé avec des fils d'or. Mais, dans ces temps reculés, les métaux étaient découpés en lanières par un procédé très élémentaire, puis travaillés au marteau, de manière à former des cordons ou des fils plus ou moins minces. Il en était ainsi du temps déjà plus proche de nous où vivait Charlemagne, d'après Muratori (1). Beckmann, auteur allemand qui s'est occupé de jeter un peu de clarté sur les commencements de cette industrie, dit que, vers 1350, les ouvriers de Nuremberg travaillaient encore les métaux au marteau et qu'on les nommait *forgeurs en fils.*

Le fil de fer a longtemps porté, en France, la dénomination de *fil d'archal.* Ce dernier mot provient sans doute du mot latin *aurichalcum,* qui signifie *cuivre jaune* ou *laiton* ; c'est par extension que cette étymologie a été étendue au fil de fer.

L'industrie qui nous occupe resta longtemps stationnaire. Ce ne fut que vers 1350 qu'on pensa à faire passer les métaux dans une filière et à les étirer mécaniquement. On peut citer parmi les initia-

____

(1) *Muratori,* De fila aurea facere de petalis auri et argenti.

teurs de cette nouvelle industrie l'Allemand Christophe Schultz, d'Annaberg (Saxe). Il semble donc établi, par les recherches qui ont été faites à ce sujet, que les premiers essais de tréfilerie mécanique ont eu lieu en Allemagne et particulièrement en Saxe.

De là, cette industrie s'étendit en Angleterre, où elle prit une grande extension. Les fils d'acier de provenance anglaise, pour les instruments de musique et principalement pour les pianos, ont paru sur le marché français après ceux de provenance allemande. Plusieurs marques anglaises, celles de Hougton, de Webster et de W. Smith et fils en particulier, ont été assez longtemps demandées en France, tout en étant considérées, et avec raison, comme inférieures aux cordes allemandes, et spécialement à celles de Poehlmann, de Nuremberg.

L'emploi en France des cordes étrangères, tant de fabrication allemande que de fabrication anglaise, tend à diminuer considérablement, sinon à disparaître complètement, depuis que cette industrie délicate à tous égards a été entreprise par une très importante aciérie française, la Société des Aciéries et Forges de Firminy (Loire), si réputée, en dehors de ses constructions mécaniques et de son matériel de guerre, par la fabrication des cordes harmoniques qui nous occupent.

C'est en 1883 que parurent pour la première fois dans le commerce les cordes françaises de Firminy. Depuis lors, la fabrication de ces produits n'a fait que s'accroître pour devenir supérieurs aux cordes anglaises et au moins égaux à ceux de Poehlmann, de Nuremberg. Aujourd'hui, les cordes de Firminy sont presque exclusivement adoptées par les facteurs français qui, mûs par un sentiment de louable patriotisme, ont tenu à honneur de s'approvisionner à leur usine nationale, et qui s'en montrent pleinement satisfaits.

Deux autres usines françaises, principalement celle de Lyon, fabriquent encore les cordes harmoniques en acier ; mais opérant sur une petite échelle, elles n'ont pas obtenu jusqu'ici de succès sérieux et une notoriété qui puisse rivaliser avec celle de Firminy. Cependant, pour rester impartial, nous avons tenu à les mentionner ici (1).

Le 30 Mai 1883, deux expériences faites précédemment chez MM. Pleyel et Wolff, à Paris, furent répétées à la Chambre syndicale, sous la présidence de M. Ch. Souffleto. Dans ces séances, on procéda à des essais comparatifs de rupture et de torsion sur des cordes harmoniques en acier, fabriquées chez MM. Hougton et Webster (Angleterre), chez M. Poehlmann (Allemagne) et à la Société des Aciéries de Firminy (France).

Les résultats obtenus, tout à l'avantage des cordes françaises de Firminy, sont consignés dans le tableau ci-après.

(1) Le seul dépositaire à Paris des Cordes de Firminy est M. Léon Pinet, Cours de Vincennes, 66.

On trouve les cordes anglaises et les cordes de Lyon chez M. E. Muller, rue de Bondy. 66, à Paris.

MOYENNES DES EXPÉRIENCES

Faites à la Chambre syndicale, sous la présidence de M. Ch. Souffleto, sur deux couronnes de fils d'acier, prises au hasard, des provenances suivantes :

NUMÉROS de la Jauge de Pianos.	HOUGTON (Angleterre).		POEHLMANN (Allemagne).		FIRMINY (France).	
	Diamètres en centièmes de $^m/_m$.	Charges de rupture en kilog.	Diamètres en centièmes de $^m/_m$.	Charges de rupture en kilog.	Diamètres en centièmes de $^m/_m$.	Charges de rupture en kilog.
12	75	98	75	99	75	116
12 1/2	77	98	77	103	77	118
13	80	109	80	124	79	106
13 1/2	82	115	82	126	81	119
14	85	123	85	129	82	137
14 1/2	87	131	87	134	84	131
15	89	126	89	137	87	141
15 1/2	92	139	»	»	89	150
16	94	148	93	156	91	151
16 1/2	97	153	96	158	93	153
17	98	157	99	177	95	158
17 1/2	»	»	1.01	186	97	150
18	1.02	162	1.03	183	98	161
18 1/2	1.03	173	1.06	187	1.01	162
19	1.05	175	1.09	196	1.04	195
19 1/2	1.07	172	1.12	190	1.06	180
20	1.10	182	1.16	227	1.10	190
20 1/2	1.12	183	1.19	203	1.13	192
21	1.15	191	1.23	235	1.17	237

Les fils fins en acier, tréfilés par divers procédés, que nous décrirons sommairement dans l'article suivant, et destinés aux instruments de musique, sont classés par numéros d'ordre et livrés au commerce dans cet état.

Les cordes anglaises ont une numération spéciale sous laquelle on les trouve dans le commerce, en écheveaux et avec une étiquette numérotée.

Les cordes allemandes de Nuremberg se trouvent dans le commerce dévidées sur bobines également numérotées.

Les cordes françaises, de la Société de Firminy, sont livrées au commerce en couronnes étiquetées, du poids de 500 grammes.

Le diamètre du n° 0 est de 23 centièmes de millimètre ; on l'emploie pour la chanterelle (*mi*) du violon et de la mandoline. Celui du n° 1 est de 28 centièmes, celui du n° 2 de 30 centièmes et celui du n° 3 de 32 centièmes ; les n°ˢ 1 et 2 donnent tous deux le *mi* et le n° 3 le *la* ; on les emploie principalement pour la mandoline. Le diamètre du n° 4 est de 35 centièmes et donne le *sol* ; on l'emploie pour la cithare.

Depuis quelque temps, l'usage de la corde d'acier s'est étendu au violon ; quelques violonistes s'en servent aujourd'hui pour les deux premières cordes de leur instrument (*mi* et *la*).

Il nous semble prématuré de nous prononcer sur la portée de cette innovation, adoptée par quelques luthiers et rejetée par d'autres.

12.

Ce qu'il y a de certain, c'est que la sonorité de la corde métallique est plus grande que celle de la corde à boyau, et qu'on obtient par son emploi un accord plus stable, parce qu'elle ne s'allonge pas ou seulement d'une manière insignifiante et qu'elle ne casse que très rarement. Mais, d'un autre côté, les sons qu'elle donne manquent du moelleux qu'on obtient avec la corde à boyau. En outre, elle a le défaut de couper les chevilles, le sillet, le chevalet et le cordier, et de mettre très promptement hors d'usage les crins de l'archet.

Les qualités que doivent avoir les cordes métalliques sont les mêmes qu'on recherche pour les cordes à boyau, c'est-à-dire un son plein, vibrant et se fixant de suite. Elles doivent pouvoir supporter une tension relative à leur grosseur, car sans cela on ne pourrait accorder les instruments; elles ne doivent pas s'allonger, afin de garder l'accord.

Fabrication des fils d'acier (1).

La fabrication du fil de fer ou d'acier constitue l'industrie de la *tréfilerie*, qu'il serait trop long de décrire et qui serait tout à fait étrangère à cet ouvrage. Nous n'en donnerons ici qu'un très rapide aperçu :

---

(1) Nous devons cet article à l'obligeance de M. Albert Bonnand, Ingénieur des Arts et Manufactures, ancien Chef de Service et représentant actuel à Paris de la Société des Aciéries et Forges de Firminy, qui a bien voulu nous le communiquer dans l'intérêt de nos lecteurs. Nous tenons à l'en remercier ici personnellement et en leur nom. (*Note de l'Éditeur*).

Le fer ou l'acier sont livrés à la tréfilerie sous forme de baguettes cylindriques de 5 à 6 millimètres de diamètre, enroulées en couronnes d'environ 600 millimètres de diamètre, pesant chacune de 15 à 30 kilogrammes, suivant leur destination.

Ces couronnes portent le nom de *machine* et sont produites à chaud par des *trains de machine*. Un train de laminoirs, dit *de machine*, se compose généralement d'une cage de cylindres dégrossisseurs ou *ébaucheurs trio*, de 800 millimètres de longueur de table et de 240 millimètres de diamètre au contact. Cette cage, séparée des autres qui, dans leur ensemble, constituent le train de machine proprement dit, reçoit les *billettes* de fer ou d'acier de section carrée de 50 millimètres de côté et d'environ 1 m. 10 c. de longueur. Ces billettes sortent d'un four à réchauffer avant d'être engagées dans les cylindres dégrossisseurs.

Sans autre réchauffage, la billette dégrossie est lancée dans le train de machine qui se compose de 5 à 7 cages, avec des cylindres portant alternativement des cannelures carrées ou ovales; les petits cylindres finisseurs de la dernière cage ne portent que des cannelures rondes. La longueur des cylindres du train est de 70 et de 35 centimètres environ avec 24 centimètres de diamètre à la ligne. Les cylindres dégrossisseurs tournent à 190 tours environ par minute; les cylindres du train de machine proprement dit tournent à 500 tours par minute. Un moteur de 500 chevaux actionne ce train.

La *machine* ainsi produite est soigneusement décapée, c'est-à-dire débarrassée des pailles d'oxyde de fer qui se sont formées à sa surface, au cours du laminage. De là, elle est introduite à la tréfilerie, où elle passe dans une série de filières en subissant à de certains intervalles, variables suivant les qualités traitées, des recuits spéciaux qui empêchent le bris du fil par écrouissage.

Le travail de tréfilage se fait à froid. Les couronnes de machine, ou de fils de divers numéros à tréfiler, sont placées sur des dévidoirs qui tournent dans des baquets contenant des matières de composition graisseuse ; elles sont donc constamment lubréfiées pendant toute la durée du tréfilage.

Une extrémité du fil de la couronne est amincie en pointe et introduite dans une filière ou bloc d'acier très dur; la pointe engagée dans la filière est saisie par une sorte de griffe qui fait corps avec une *bobine métallique* de forme tronc-conique, montée sur un axe animé mécaniquement d'un mouvement de rotation. On conçoit donc aisément que tout le fil, ainsi entraîné par la bobine, soit forcé de passer par la filière et d'y subir une première réduction. De la première filière, il passe dans une série d'autres filières jusqu'à ce qu'il ait atteint le diamètre voulu.

Les blocs ou parallélipipèdes d'acier dur constituant une filière sont percés de trous évasés en tronc-de-cône, de dimensions spéciales, dont le plus grand diamètre, celui à donner au fil, se trouve du côté de la bobine qui entraîne le fil.

Le trou de la filière est constamment entretenu au diamètre demandé par des battages à froid au marteau, qui resserrent l'ouverture quand elle tend à s'élargir par le passage du fil. Un poinçon en acier dur, du diamètre que l'on veut obtenir, donne à l'ouvrier la mesure exacte de l'*ouverture* de sa filière.

Ce que nous venons de dire très succinctement, sur la marche que suit la billette de fer ou d'acier pour arriver à l'état de fil, s'applique d'une façon générale à toute fabrication de cette espèce ; mais il est évident que pour chaque qualité ou nature de fil à produire, et elles sont fort nombreuses, il y a dans les détails des opérations, des variantes et même fréquemment certains procédés particuliers aux divers fabricants.

L'industrie des cordes harmoniques en acier est certainement, en tréfilerie, celle qui présente les plus grandes difficultés, et qui, plus que toute autre, donne lieu à des *tours de main* ou à des particularités, qui constituent, pour chaque usine productrice, de véritables secrets de fabrication.

Depuis le choix de la matière jusqu'à la mise en paquets des *bottillons*, la longue série d'opérations pratiquées dans cette industrie doit être suivie avec des soins méticuleux, sans lesquels la régularité parfaite dans la qualité et le bon aspect général des cordes fait complètement défaut. Il est cependant essentiel de réaliser ces conditions de régularité absolue pour pouvoir alimenter couramment les facteurs d'instruments à cordes et principalement de pianos.

Numérotage des fils.

Pour mesurer la grosseur des fils ou cordes, on se
sert de calibres ou jauges, que nous représentons ici,
fig. 40 à 43. Quand on veut reconnaître les numéros
des cordes métalliques, on les présente entre les
deux branches graduées de la fig. 40 ou on les fait
passer dans les trous des figures 41, 42 et 43; elles
doivent y tenir exactement sans balloter.

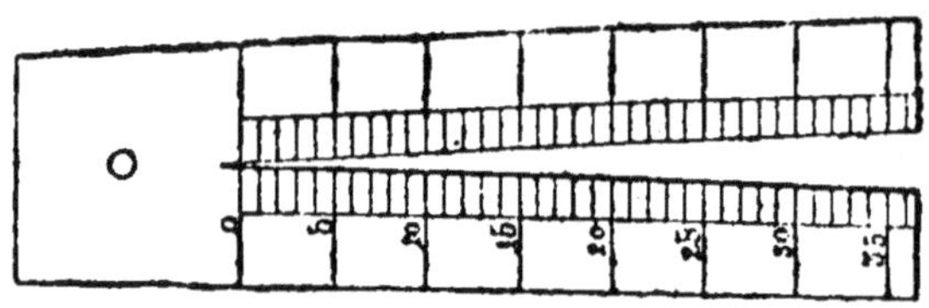

Fig. 40. — Jauge de Franche-Comté.

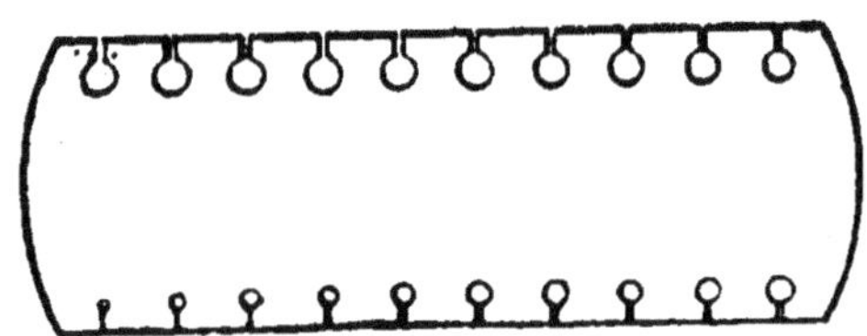

Fig. 41. — Jauge de Paris (1857).

Pendant très longtemps, chaque tréfilerie, tant en
France qu'à l'étranger, avait pour les fils de sa production un numérotage spécial et une jauge particulière. On comprend les difficultés que devait rencontrer l'acheteur pour s'approvisionner et se réassortir,
au milieu de ces nombreux classements.

En 1857, on remédia à cet inconvénient en adoptant en France, pour les fils de fer, la *jauge* dite *de Paris*. Aujourd'hui, en France, tous les fils de fer ou d'acier sont classés d'après cette jauge ; il n'y a donc plus d'erreur possible dans la production et dans la demande.

A côté de cette jauge, il en existe une autre, dite *jauge de Franche-Comté*, qui régit chez nous les fils fins, en fer ou en acier, destinés à d'autres usages qu'aux instruments de musique et plus particulièrement aux pianos, qui sont connus sous la dénomination de *fils carcasse*.

Lorsque la Société des Aciéries et Forges de Firminy commença, en France, la fabrication des cordes harmoniques en acier, dont la classification a toujours été différente de celle des autres fils, elle se trouva en présence de numérotages anglais et allemands ayant tous des valeurs différentes et présentant, pour le même numéro, des variations assez considérables. Elle commença donc par donner aux numéros de ses fils des valeurs intermédiaires à celles des fils étrangers, et lui semblant logiques, ses nouveaux numéros représentant exactement des centièmes de millimètre, ce qui était déjà une notable amélioration en ce qu'ils se rapportaient au système décimal, adopté presque partout aujourd'hui, sauf en Angleterre et dans ses colonies. Il n'y avait cependant encore rien de sûrement défini dans ces calibrages.

Enfin, en 1886, M. Lyon, l'habile ingénieur-directeur de la maison Pleyel et Wolff, ancien élève de

l'École polytechnique, conduit par l'expérience qu'il
possédait plus que personne et frappé des graves inconvénients résultant de la multiplicité, de l'incohé-
rence et des variations des jauges pour les cordes de
pianos, chercha et trouva une formule très ingénieuse permettant d'attribuer à chaque numéro, en
centièmes de millimètre, une valeur fixe et immua-
ble, par conséquent facile à retrouver.

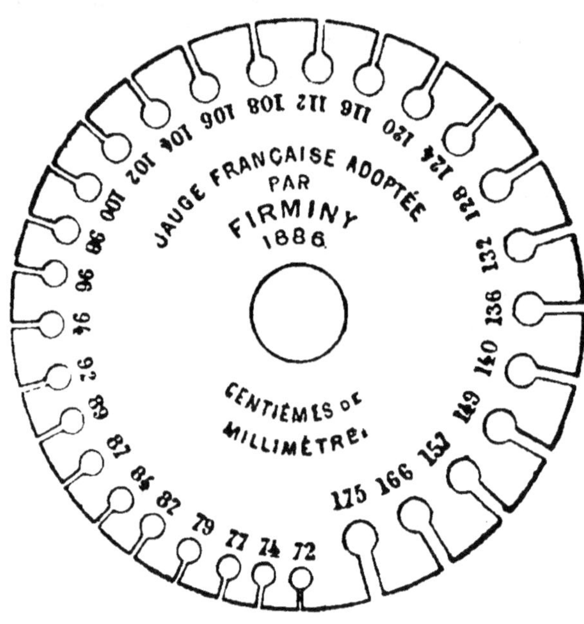

Fig. 42.

La Société de Firminy s'empressa d'adopter cette
formule, qui lui fut gracieusement communiquée par
M. Lyon, et elle fit établir une jauge basée sur ces
données (fig. 42 et 43), qui, à cause de sa commodité

est presque exclusivement adoptée aujourd'hui par
les facteurs de pianos. Elle se trouve chez son dépositaire, M. Pinet.

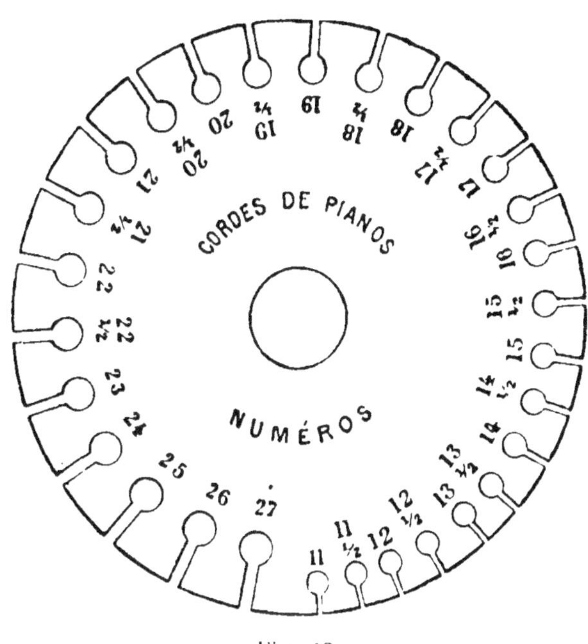

Fig. 43.

La formule de M. Lyon est d'une extrême simpli-
cité. Étant donné un numéro ou un demi-numéro
quelconque de la jauge, elle permet d'en déduire
immédiatement et d'une façon invariable, le diamètre
en centièmes de millimètre.

Pour un numéro ou demi-numéro, *supérieur au*
n° 19 (de Firminy), la valeur en millièmes de millimètre, d'un numéro ou demi-numéro N, sera égale à
$(N - 19 + 57) \times N$. C'est-à-dire qu'après avoir retran-
ché du numéro le nombre 19, on ajoute à la diffé-

rence obtenue le nombre 57 et l'on multiplie le résultat par le numéro lui-même.

Ainsi, pour le n° 23 1/2 ou 23.5, par exemple :

$$23.5 - 19 = 4.5 ; 4.5 + 57 = 61.5 ;$$
$$61.5 \times 23.5 = 1445 \text{ millièmes de millimètre}$$

ou, en ne tenant compte que des centièmes de millimètre, 144 ou 1 mill. 44 cent. de millimètre.

Pour tout numéro ou demi-numéro, *inférieur au n° 19*, la valeur en millièmes de millimètre, d'un numéro ou demi-numéro N', sera égale à $(19 - N' + 57) \times N$. C'est-à-dire qu'on retranche, au contraire, le numéro en question du nombre 19, on ajoute à la différence le nombre 57, et l'on multiplie le résultat par le numéro lui-même.

Ainsi, pour le n° 16 1/2 ou 16,5, par exemple :

$$19 - 16.5 = 2.5 ; 2.5 + 57 = 59.5 ;$$
$$59.5 \times 16.5 = 982 \text{ millièmes de millimètre}$$

ou 0 mill. 98 centièmes de millimètre.

Le tableau suivant donne la correspondance en centièmes de millimètre des cordes de Firminy, valeur *invariable* et *retrouvable*, avec les cordes anglaises de Hougton et de Smith et fils et avec les cordes allemandes de Pœhlmann, dont la valeur est *variable* et *non retrouvable*.

Pour compléter notre travail sur les cordes harmoniques en acier, nous donnons ensuite le tableau de correspondance entre les numéros nouveaux et anciens des cordes allemandes, rapportés au centième de millimètre, mesure actuelle des cordes françaises.

Cordes filées.

Indépendamment des cordes étirées, il en existe une autre catégorie nommées, improprement du reste, *cordes filées*. Celles-ci sont recouvertes d'un *trait* ou mince fil de cuivre ou de laiton enroulé autour d'elles, et dont le poids ainsi que le volume venant s'ajouter à ceux de la corde elle-même, diminuent pour une longueur déterminée, le nombre de ses vibrations.

On sait que les cordes qui produisent le son le plus élevé sont celles qui donnent le plus grand nombre de vibrations ; l'inverse a lieu pour celles qui rendent les sons graves. Partant de ce principe, on est parvenu à modifier leur sonorité en les chargeant de fils métalliques ; pour cela, on emploie des fils de cuivre ou de laiton plus ou moins gros, qui sont classés par numéros d'ordre, et on les enroule autour de la corde d'acier.

Les cordes filées se composent donc de deux parties en contact étroit : la corde elle-même, fil d'acier qu'on nomme l'*âme*, et le *trait*, fil de cuivre qui l'entoure. A chaque extrémité, on laisse libre une portion d'*âme* destinée à former la *bouclette* pour la pointe d'attache, et l'*enroulement* pour la cheville. Autrefois, le trait était continu sur toute l'étendue de la corde, et celle-ci se rompait à l'enroulement ou glissait difficilement dans les attaches. C'est à cet inconvénient qu'on a cherché à remédier en leur donnant cette nouvelle disposition.

On opère le recouvrement de l'âme par le trait, avec une extrême rapidité, au moyen d'un appareil mécanique très simple, que nous n'avons pas à décrire dans cet ouvrage.

On se servait autrefois de fils en fer pour l'âme des cordes filées, mais on ne les emploie plus guère aujourd'hui dans cette fabrication ; on peut même dire qu'elles n'y sont plus employées.

QUATRIÈME PARTIE

GUITARE, LUTH, THÉORBE, MANDOLINE, MANDOLE, CITHARE, ETC.

CHAPITRE PREMIER

GUITARE

I. — Historique (1).

Il y aurait, dans les différentes phases de l'évolution qu'ont subie les instruments à cordes pincées avant d'arriver à leur complet perfectionnement, matière à remplir un volume : mais, dans le cadre restreint de cet ouvrage, nous devons nous contenter d'indiquer les grandes lignes de cette évolution et négliger forcément quantité de détails intéressants.

Nous parlerons en premier lieu de la *guitare :* les instruments qui ont donné naissance à la *mandoline* étant classés parmi ses dérivés, cet ordre s'impose.

(1) Nous reproduisons ici, avec l'assentiment des auteurs, MM. Alfred et Jules Cottin, les artistes si connus et si appréciés dans le monde artistique comme chanteurs et comme instrumentistes, une étude sur les instruments *à cordes pincées* qu'ils ont publiée vers la fin de 1892 dans le *Piano-Soleil.* Nos lecteurs seront heureux de la retrouver dans ce volume. Nous profitons de cette occasion pour remercier publiquement ces deux artistes du bienveillant concours qu'ils ont apporté à notre publication.　　　(*Note de l'Éditeur.*)

Le point de départ initial, l'embryon de ce qui est aujourd'hui la guitare, fut la *lyre*, dont l'apparition, sans qu'on puisse lui assigner de date précise, remonte à la plus haute antiquité. Rudimentaire à l'origine, alors que la langue musicale était encore informulée, une *écaille de tortue* recouverte d'une peau sèche tendue en formait la caisse résonnante, aux côtés de laquelle étaient adaptés deux montants reliés entre eux à leur extrémité par une pièce de bois appelée *joug*. Entre le joug et la caisse étaient fixées les cordes, qui furent primitivement au nombre de 3, et que l'on faisait vibrer en les pinçant avec la main droite. Petit à petit, ces ressources étant trop restreintes, on augmenta ce nombre et l'on eut le tétracorde (4 cordes), le pentacorde (5 cordes), etc., jusqu'à l'octocorde (8 cordes).

A Sparte, ces instruments étaient très usités et Terpandre et Simonide acquirent à les jouer une grande renommée. Plus tard, Timothée porta le nombre des cordes jusqu'à 12, et enfin, en Egypte, on eut des lyres de 18 cordes.

Quant à l'accord de ces instruments, nous n'en avons aucune idée ; l'histoire ne nous a rien appris à ce sujet. Procédaient-ils par intervalles plus ou moins grands ou par degrés égaux et rapprochés comme les tons de la musique moderne ? Il est probable que ce dernier mode fut adopté, mais seulement lorsque les cordes furent assez nombreuses pour ne pas trop restreindre, en agissant ainsi, l'étendue embrassée primitivement.

Mais, en même temps que le nombre des cordes augmentait, grandissait aussi la difficulté de les tenir d'accord et surtout de les fabriquer, car elles avaient toutes la même longueur. Pour remédier à cela, on inclina d'abord le joug du côté des cordes les plus aiguës afin de les raccourcir un peu. Puis, on adopta franchement un autre modèle d'instrument, et à la lyre succéda la *harpe,* dont le corps sonore était de forme arquée. Entre ses deux extrémités était tendue la corde la plus basse, puis les autres venaient ensuite parallèlement en se rapetissant progressivement tandis que montait leur diapason. Nous parlerons plus loin de cet instrument, à qui nous réservons un chapitre spécial.

Tandis qu'en Égypte et après des tâtonnements successifs, on arrivait à donner à la lyre une forme plus pratique, les Arabes eurent l'idée de diminuer le nombre des cordes et de faire plusieurs notes sur chacune d'elles. Ils construisirent donc, les premiers, un instrument à manche dérivant de la lyre, qu'ils appelèrent *alud,* d'où l'on fit plus tard *luth.*

Ils donnèrent à cet instrument d'abord trois, puis quatre cordes, diapasonnées sans règles bien précises. Bientôt on le joua dans tout le nord de l'Afrique.

Pendant que se répandait ainsi le luth, la lyre, qui avait été son point de départ, tombait complètement en désuétude. Aujourd'hui, l'on n'en trouve plus aucun spécimen, et son nom même n'est plus guère employé couramment que par les poètes, se souvenant sans doute que les anciens en attribuèrent l'invention à Apollon et à Orphée.

13.

Parmi les luths fabriqués à cette époque, chaque ouvrier cherchant à innover, il se glissa rapidement de nombreuses dissemblances affectant, surtout, la forme du corps de l'instrument ; et, c'est à ce moment-là que remonte, à proprement parler, l'origine effective de la *guitare*.

Dans le luth, la table d'harmonie, ou paroi supérieure (complètement plate) de la caisse résonnante se raccordait directement à la paroi inférieure, qui, par sa forme très bombée, donnait une épaisseur suffisante à l'instrument. Dans la guitare, au contraire, la paroi inférieure ne fut plus que légèrement convexe, tandis qu'une bordure assez large, perpendiculaire à la table d'harmonie, la reliait à cette dernière.

Aux premiers siècles de notre ère, lors de l'invasion sarrasine, le luth et la guitare passèrent en Europe et furent bientôt, la guitare surtout, populaires en Espagne. Puis ils gagnèrent le midi de la France et le nord de l'Italie.

Lorsque les principes de la musique furent établis, au xiᵉ siècle, par le moine Guy d'Arezzo, on adopta pour les cordes de la guitare les notes de l'accord parfait de *ré* majeur, *ré, fa ♯, la, ré*. Elle se perpétua ainsi à travers le moyen âge jusqu'au xviᵉ siècle. Elle avait à cette époque une forme oblongue, à peine déprimée des deux côtés vers le milieu, et presque également large aux deux extrémités. Comme de nos jours, le manche était divisé par des cases représentant chacune un demi ton, mais qui dépassaient ra-

.rement le nombre de neuf et qui ne donnaient, par
conséquent, à l'instrument, qu'une étendue d'une
octave et cinq notes.

Il y a seulement deux siècles et demi qu'une cinquième corde, le *la*, fut ajoutée à la guitare et on en modifia l'accord de la façon suivante :

la, ré, sol, si, mi,

au lieu de : *ré, fa ♯, la, ré.*

A ce moment, elle était en grande faveur à la cour de Louis XIV qui ne dédaignait pas d'y chercher lui-même un délassement. Robert de Visée, son maître, lui dédia plusieurs compositions.

Au commencement de ce siècle-ci fut ajoutée la 6e corde, *mi*, et l'on substitua le dos plat au dos bombé. La guitare est demeurée accordée de la même façon depuis ce moment jusqu'à nos jours, c'est-à-dire trois quartes à partir du *mi grave* (une tierce au-dessus de la corde *do* du violoncelle) soit : *mi, la, ré, sol;* puis une tierce du *sol* au *si* et enfin une quarte du *si* au *mi.*

Par cet accord très ingénieux, ainsi que l'expérience le démontre, la guitare fut dès lors un instrument complet, apte à produire toutes les modulations et à exécuter le contrepoint.

Un grand nombre de virtuoses l'ont illustrée et ont écrit pour elle beaucoup de morceaux et d'études. Ce furent Carulli, Moretti, Carcassi, Aguado, Sor, Huerta, Coste, sans parler de Paganini, le fameux violoniste, qui, durant trois ans, s'adonna entièrement à l'étude de cet instrument et y devint d'une virtuosité très grande, ni du compositeur Hector Berlioz qui le professa longtemps. Il est du reste facile, pour quiconque est un peu exercé, de reconnaître que la plupart des compositions du maître furent écrites par lui à l'aide de son instrument favori. Plus tard, Paganini lui fit don de sa guitare qui est maintenant au musée du Conservatoire de Paris.

Cet instrument ayant eu comme adeptes fervents de tels artistes, on voit qu'il n'est pas nécessaire de chercher à le justifier de la légende, assez communément répandue sur lui, qu'il ne comporte pas de quoi intéresser sérieusement un musicien.

La cause principale de l'abandon de la guitare fut le perfectionnement du piano-forte. Le clavecin avait porté le premier coup; mais avec ses cordes pincées par des becs de plume et son timbre nasillard, il n'avait pu faire renoncer à un instrument si fort à la mode. Mais le piano, avec les grandes ressources de mécanisme et de puissance qu'il possédait et que d'intelligents facteurs développaient de jour en jour, vit bientôt se diriger vers son étude toutes les ambitions musicales d'alors, auxquelles il ouvrait un nouvel essor, et petit à petit la guitare fut définitivement reléguée dans l'oubli, vers 1830 ou 1840. Depuis, les virtuoses que nous nommions plus haut et leurs quelques élèves essayèrent en vain de la faire revivre : l'engouement du public était ailleurs.

Pourtant, telle fut la rapidité de cet abandon, que le revirement que nous constatons aujourd'hui en fa-

veur de la guitare devait forcément se produire. En
effet, non seulement elle dispose, en tant qu'instrument solo, d'effets curieux qu'il est intéressant de
faire revivre, mais encore son timbre se marie si bien
avec celui de la voix, qu'elle est et sera toujours
l'instrument tout désigné pour accompagner les au-
bades, les barcarolles, les romances et les sérénades,
aux accents desquelles elle prête une couleur délicate,
tendre et poétique, un charme tout particulier.

Les meilleurs fabricants furent, au commencement
du siècle, Lacote et la Prévote. Ces deux marques
sont très recherchées aujourd'hui par les amateurs.
Actuellement, en France, un certain nombre de luthiers font aussi des guitares avec plus ou moins de
succès; en Espagne, on en confectionne énormément.

Notons en passant que quelques guitares datant du
premier Empire et disséminées dans plusieurs collec-
tions ont l'aspect d'une lyre; mais, à part la confor-
mation différente de la caisse résonnante, ces instruments n'offrent rien de particulier au point de vue
de l'étendue et de la façon de les jouer. L'impératrice
en possédait une que nous avons eu le plaisir d'examiner, et qui est enrichie d'abeilles en or.

En dernier lieu, il est bon de dire que pour plus
de facilité dans la lecture, on écrit la musique de
guitare en clef de *sol* et *une octave au-dessus* des notes
réellement produites.

II. — **Fabrication** (1).

§ 1.   DU MOULE ET DE SES ACCESSOIRES.

La guitare, au premier aspect, semble différer de beaucoup du violon quant à la forme. Si cependant on la considère avec attention, on s'aperçoit bientôt qu'elle n'a d'autre forme que celle d'un violon dont on aurait coupé les coins.

La construction de la guitare offre moins de difficultés que celle du violon.

Le fond et la table de cet instrument n'ont chacun qu'une épaisseur uniforme; ses éclisses ne sont composées que de deux morceaux; sa table, au lieu d'être voûtée comme celle du violon, est plate; son fond est quelquefois plat et quelquefois voûté; dans ce dernier cas, c'est par le moyen des barres que l'on courbe le fond de la guitare, qui, au lieu d'être creusé comme celui du violon, dans l'épaisseur du bois, est plié comme nous l'expliquerons plus loin.

Le plane, le sapin et l'ébène sont, comme pour le violon, les principaux bois que l'on emploie à la confection de la guitare. Cependant pour donner plus de prix et de beauté à cet instrument, on emploie assez souvent l'acajou, le palissandre et le citronnier ou

(1) Cet article est de M. Maugin. Il figurait dans l'ancienne édition de cet ouvrage après les chapitres relatifs à la fabrication du violon et de ses congénères; il a été conservé ici à cause de son exactitude.

plane d'Amérique. L'ivoire entre aussi dans les guitares soignées ; on en fait des bords et des filets.

Le fond et la table de la guitare se dressent à la varlope ; les éclisses et les contre-éclisses se plient, comme celles du violon, au moyen de l'eau et du fer à plier. Ces différentes parties se montent, comme celles du violon, au moyen d'un moule qui diffère peu de celui de ce dernier instrument.

Tout d'abord, on remarquera combien le travail de la guitare est plus facile que celui du violon.

Pour établir le moule de la guitare, il n'est pas nécessaire, comme pour le violon, de détabler un de ces instruments ; car, en traçant sur un morceau de bois préparé, le contour de tout le fond d'une guitare, le moule se trouve tracé et l'on n'a plus qu'à le découper.

On commence donc par dresser à la varlope un morceau de bois dur, en lui donnant deux pouces (55 millimètres) d'épaisseur sur toute sa surface. Il faut nécessairement que ce morceau ait en longueur et en largeur quelque chose de plus que le fond de la guitare que l'on veut copier.

On pose alors le fond de la guitare qui sert de modèle, sur le morceau que l'on vient de dresser, l'on trace avec la pointe un trait qui donne tout le contour du fond.

Il est inutile de faire observer ici qu'on doit se servir pour ce travail d'une guitare qui sorte de la main d'un bon ouvrier, car cet instrument, s'il était défectueux, ne manquerait pas de reproduire ses défauts à ceux que l'on confectionnerait en le copiant.

Le moule étant tracé de la manière que nous venons d'indiquer, il faut, au moyen d'un compas, prendre son juste milieu dans sa partie la plus large, celle du bas, et dans sa partie la plus large aussi du haut, pour tirer une ligne droite qui partage le moule en deux parties égales dans toute sa longueur (fig. 44).

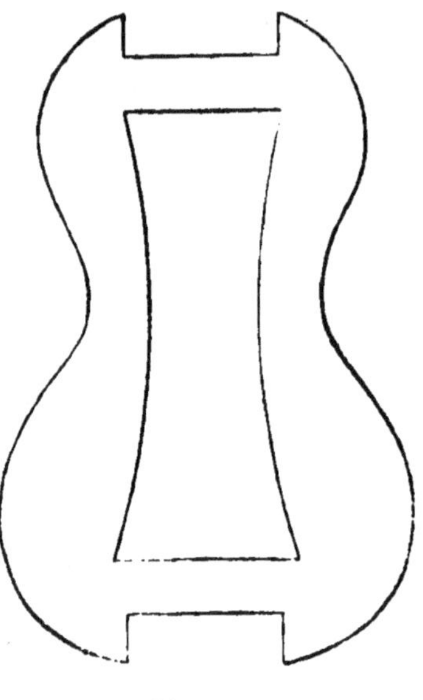

Fig. 44.

On trace les deux entailles du haut et du bas en leur donnant à chacune huit lignes (2 centimètres faibles) de profondeur sur deux pouces et demi (7 centimètres) de largeur. Ces deux entailles sont destinées à recevoir les deux tasseaux de la guitare.

On prend alors la scie à chantourner et l'on rogne tout le bois inutile, c'est-à-dire celui qui se trouve en dehors du tracé.

De même que pour le moule du violon, il faut avoir soin que tout le contour du moule de la guitare soit parfaitement d'équerre avec ses deux surfaces. Cette condition est de rigueur.

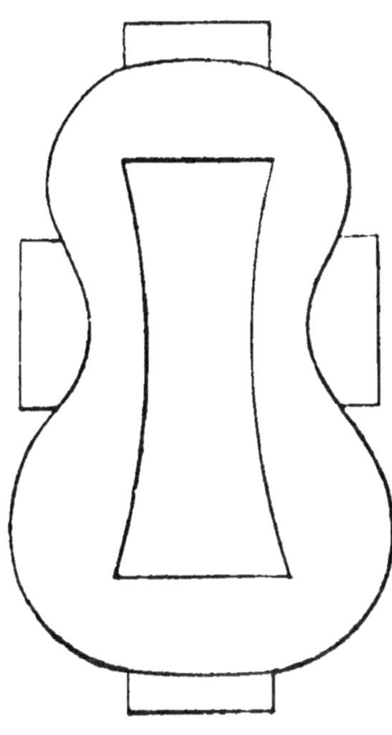

Fig. 45.

Ce travail terminé, on trace dans l'intérieur du moule une espèce de carré, en laissant sur chacun de ses côtés une épaisseur de dix-huit lignes (42 millimètres). On perce un trou dans ce carré et l'on introduit dans ce trou la lame de la scie à chantourner, afin d'enlever tout le bois compris dans ce carré. Le moule se trouve ainsi terminé.

On s'occupe ensuite de façonner les quatre contre-parties du moule. Ces contre-parties, comme celles

du violon, servent à monter les éclisses sur le moule
et à leur faire prendre la forme et la place qu'elles
doivent avoir quand la guitare sera finie.

Les contre-parties auront la même hauteur que les
éclisses, et dix-huit lignes d'épaisseur (42 millimètres)
dans leur centre. Quant à leur longueur, elle dépend
de la volonté de l'ouvrier. Nous ferons cependant remarquer que trois pouces et demi (97 millimètres)
sont suffisants (fig. 45).

Nous reviendrons en temps et lieu sur l'emploi
des contre-parties.

§ 2.   DES ÉCLISSES.

Nous allons parler, dans ce chapitre, de la manière
de confectionner les éclisses, de les plier et de les
fixer aux tasseaux au moyen du moule et de ses
contre-parties.

On refend à la scie et à l'épaisseur d'une ligne et
demie (3 millimètres forts), un morceau de planc de
trois pouces deux lignes (9 centimètres) de large et
de la longueur nécessaire pour former la moitié juste
du pourtour du moule, puisque la guitare n'a que
deux éclisses. On a soin que les ondes du bois se
trouvent à la surface de l'éclisse.

Cette feuille de bois refendue, on la place sur l'établi, et au moyen d'une happe, on l'assujettit par le
bout qui se trouve à l'arrière de l'établi.

On peut également fixer cette feuille sur l'établi au
moyen du valet. Pour cela on pose sur le bout de la

feuille, du côté de l'arrière de l'établi, un petit morceau de bois plat d'un pouce (28 millimètres) environ d'épaisseur, et, posant le plat du valet sur le morceau de bois, on le serre sur le bout de la feuille par un coup de maillet.

De même que pour les éclisses de violon, on dresse, avec les précautions déjà décrites, les feuilles destinées à fournir les éclisses de la guitare, et enfin on les plie encore de même que celles du violon.

Quand on se servira, en place de plane, soit d'acajou, soit de citronnier et surtout de palissandre, il faudra prendre les plus grandes précautions pour plier les éclisses, car ces bois, fort durs de leur nature, éclatent facilement.

Quand on achète le plane tout débité pour la guitare, on n'a pas besoin de refendre les éclisses, puisqu'elles forment partie de ce qu'on appelle la fourniture de la guitare, laquelle fourniture se compose du fond, de la table, des éclisses, etc.

Pour fixer les tasseaux au moule, on procède de même que pour le violon.

On prend donc un morceau de sapin assez long pour fournir les deux tasseaux et on le dresse à la varlope de manière qu'il puisse remplir les deux entailles du haut et du bas du moule. On coupe le tasseau du bas de l'instrument à trois pouces (85 millimètres) de hauteur, et celui du haut à deux pouces neuf lignes (77 millimètres) de hauteur. Comme pour le violon, on les fixe au moule par une goutte de colle, en ayant soin de les placer d'un côté du moule à fleur de sa surface, en les laissant déborder de leur longueur qui excède l'épaisseur du moule de l'autre côté.

Ceci terminé, on plie les éclisses en suivant les procédés que nous avons indiqués pour celles du violon. Une fois pliées, on les colle d'abord en les faisant joindre par leurs bouts qu'on a coupés d'équerre, sur le tasseau du bas que l'on a couvert de colle, puis, prenant une happe et la contre-partie du bas du moule, on serre les éclisses sur le tasseau.

On colle ensuite légèrement un morceau de papier dans les deux C du moule et l'on met une goutte de colle sur ces morceaux de papier qui auront deux pouces carrés (56 millimètres) ; on serre au moyen des deux contre-parties des C et de deux happes, les éclisses contre le moule, en ayant soin que ces éclisses, prenant bien exactement la forme du moule, ne laissent point de jour entre elles et lui.

Enfin, on réunit les deux bouts des éclisses qui doivent se joindre sur le tasseau du haut que l'on a encollé, on les fixe encore au moyen d'une happe et de la dernière contre-partie sur le tasseau du haut.

Dans tout le cours de ces opérations, toute l'attention de l'ouvrier doit avoir pour but que les éclisses prennent exactement le contour du moule, et que du côté du moule où les tasseaux sont à fleur, les éclisses se trouvent placées de manière à suivre exactement la ligne de la surface du moule sans la déborder ; car, s'il n'en était ainsi, la guitare se gauchirait en la retirant du moule, et il serait fort difficile ensuite de la tabler convenablement.

Lorsque la colle est sèche, c'est alors qu'il faut ôter les happes et les contre-parties du moule, et s'occuper de contre-éclisser la guitare du côté qui déborde le moule.

On voit déjà que la construction des éclisses n'étant formée que de deux pièces, les contre-éclisses doivent de même être formées également de deux morceaux. La seule différence qu'il y ait entre elles et celle du violon, consiste en ce qu'elles sont d'une dimension beaucoup plus forte ; elles ont deux lignes (5 millimètres) d'épaisseur sur sept lignes (16 millimètres) de largeur ; il faut donc avoir des pincettes un peu plus fortes que celles qui servent au violon, pour les coller sur les éclisses.

Quand cet ouvrage est fini, le tasseau du bas a trois pouces (85 millimètres) de hauteur, et celui du haut deux pouces neuf lignes (77 millimètres). On dresse avec le grand rabot de fer les éclisses de manière qu'à partir du point de jonction des deux éclisses au tasseau du bas, elles aient, jusqu'au milieu de chaque C de la guitare, trois pouces (85 millimètres) de hauteur ; à partir du milieu des C jusqu'au tasseau du haut elles vont en diminuant d'une manière insensible, et finissent par n'avoir plus, comme le tasseau du haut, que deux pouces neuf lignes (77 millimètres) de hauteur, c'est-à-dire que cette hauteur, comparée à celle du tasseau du bas, diminue de trois lignes (7 millimètres).

Quand l'ouvrage est arrivé à ce point, il ne reste plus qu'à façonner le fond.

§ 3. DU FOND.

Les diverses opérations qui vont nous occuper dans cet article seront la construction du fond, la manière de le barrer et de le mettre d'épaisseur pour le coller ensuite aux éclisses.

Le fond de la guitare ayant dans toute sa longueur, une seule et même épaisseur, il est bien plus facile de le confectionner que celui du violon. On fixe le fond sur l'établi, comme nous l'avons déjà expliqué à propos des éclisses, avec un valet et même deux s'il est nécessaire. Dans cette position, on le dresse avec la varlope, en prenant la précaution de ne donner à cet outil que très peu de fer, pour éviter de faire éclater le bois. L'épaisseur du fond devant être d'une ligne (2 millimètres), on le rabote jusqu'à ce qu'il ait un peu plus que cette épaisseur ; car il ne faut pas oublier qu'après la varlope il faudra enlever les inégalités que cet outil aura pu laisser, et le râcler, opération qui peut lui enlever encore environ un tiers de son épaisseur déjà réduite.

On pose alors le fond ainsi préparé sur les éclisses que l'on vient de quitter et qui sont encore fixées au moule, on trace, avec la pointe, le contour des éclisses sur le fond, et l'on rogne le fond d'après ce tracé, en ayant soin de laisser tout autour du trait, 2 millimètres de bois de plus que ne l'indique le trait. Il faut agir ainsi pour que le fond, se pliant un peu plus tard par l'action des barres, on ne risque pas de le

rendre trop étroit, et pour qu'il puisse s'ajuster sur les
éclisses quand on le collera.

Le fond ainsi découpé, il faut s'occuper de confectionner les quatre barres qui doivent être collées sur
sa surface intérieure.

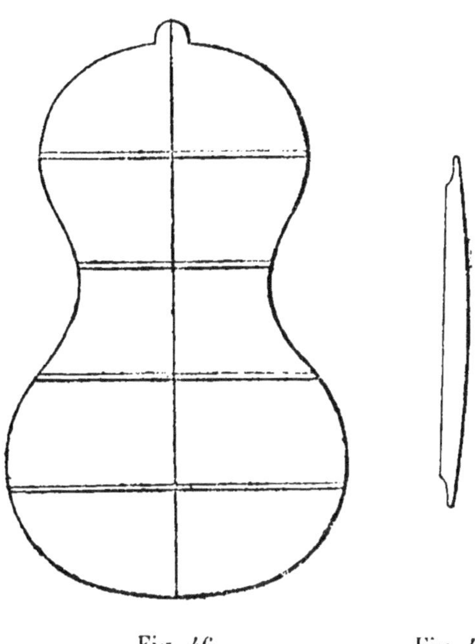

Fig. 46.   Fig. 47.

Ces barres (fig. 46 et 47) sont des morceaux de sapin
qu'on dresse à la varlope sur leurs côtés plats. Voici la
dimension des quatre barres du fond : épaisseur, trois
lignes et demie (8 millimètres) ; hauteur, sept lignes
(16 millimètres).

Si l'on désire que le fond de la guitare soit plat,
on dresse le côté de ces barres, qui sera collé sur le
fond, absolument plat. Si, au contraire, on veut que

le fond soit légèrement voûté, on donne aux barres
deux lignes (de 4 à 5 millimètres) d'élévation au centre
de chacune d'elles, aussi du côté qui sera fixé au fond.
(Voir la fig. 47.)

Il faut observer ici que les fonds voûtés donnent
plus de vibration à l'instrument, et conséquemment
plus de son que les fonds plats.

L'emplacement des barres sur le fond est indiqué
par la figure 46, c'est-à-dire que placées en travers
du fond, elles le partagent en cinq parties égales.

Aux deux bouts de chaque barre, on donne un
coup de canif qui, commençant à un pouce (28 millimètres) de l'extrémité de ces pièces, diminue la hauteur de sept à trois lignes (de 16 à 7 millimètres).

Les barres du fond ainsi disposées et ayant pour
longueur la largeur du fond, dans l'endroit où chacune d'elles doit être placée, on trace leur emplacement avec une règle et un crayon, et, après les avoir
successivement enduites de colle, on les fixe sur le
fond, en serrant ce dernier sur elles, et par les bouts
avec les pinces à barres dont nous avons parlé pour
le violon.

On commence le collage des barres par celle du
haut du fond et ainsi de suite.

On ne doit pas oublier que la barre la plus longue
du fond, celle du bas, ne doit avoir qu'une ligne
(2 millimètres) de voûte.

Quand cet ouvrage est terminé et sec, il faut réunir
ce fond aux éclisses qui déjà sont préparées pour le
recevoir. On se rappellera que nous avons laissé le

fond un peu plus large que le tracé que nous avons décrit; ainsi ces barres seront aussi plus longues que l'éloignement pris en travers d'une éclisse à l'autre.

On pose donc le moule monté des éclisses sur l'établi, le côté déjà contre-éclissé en l'air, on place le fond ayant les barres en dessous sur les tasseaux et les éclisses, en cherchant à l'asseoir de manière qu'il déborde uniformément toutes les éclisses. On prend alors la pointe à tracer; on marque d'abord sur les éclisses, et de chaque côté de chaque barre, l'endroit où ces barres viennent s'appuyer sur les éclisses. Ensuite, on passe la pointe en dessous des barres et le long des éclisses, et l'on tire, en travers du bout de chaque barre, un petit trait qui servira pour la rogner à la longueur qu'elle devra avoir. Les traits marqués sur les éclisses serviront à indiquer les endroits des contre-éclisses où les bouts des barres devront venir s'enclaver. On enlève le fond de dessus les éclisses, et avec le canif, on commence à couper les barres à la longueur nécessaire.

Ce n'est pas sur le trait que l'on a tracé au bout des travers de chaque barre qu'il faut couper, mais à une demi-ligne (1 millimètre) plus loin que ce trait. On comprendra pourquoi on recule ainsi le point de section quand l'on saura que la barre ne repose pas sur les éclisses, mais bien sur les contre-éclisses. On coupe donc ainsi à angle droit le bout des barres, sans toucher au fond, bien entendu.

Il faut faire ensuite aux contre-éclisses les entailles nécessaires à recevoir le bout des barres.

Luthier. 14

Cette opération n'est pas difficile, puisque l'on a tracé l'épaisseur du bout de chaque barre par deux petits traits. On appuie donc l'éclisse sur l'établi, en tenant le moule de champ, on fait avec le canif des entailles de la largeur donnée par les deux traits, et l'on donne trois lignes (7 millimètres) de profondeur à l'entaille; les barres ayant à leurs bouts respectifs trois lignes (7 millimètres) aussi de hauteur, le fond et les barres ne peuvent manquer de se joindre parfaitement aux éclisses.

On enduit de colle les tasseaux et les éclisses et l'on serre le fond sur ces mêmes éclisses, avec les vis à guitare, comme nous l'avons indiqué précédemment pour la construction du violon.

§ 4.   DE LA TABLE.

Il s'agit pour mettre en état une table de guitare, de la barrer, de lui donner l'épaisseur convenable et enfin de la coller avec le corps de l'instrument. Nous allons nous occuper dans ce chapitre de ces diverses opérations.

Quand la table de la guitare est faite d'une seule pièce, elle se façonne de la même manière que le fond. Quand au contraire elle est de deux pièces, on commence par dresser et par joindre les deux morceaux qui doivent la composer. Dans ces deux cas, son épaisseur, ainsi que celle du fond, est uniforme sur toutes ses parties. Cette épaisseur est d'une ligne (2 millimètres).

La table a cinq barres. L'épaisseur de ces barres est la même que celle des barres du fond. Leur longueur doit aussi, comme au fond, venir se reposer contre les éclisses. Quant à leur hauteur, elle varie ainsi que leur placement.

La première, celle la plus rapprochée du tasseau du manche, est droite et se place à seize lignes (37 millimètres) du haut de la table ; elle a sept lignes (16 millimètres) de hauteur.

La seconde se place à huit lignes (19 millimètres) au-dessus de la rosette. Au lieu d'être voûtée, elle est creuse d'une ligne (2 millimètres). Sa hauteur est de sept lignes (16 millimètres).

La troisième se place à huit lignes (19 millimètres) au-dessous de la rosette, elle est creuse aussi d'une ligne (2 millimètres). Sa hauteur est de sept lignes (16 millimètres).

La quatrième se place triangulairement, le bout du côté des cordes argentées, à deux pouces (55 millimètres) de la troisième barre, et l'autre bout à cinq pouces (14 centimètres faibles) aussi de la troisième barre, du côté du petit *mi*. Elle est un peu plus forte et un peu plus haute que les autres.

Enfin la cinquième se place transversalement à neuf lignes (21 millimètres) derrière le chevalet ; on ne lui donne ordinairement que deux lignes (4 à 5 millimètres) d'épaisseur et trois lignes (7 millimètres) de hauteur.

Ainsi, quand on a dressé la table de manière à lui donner l'épaisseur indiquée au commencement de ce chapitre, on s'occupe de tracer la forme qu'elle doit avoir en opérant comme pour le fond, c'est-à-dire qu'on la place sur l'établi, et, posant le corps déjà monté de la guitare, du côté où le moule affleure les éclisses, on trace avec la pointe le contour des éclisses sur la table.

Il n'est pas nécessaire, comme pour le fond, en découpant la table, de laisser un peu de bois en dehors du trait, et en voici la raison : la table est plate ; de plus, quand on aura retiré le moule du corps de la guitare, et contre-éclissé les éclisses, ces dernières pièces pourront ne pas conserver précisément la position qu'elles avaient lorsqu'elles étaient maintenues par le moule.

C'est donc en faisant rentrer ou ressortir les éclisses, selon qu'il en sera besoin, qu'on les remettra à leur emplacement primitif, et l'on ne peut parvenir à ce but qu'en ayant les contours de la table exactement tracés pour guide.

Il faut donc s'occuper, après avoir démonté le moule, de contre-éclisser le côté de la guitare qui ne l'est pas encore. On colle d'abord les barres à la place respective de chacune d'elles, après leur avoir donné les dimensions indiquées précédemment, et l'on opère tout comme pour le fond, quant à ce qui concerne l'ajustage de la table sur le corps de l'instrument.

Les barres doivent être arrondies du côté opposé à celui par lequel elles sont fixées par la colle au fond et à la table de la guitare, et polies ensuite au papier de verre.

§ 5. DES BORDS ET DES FILETS DE LA GUITARE.
DE LA ROSETTE.

Des bords et des filets.

Les guitares sont bordées avec des filets de bois ordinaires teints, ou avec des morceaux d'ébène et d'ivoire, qui servent à les décorer. Ils ne servent réellement qu'à orner l'instrument, qui, privé de ces enjolivements, n'en serait que plus solide. Ces bords, n'importe de quelle matière ils soient, ont une ligne et demie (3 millimètres) sur chacune de leurs faces, ils sont carrés. Ceux en bois et en ébène se plient comme les éclisses, au moyen du feu et de l'eau. Ceux en ivoire obtiennent assez d'élasticité pour se plier convenablement et suivre les contours de la guitare, en les laissant tremper dans de fort vinaigre pendant vingt-quatre heures.

Le luthier peut facilement confectionner ceux en bois et en ébène, et nous ne croyons pas qu'il soit nécessaire d'expliquer ici la main-d'œuvre qu'on emploie pour les tirer d'un morceau ; mais il n'en est pas de même de ceux en ivoire qu'on trouve à bien meilleur prix qu'en les fabriquant soi-même, chez les tabletiers, qui ont des outils propres à exécuter ce genre de travail (1).

(1) On pourra consulter, pour plus de détails sur le travail de l'ivoire, le *Manuel du Marqueteur, Tabletier* et *Ivoirier*, 1 vol. in-18 avec figures, 3 fr. 50 c. (Collection des Manuels-Roret).

14.

Les filets sont absolument semblables à ceux employés pour le violon ; ceux de bois ou d'ébène s'obtiennent aussi de la même manière. Les filets en ivoire s'achètent également chez les tabletiers ou chez les ivoiriers.

Les filets étant tous fort minces, n'ont pas besoin d'être pliés à l'avance.

Revenons maintenant au corps de la guitare, en nous rappelant que nous l'avons laissé au moment où la table venait d'y être collée. La première opération que l'on doit faire est de rogner ce que le fond et la table peuvent avoir de saillie sur les éclisses ; ce travail s'exécute au moyen du canif et de la lime, en ayant bien soin de ne pas attaquer les éclisses avec ces outils.

Les bords du fond et de la table étant donc mis à fleur des éclisses, on prend le traçoir, et en lui donnant trois millimètres environ d'ouverture, on trace sur la table et sur le fond, en appuyant la grande jambe du traçoir contre l'éclisse, un trait qui devra suivre tout le pourtour de l'instrument.

On laisse la même ouverture au traçoir, dont on appuie la grande jambe sur la table d'abord, et ensuite sur le fond, puis on trace sur les éclisses un trait semblable à celui déjà tracé sur la table et sur le fond. On prend alors un canif, et l'on enfonce perpendiculairement ces traits, de manière à enlever carrément le bois qui se trouve compris entre le trait du fond et celui des éclisses, et entre le trait de la table et celui des éclisses.

. Cette opération terminée sur tous les contours de
la guitare, on a l'emplacement des bords creusés ; il
faut les coller en les serrant dans cette entaille, de
manière qu'ils joignent exactement avec la table et
les éclisses, et avec le fond et les éclisses.

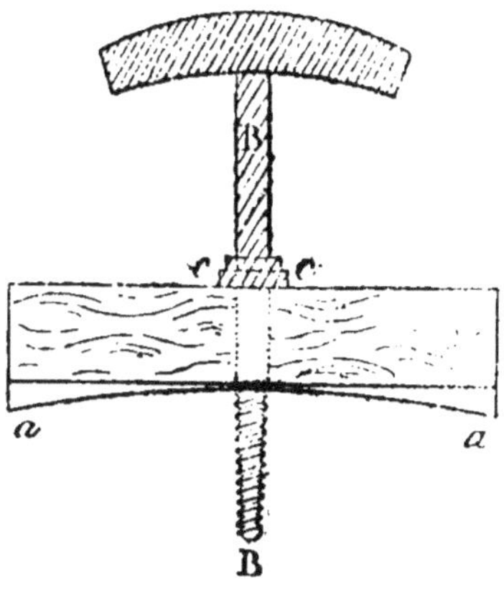

Fig. 48.

Voilà comment on s'y prend pour obtenir ce résultat : on se fabrique un outil que nous appellerons
presse à bords (1).

Cette presse à bords (figure 48), est composée d'un
morceau de bois de hêtre, long de 9 centimètres et
épais de 25 millimètres environ. Un de ses côtés *a a*
décrit une courbe de 5 millimètres de profondeur ; sa
largeur est de 4 centimètres. Ce morceau de bois est
partagé dans son milieu par une espèce de vrille B B,
terminée en vis ; un collet en fer *c c* s'appuie sur le
morceau pour résister à la vis.

(1) Cet outil n'est pas d'un usage courant en lutherie ; on ne le
trouve pas dans le commerce. C'est pourquoi l'auteur indique qu'il
doit être fabriqué par les luthiers qui veulent s'en servir.

Avant donc de coller les bords de la guitare, il faut couper, bien d'équerre, les deux bouts qui doivent venir se joindre au milieu du tasseau de la garniture qui porte le bouton du bas.

On perce un trou dans le milieu du tasseau du bas, à l'endroit juste où doit se poser le bouton, et l'on fait ce trou de manière que la vis de l'outil que l'on vient de décrire ne puisse y entrer qu'en forçant un peu. On fait alors entrer la vis dans le trou et, en serrant, on rapproche le morceau de bois des éclisses, de manière que le côté creux dudit morceau se trouve prêt à appuyer par ses deux bouts sur l'angle de la table et du fond de la guitare ; on présente alors, après avoir enduit de colle l'entaille de la table, les deux bouts des bords que l'on fait bien joindre bout à bout ; enfin, on serre la vis de la presse de manière à pincer et à retenir dans l'entaille les bords que l'on enfonce avec le bout d'une lime plate, s'ils ne joignent pas bien sur l'éclisse.

Les deux bouts des bords ainsi fixés, on ramène les bords vers les C de la guitare, où on les fixe au moyen d'une tresse en gros fil ou d'une ficelle un peu grosse ; on continue alors à faire joindre les bords jusqu'au tasseau du haut et, avec une presse semblable à celle déjà décrite, on fixe les bouts sur le tasseau.

Il est bon d'observer qu'il n'est pas nécessaire que les deux bouts des bords joignent sur le tasseau du haut comme sur celui du bas, attendu que le manche devant plus tard s'enclaver dans le tasseau, on sera obligé de couper un peu de bois sur ces bords pour lui faire de la place.

Les bords de la table ainsi collés et secs, on fait la même opération pour ceux du fond, en observant de les faire joindre parfaitement par leurs bouts sur le tasseau du haut comme sur celui du bas.

Lorsque les bords sont collés sur la table et sur le fond, il faut avec une lime les mettre à fleur des éclisses qu'ils pourraient un peu déborder.

Maintenant il s'agit de mettre les filets, soit à la table, soit au fond.

On prend ensemble trois ou quatre filets et, les serrant les uns sur les autres sur leur plat, on mesure l'épaisseur qu'ils peuvent avoir ainsi réunis; on peut juxtaposer trois ou quatre filets, plus ou moins; cela dépend du goût de l'ouvrier, ainsi que du mélange des filets noirs et des filets blancs.

Quand on a pris l'épaisseur des filets réunis que l'on veut employer, on donne au traçoir l'ouverture juste correspondante à cette épaisseur, et l'on opère comme pour le violon, à deux exceptions près.

La première, c'est que l'on n'a besoin que du trait intérieur, puisque les bords déjà collés forme-ront le trait extérieur de la rainure qui recevra les filets.

La seconde, c'est qu'il ne faut pas coller ensemble les filets que l'on emploiera; ils se placeront facile-ment et comme d'eux-mêmes, la guitare ayant des contours plus réguliers et moins raccourcis que le violon.

De la rosette.

La rosette est ce trou rond qui se trouve dans le
centre de la table, et qui remplace pour la guitare
les *ff* du violon.

L'instrument qui sert à établir ce trou se nomme
coupe-rosette (figure 49).

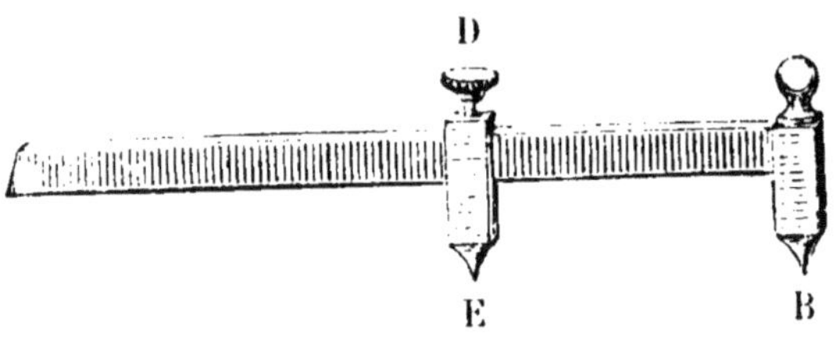

Fig. 49.

Cet outil est tout en fer ; l'équerre ou règle, est
d'un seul morceau plat, il a 9 millimètres de large
sur 4 à 5 millimètres d'épaisseur ; sa longueur est de
17 centimètres ; la pointe B se fixe sur le point que
l'on a choisi comme centre de la rosette.

Une poupée à coulisse peut glisser à volonté sur
la règle, et se fixer par le moyen de la vis D ; la pointe
E sert à tracer le cercle que doit décrire la rosette ;
cette pointe doit être de bon acier et très affilée, pour
marquer bien nettement sur le sapin.

Quand donc on veut établir la rosette, il faut commencer par prendre le point central de son diamètre ;
ce point est à cinq pouces trois lignes (146 millimètres) du bord du haut de la guitare. On ouvre le
coupe-rosette de la moitié du diamètre que l'on veut

donner au trou et l'on fixe la pointe mobile au moyen de la vis ; on pose alors la pointe B dans le centre, puis on trace le rond avec la pointe E. Ce cercle que l'on vient de tracer sera la circonférence extérieure de la rainure qui devra recevoir les filets qui orneront la rosette.

On recule alors la pointe E du coupe-rosette vers la pointe B, de la largeur que l'on veut donner aux filets, et l'on trace de même que ci-dessus la circonférence intérieure de la rosette.

La largeur de la rosette est de trente lignes (7 centimètres) intérieurement, et de trois pouces (83 millimètres) à sa circonférence extérieure. Au reste, cela dépend du plus ou moins grand nombre de filets que l'on veut y employer.

La rainure de la rosette étant tracée, on opère comme pour le violon, en prenant un canif pour enfoncer un peu les traits du coupe-rosette, opération qu'il ne faut faire qu'avec beaucoup de circonspection, car le canif pourrait facilement percer la table d'outre en outre. Après avoir enfoncé à moitié bois les traits du coupe-rosette, on évide la rainure avec un petit ciseau, et l'on ajuste le premier filet sur le bord extérieur de la rosette, en ayant soin de le couper plutôt trop long que trop court, au point où il doit rejoindre le bout que l'on a placé le premier dans la rainure, afin de le forcer à bien prendre le contour de la rosette. Ce filet étant placé, on en met un second, un troisième, etc., en prenant les mêmes précautions; enfin, arrivé au dernier, on le met un

peu plus épais que les autres, et on laisse sécher le
tout.

Alors on affleure tous les filets à la table avec les
limes et les râcloirs. On prend ensuite un canif, on
découpe petit à petit le bois de la table qui se trouve
encore au milieu de la rosette, et le corps de la guitare est terminé.

Les sillets se collent un à un et l'on n'enlève
le bois au centre que lorsque le dernier sillet est
collé.

§ 6.   DU MANCHE ET DE SON CHEVILLIER.

Le manche de la guitare est bien plus facile à établir que celui du violon. Il se tire ordinairement du
tilleul; outre que ce bois offre suffisamment de solidité, il a encore l'avantage d'être très léger, et par
conséquent de fatiguer moins la main de la personne
qui joue de cet instrument, dont la tenue par elle-
même est déjà assez gênante.

On dresse à la varlope un morceau de tilleul
carré; on donne à deux de ses faces deux pouces et
demi (70 millimètres) de largeur, et aux deux autres
trois pouces (83 millimètres). La longueur du morceau est de quatorze pouces (39 centimètres).

On prend une règle et un crayon, on partage en
deux parties égales, et dans toute sa longueur, une
des faces étroites. Ce côté ainsi partagé est celui destiné à former le plat du manche qui doit recevoir les
tons.

Avec la pointe d'une équerre, on trace à quinze
lignes (35 millimètres) de ses bouts et en travers la
ligne *a a* (fig. 50). On mesure à partir de cette ligne
vers l'autre bout du morceau onze pou-
ces six lignes (32 centimètres), on tire
encore en travers, et au moyen de l'é-
querre, la ligne *c c*, et à trois lignes
(7 millimètres) plus loin la ligne *f f*.

On prend un compas, auquel on donne
onze lignes (25 millimètres) d'ouverture ; on place une de ses pointes sur
le centre de la ligne *a a*, et l'autre tour
à tour sur la même ligne, aux deux
points *b* ; on tire alors les deux lignes *b b*.

On ramène ensuite l'ouverture du
compas à neuf lignes (21 millimètres),
et par la même opération, on marque
les deux points *d d*, pour tirer ensuite
ces deux lignes jusqu'au point *c*.

Voilà la superficie du manche tracée.

On retourne alors le manche, et l'on
trace sur une de ses faces larges, comme
dans la figure 51, en observant les proportions suivantes :

Du point *b* au point N, 8 lignes (19 millimètres). Du point *d* au point *c*, 2 lignes
(5 millimètres). Du point *a* au point *b*,

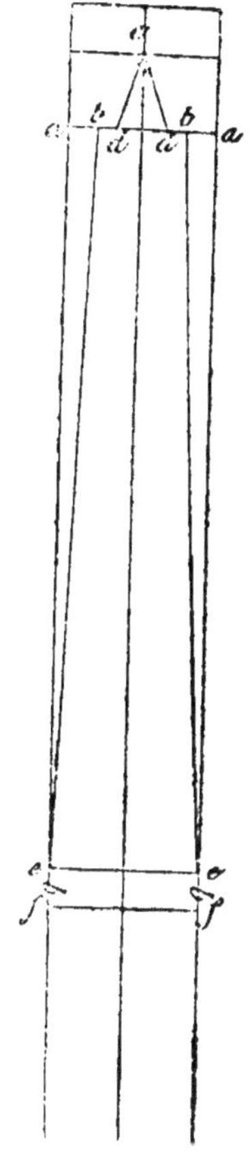

Fig. 50.

et du point *c* au point *d*, 4 lignes (9 millimètres). Du
point *f* au point *g*, 9 lignes (21 millimètres). Du point *h*
au point *i*, 4 lignes (9 millimètres). Du point *i* au

point *k*, 2 pouces 9 lignes (77 millimètres), hauteur des éclisses. Des points *i* et *k* aux points *l* et *m*, 3 lignes (7 millimètres).

Tout ce tracé opéré avec exactitude, on enlève à la scie le bois inutile qui se trouve en dehors des traits ; on dresse les bords du plat du manche avec le grand rabot de fer, et l'on en arrondit le dessous avec le canif, puis avec les limes, de façon à lui faire décrire la forme d'une demi-ovale ; on agit de même pour le pied, puis on plaque le tout.

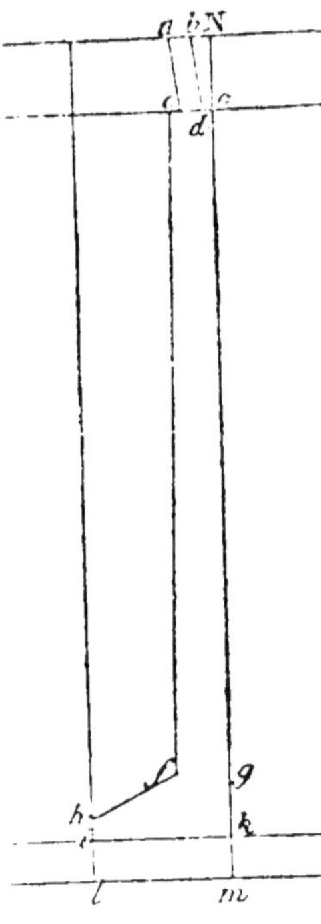

Fig. 51.

La feuille d'ébène destinée à plaquer le manche n'a qu'un quart de ligne (1 2 millimètre) d'épaisseur ; sans le moyen qu'on va indiquer, il serait fort difficile de plaquer le manche et son pied. Voilà comment on s'y prend :

On taille avec une paire de ciseaux une feuille de parchemin un peu fort, comme si l'on voulait la faire servir de placage elle-même, en formant une échancrure semblable à celle que forme le manche à son coude ; quand on a parfaitement réussi à lui faire suivre la fausse-coupe du manche, là où il touche à l'angle formé par son pied, on taille de même un morceau de parchemin qui s'ajuste également sur le pied, et l'on colle ces deux morceaux de parchemin sur des feuilles de placage qui aient au moins la dimension des morceaux de parchemin.

Le tout étant sec, on commence par faire, de chaque côté, quelques crans sur la partie du pied qui doit s'enclaver dans le corps de la guitare.

On couvre alors de colle le pied du manche, on y applique le morceau de placage taillé auparavant, en suivant la forme donnée au parchemin, et l'on serre le tout au moyen d'une ficelle que l'on assujettit dans les crans dont il a déjà été question. Enfin, l'on agit de même pour le manche, qui se trouve ainsi plaqué.

Pendant que le tout sèche, on prépare le chevillier qui se fait en bois de hêtre, le tilleul étant trop tendre pour supporter le frottement des chevilles, et la lousse ne pouvant y percer des trous bien cylindriques.

Il suffira, pour faire cette pièce qui est absolument plate, de prendre pour modèle le chevillier de la guitare ; on la plaque dessus et dessous en la serrant entre deux morceaux de bois avec deux ou trois happes.

Le chevillier et le manche étant secs, on pose la petite queue qui est au haut du manche, sur le dessous du chevillier, en ayant soin de bien le placer au milieu ; alors on tire avec la pointe deux traits qui servent de guide pour faire dans le chevillier l'entaille qui doit recevoir la queue du manche. Cette queue doit être taillée en biseau dont le côté le plus large se trouve en dedans du chevillier et être bien ajustée pour qu'elle entre un peu à force. Il ne s'agit

plus que de la coller ; le manche se trouve alors à
peu près terminé.

Il reste cependant encore à coller sur le plat du
manche une couche d'ébène. Voilà comment on procède à ce travail. On prend un morceau d'ébène que
l'on dresse à une ligne et demie (3 millimètres) d'é-
paisseur ; on lui donne huit pouces (222 millimètres)
de longueur et la même largeur que le manche à
partir du sillet. On colle ce morceau sur le manche en
le serrant fortement avec une tresse de fil. On conçoit
que le manche de la guitare ayant onze pouces et
demi (32 centimètres) de long, ce morceau ne peut le
couvrir entièrement : il faut d'ailleurs qu'il en soit
ainsi, comme on le verra plus loin.

§ 7. DE LA RÉUNION DU MANCHE AU CORPS DE LA GUITARE.

Le manche de la guitare, tel que nous l'avons établi, se trouve avoir trois lignes (3 millimètres) de
plus que sa vraie longueur qui est d'onze pouces et
demi (32 centimètres). Ces trois lignes sont réservées
pour entrer dans le tasseau du haut de la guitare, de
même que le manche du violon.

Le travail par lequel on enclave le pied du manche
de la guitare dans le corps de l'instrument s'exécute
comme pour le violon, et il est bien plus facile en ce
que le manche de la guitare n'étant pas renversé, il
doit suivre d'un bout à l'autre la ligne droite de la
table.

Il y a cependant une remarque à faire, c'est que la touche de la guitare que nous avons laissée imparfaite sur le manche devant s'élever d'une ligne et demie (3 millimètres) au-dessus de la table, il faut, quand on a enclavé le manche, prendre une règle et vérifier si le manche étant en ligne droite avec la table, le bout de la règle se trouve avoir juste une ligne et demie (3 millimètres) d'élévation au-dessus de la table. Dans le cas où la règle baisserait trop, on ôte, encore comme au violon, un peu de bois au tasseau du côté du fond et dans le cas contraire du côté de la table.

Le manche étant alors bien droit et bien ajusté, on le colle et on le serre comme celui du violon avec une happe et un morceau de liège.

Ce travail fini, on ajoute un morceau d'ébène à la touche qui couvre déjà une

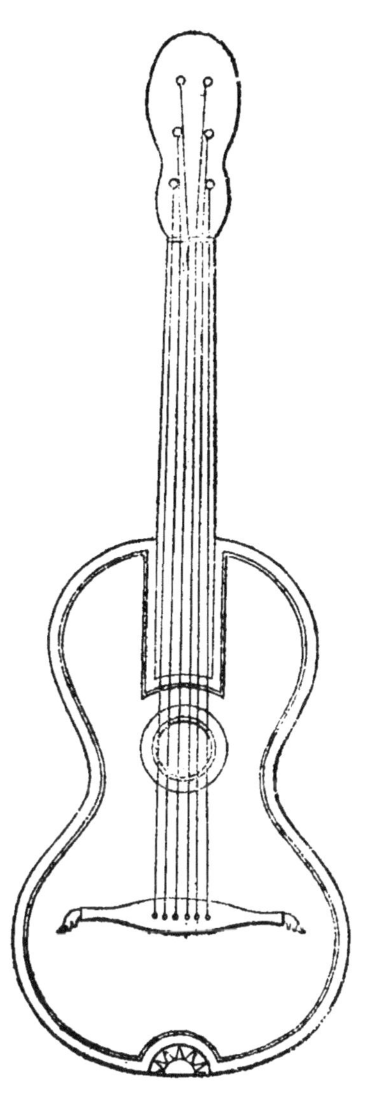

Fig. 52.

partie du manche, en lui donnant la même épaisseur
d'une ligne et demie (3 millimètres) et en la découpant comme dans la figure 52 où elle vient finir à un
pouce (28 millimètres) de la rosette.

Enfin, on dresse toute la touche avec le grand rabot
de fer, de manière qu'elle soit parfaitement droite ;
on la râcle et l'on pose le sillet.

Le chevalet est une pièce tellement simple qu'il ne
s'agit que de s'en procurer un, d'une forme quelconque, et de le tracer sur une planchette à modèle pour
en faire ensuite de semblables.

On perce les trous du chevalet, avant de le coller
à la distance voulue et, pour le coller, on pose la
guitare à plat sur l'établi et l'on serre le chevalet sur
l'instrument au moyen d'un valet.

On doit poser un linge ou un tapis entre la guitare
et l'établi, pour ne pas froisser l'instrument, et serrer
le valet avec beaucoup de circonspection.

§ 8. DISPOSITION DES TONS SUR LE MANCHE DE LA GUITARE.

Dans ce chapitre, on trouvera les dimensions du
chevalet, quant à son élévation au-dessus de la table,
ainsi que les dimensions du sillet.

On sait que les tons d'une guitare ne sont autre
chose, quelle qu'en soit la matière, que ces petites
barres, placées en travers du manche de l'instrument
pour former les notes chromatiques de la gamme.

L'outil dont on se sert pour marquer la place exacte
que doit occuper chaque ton sur le manche et dont

nous avons à parler ici, n'est autre chose qu'un compas semblable à la figure 53. A partir de l'axe jusqu'à l'extrémité de ses deux jambes, il a quinze pouces (415 millimètres) de longueur. Tout le secret de cet outil, fort bien imaginé du reste, consiste en ce que, quand ses deux jambes sont ouvertes de deux pieds (665 millimètres) juste, ses deux petites cornes ont une ouverture de seize lignes (37 millimètres), ni plus ni moins. Ce compas peut être en bois, en fer ou en cuivre ; seulement lorsqu'il est en bois, ses cornes et le bout de ses jambes doivent être en fer.

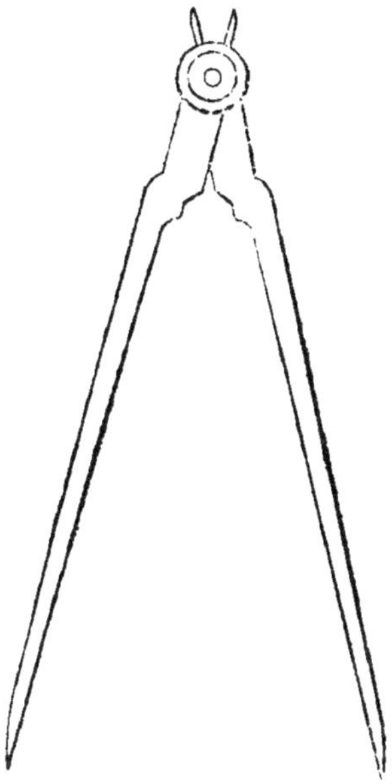

Voulant donc marquer l'endroit précis où doit se placer le premier ton, on ouvre le compas en posant une de ses grandes pointes contre le sillet de la guitare, et l'autre pointe

Fig. 53.

contre le sillet du chevalet. Cette dimension prise bien exactement, on retourne le compas et, posant une de ses cornes contre le sillet, on marque un point sur la touche avec l'autre corne, c'est-à-dire la place du premier ton. Il ne faut pas oublier que l'ordre numérique des tons à disposer sur le manche se compte en partant du sillet voisin des chevilles.

On retourne le compas et, posant une de ses grandes pointes contre le sillet du chevalet et l'autre sur le point que l'on vient de marquer sur la touche, on retourne le compas ; posant alors une de ses cornes sur le même point déjà marqué sur la touche, on marque le point où se trouvera le deuxième ton et l'on continue ainsi jusqu'au dix-septième ton.

Pour faire bien exactement ce travail, il faut tirer une ligne droite au crayon qui, du sillet jusqu'à la rosette, partage la touche en deux parties égales, et pointer les tons sur cette ligne.

Tous les tons ainsi marqués, on donne sur chaque point un trait de scie de trois quarts de ligne (1/2 millimètre) de profondeur. Il faut que cette scie n'ait pas plus d'une demi-ligne (1 millimètre) de voie.

Ce travail fini, on place dans chaque trait de scie, un morceau d'os, d'ivoire, de laiton ou d'argent.

Il faut que ces morceaux entrent un peu à force dans les traits de scie où l'on a, au préalable, introduit de la colle au moyen de la spatule.

Quand le tout est sec, on lime les tons de manière qu'en prenant une règle, ils soient tous parfaitement égaux en hauteur au-dessus de la touche. Cette hauteur est d'une demi-ligne (1 millimètre).

Il faut aussi, avec la lime, arrondir le bout de chaque ton, sur les deux côtés du manche, pour que la main, qui jouera l'instrument, puisse glisser le long du manche sans être incommodée.

Enfin la hauteur du sillet du chevalet doit être de trois lignes (7 millimètres) au-dessus de la table, et la hauteur du sillet voisin des chevilles doit, dans la profondeur de ses six crans, être telle que les cordes à la douzième case (les tons se nomment aussi cases) se trouvent avoir une élévation de deux lignes (4 à 5 millimètres) au-dessus de la touche.

Il ne reste plus alors qu'à râcler bien proprement tout le corps de l'instrument, à le polir et à le vernisser, travail en tout semblable à celui du violon.

La guitare étant vernissée, on y ajuste le bouton, les chevilles, et les boutons du chevalet au moyen de la lousse, en observant qu'entre le premier et le sixième bouton, il y a une distance de vingt-six lignes (61 millimètres). Enfin on fait, dans chaque trou du chevalet, au moyen d'une scie à couteau (figure 54),

Fig. 54.

un cran qui sert à loger le bout de chaque corde. Chacun de ces crans part du trou pour monter vers le manche de la guitare. Enfin on monte les cordes, et la guitare est terminée.

La guitare sur laquelle nous avons établi les proportions indiquées, avait seize pouces (445 millimètres) de longueur à partir du bord du tasseau du bas à celui du tasseau du haut, ce qui donnait à son diapason une étendue de vingt-trois pouces neuf lignes (632 millimètres). On appelle diapason l'intervalle renfermé entre le sillet qui se trouve près des chevilles et le sillet du chevalet.

15.

CHAPITRE II

LUTH, THÉORBE

Historique (1).

Vers le vıı^e siècle, lorsque le *luth* fut connu dans le nord de l'Italie, sa fabrication y prit rapidement un très grand développement, et, tandis que la guitare demeurait presque stationnaire, il subit de nombreuses transformations répondant au besoin, de jour en jour plus vif, que l'on ressentait d'augmenter l'étendue des instruments en usage. A cette époque, les facteurs de luths furent désignés spécialement sous le nom de *luthiers*, tandis qu'aujourd'hui on appelle indifféremment ainsi tous ceux qui fabriquent des instruments à cordes, sauf pourtant les facteurs de harpes et de pianos.

C'est à Bologne et à Padoue qu'étaient les meilleurs luthiers. Ils donnèrent d'abord six cordes au luth, et portèrent bientôt ce nombre à dix. Puis, pour obtenir plus de rondeur et de velouté dans le son, ils les doublèrent, c'est-à-dire qu'ils adjoignirent à chacune d'elles une autre corde produisant la même note, mais qui pourtant, dans certains luths, au lieu d'être réglée à l'unisson de sa voisine, en donnait

---

(1) Ce chapitre, ainsi que celui qui a trait à la mandoline et à la mandole. sont de MM. Cottin frères.

l'octave inférieure. Bien entendu, ces cordes de même nom étaient très rapprochées l'une de l'autre et actionnées par le même doigt. L'étendue du luth était alors de trois octaves et une tierce majeure.

Vers le xiie siècle, on ajouta, dans la basse, des cordes simples sur lesquelles on ne faisait pas de doigtés. Mais, le manche devenant forcément ainsi d'une largeur incommode, on construisit, pour tourner cette difficulté, un autre instrument que l'on appela *archiluth*. Dans ce dernier, les cordes de basse étaient tendues dans le vide, entre une, deux ou trois têtes (suivant le nombre des cordes) rapportées à droite et en haut de la principale, et le chevalet. Quelquefois même, on mit au-dessous d'elles un second manche sur lequel il n'y avait pas de touches incrustées et qui, au point de vue de l'exécution, n'avait aucune utilité. Avec ces têtes rapportées, l'archiluth atteignait une longueur vraiment encombrante, ainsi que permettent d'en juger certaines gravures de l'époque.

Ce fut au xvie siècle environ que parurent les premiers spécimens de l'archiluth. Certains auteurs en attribuent l'invention à un Français, nommé Hottemann, d'autres à un Italien nommé Barletta, ou encore à un nommé Téorba ou Tuorba. Ce fut ce dernier qui attacha définitivement son nom à l'instrument, et, par la suite, on désigna plus communément l'archiluth sous le nom de *théorbe*.

Bien qu'ayant joui d'une vogue assez considérable en France, parallèlement à la guitare, le *théorbe*,

dont l'accord était d'une disposition beaucoup moins
ingénieuse, n'offrait pas les mêmes facilités d'exécution qu'elle. En outre, il était fort long à accorder, et
cet accord, une fois obtenu, ne se conservait pas bien.
Aussi ne résista-t-il pas si bien que la guitare à l'apparition du clavecin et tomba-t-il complètement dans
l'oubli dès que ce dernier instrument fut quelque peu
perfectionné.

A décrire le luth et l'archiluth nous sommes un
peu sorti de notre cadre, et, pour retrouver la mandoline à son origine, il nous va falloir retourner en
arrière.

Cette petite digression nous a paru pourtant nécessaire pour donner au moins une idée très succincte
d'une famille d'instruments complètement inusités
aujourd'hui, il est vrai, mais ayant quelques liens
de parenté avec ceux dont nous nous occupons plus
spécialement.

CHAPITRE III

MANDOLINE, MANDOLE

I. — Mandoline.

Sur le luth et l'archiluth, on pouvait exécuter un
chant donné avec accompagnement. Mais, outre qu'il
fallait être pour cela d'une certaine force, le résultat
obtenu était loin d'être parfait. On chercha donc un
instrument propre à exécuter facilement la mélodie,
tandis que le luth devait demeurer affecté plus spécialement à l'accompagnement. Après quelques tâtonnements, on trouva la *mandoline* (fig. 55 et 56), à
laquelle on donna à peu près, mais en beaucoup plus
petit, la même forme que le luth.

Les premières mandolines fabriquées n'avaient que
quatre cordes. Plus tard on en fit d'autres qui étaient
munies de six cordes ; mais ce type étant moins usité
que le premier, nous en donnerons plus loin seulement
la description, sans entrer dans des détails d'origine.

Les quatre cordes, doubles comme dans le luth,
étaient : la première, celle qui donnait le son le plus
élevé, en boyau, la deuxième en acier, la troisième en
laiton, la quatrième filée laiton sur acier. Cela produisait des différences de timbre désagréables qu'on
arriva à égaliser davantage en mettant les deux cordes
les plus hautes en acier et les deux plus graves filées
laiton sur acier.

Au lieu de pincer les cordes avec les doigts de la
main droite, comme dans le luth, on les faisait vibrer
en les actionnant avec une plume ou une petite lame
de métal.

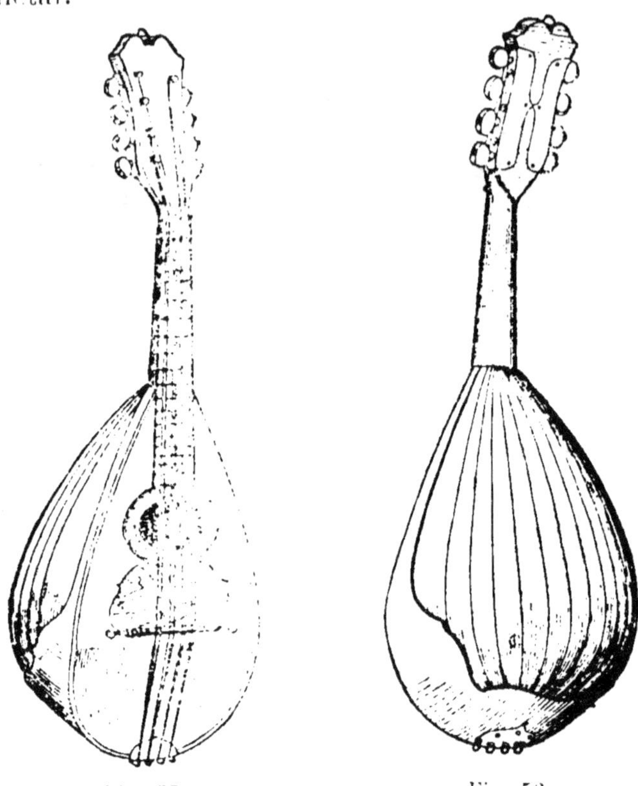

Fig. 55.　　　　　Fig. 56.

Ces mandolines étaient défectueuses sous bien des
rapports : elles avaient un volume de son très restreint, un timbre nazillard, et les cases étaient mal
diapasonnées. On s'en servait surtout comme amuse-
ment. L'instrument prospéra néanmoins, et au XVIIe
siècle on le jouait assez communément, non seule-

ment en Italie, mais encore en France, où il y en eut
dans les premiers orchestres organisés par Lulli.
L'accord de la mandoline était déjà, comme maintenant, le même que celui du violon, mais après avoir
auparavant varié plusieurs fois.

Au fur et à mesure que ce dernier instrument se
propageait, la mandoline, en raison des défauts dont
nous parlions plus haut, tombait en désuétude. On
cherchait plutôt, en effet, à faire de beaux instruments
que des bons, et on en trouve encore qui, au point
de vue décoratif, sont très artistiques, mais sur lesquelles on ne pourrait jouer convenablement quoi
que ce soit. On la délaissa vite en France, et l'usage
s'en perpétua seulement en Italie.

Là, quelques facteurs, entre autres Vinaccia, y ap-
portèrent des améliorations successives, et ce n'est,
somme toute, que depuis une vingtaine d'années,
pas même, que la mandoline a acquis sa perfection
définitive et que, petit à petit, elle s'est répandue de
nouveau dans notre pays.

C'est à Rome et surtout à Naples que se trouvent
les meilleurs facteurs : Salsedo, Vinaccia, Carisck,
Celentano, Galace, Jacomoni, Silvestri, etc.; c'est en
raison de ce centre de fabrication que l'on a donné à
la mandoline à quatre cordes, qui est la plus usitée
en Italie et en France, le nom de *Napolitaine*, pour
la distinguer des autres que nous allons décrire plus
loin. On fabrique aussi maintenant cette mandoline
en France. Certains luthiers, tels que Thibouville,
Couesnon, Lutz, sont arrivés à d'assez bons résultats,

mais sans encore égaler, néanmoins, les facteurs italiens.

La mandoline napolitaine a la caisse sonore, ovoïde et assez profonde, surmontée par une table d'harmonie plate, mais légèrement coudée à partir du chevalet jusqu'à son bord inférieur. Le chevalet est placé, comme dans la guitare, à peu près à mi-chemin entre la rosace et le bas de la table d'harmonie, mais les quatre cordes doubles ne s'y fixent pas. Elles reposent seulement sur lui et vont s'attacher à de petits boutons placés au bord de la caisse. L'extrémité inférieure des cordes est recouverte généralement par une pièce mobile en métal ou en écaille appelé *lyre*, qui a pour but de protéger la manche des vêtements.

La mandoline s'accorde, nous l'avons dit, comme le violon, c'est-à-dire par quintes justes à partir du *sol* grave, soit : *sol, ré, la, mi*. Les cases, représentant chacune un demi ton et étant au nombre de 17, donnent ainsi à l'instrument une étendue de trois octaves plus une note, étendue que l'on augmente pourtant quelquefois d'un ton ou d'un ton et demi.

Différentes sortes de Mandolines.

Outre la mandoline napolitaine à quatre cordes doubles, dont nous venons de parler, il existe deux autres sortes de mandolines : l'une appelée mandoline *milanaise*, usitée surtout dans le nord de l'Italie, et l'autre appelée *mandūria*, usitée en Espagne; c'est la mandoline *espagnole*.

La mandoline milanaise a la caisse moins profonde et plus large que la mandoline napolitaine. Elle comporte six cordes simples, en boyau pour les plus élevées et filées en laiton sur soie pour les plus basses. Elles s'attachent au chevalet comme dans la guitare. L'accord de cet instrument est par une tierce et quatre quartes successives à partir du *sol* grave, soit : *sol, si, mi, la, ré, sol.*

La mandûria a la caisse plate comme celle de la guitare, mais elle est beaucoup plus petite. En outre la table d'harmonie n'a pas du tout le même dessin, mais elle affecte à peu près dans sa forme le contour d'une poire assez large. Les cordes au nombre de six, sont doubles, en boyau et quelquefois en acier, pour les plus élevées, et filées laiton sur soie pour les plus basses ; elles s'attachent au chevalet. Les cases sont peu espacées et le manche est large et très court. La mandûria s'accorde de quarte en quarte à partir du *sol* ♯ grave, soit *sol* ♯, *do* ♯, *fa* ♯, *si, mi, la.*

Ressources et Effets
de la Mandoline napolitaine.

Nous avons dit la similitude d'accord qui existe entre le violon et la mandoline napolitaine. Cette dernière, sans pouvoir prétendre à égaler le violon (ce qui lui serait impossible, étant données son étendue un peu moins grande et surtout la supériorité qu'a l'archet sur le coup de plume), doit donc tendre à l'imiter le plus possible.

Elle embrasse ainsi, en y ajoutant les effets qui lui sont particuliers, un champ d'études très développé. Aucune tonalité majeure ou mineure ne lui est étrangère, quoique certaines lui conviennent comme au violon, plus particulièrement; un bon mandoliniste peut produire des vitesses très grandes, exécuter des arpèges, des sons portés, des trilles, des passages en doubles-cordes, des accords de deux, trois ou quatre notes, et des sons soutenus obtenus par un rapide mouvement de va-et-vient de la plume, appelé le *trémolo*.

On croit parfois que la mandoline ne peut interpréter que de la musique d'allure sautillante et vive, parce qu'on ne se rend pas compte à quel point ce trémolo *bien fait* peut donner l'illusion du son filé produit par le frottement de l'archet, et prêter aux mélodies qu'on exécute une sonorité exquise et un charme pénétrant, plus capables parfois que la virtuosité, de faire apprécier et aimer l'instrument.

De même, les ressources nombreuses que nous énumérions plus haut sont encore ignorées de beaucoup de personnes, lesquelles n'ayant entendu jouer la mandoline que de façon très ordinaire sont tout naturellement portées à la considérer comme un instrument d'ordre inférieur que l'on peut arriver à connaître à fond en quelques mois, et ne se doutent pas de toutes les difficultés à vaincre et de tout le travail nécessaire pour devenir un mandoliniste accompli.

Cela revient-il à dire que la mandoline est très difficile à apprendre, et qu'il ne faut pas encourager les

personnes désireuses de se distraire en se livrant à
l'étude de cet instrument? Telle n'est pas, tant s'en
faut, notre pensée, et nous sommes le premier à reconnaître que l'on peut arriver très vite à un résultat
intéressant.

En effet, le manque de justesse, qui est un grand
écueil pour les débutants violonistes, n'est pas à re-
douter sur la mandoline, grâce aux cases qui divisent
le manche. Il est vrai que la sonorité peut être mauvaise suivant la partie de la case où se pose le doigt
et la force qu'on lui donne; mais, avec un peu de
travail et d'attention, on peut facilement éviter cet
inconvénient quand le mouvement est lent. Donc, pour
peu qu'un élève ait de bonnes dispositions à faire le
trémolo et qu'il soit musicien, il pourra en très peu
de leçons exécuter une mélodie ne présentant pas de
difficultés de doigté, puis au bout de deux à quatre
mois de travail consciencieux, jouer facilement de
petits morceaux sans prétention, qui cependant inter-
prétés avec goût et délicatesse, feront plaisir à ses
auditeurs.

Mais ensuite l'étude devient plus ardue, et ceux
qui ne veulent pas borner là leur ambition sont retenus assez longtemps avant de bien exécuter les vitesses, soumises à des règles spéciales de doigtés et
de coups de plume suivant la façon dont les passages
sont présentés, et les changements de position qui,
par suite de la petite résistance qu'offrent les cases
aux doigts lorsqu'ils glissent sur le manche (laquelle
résistance peut influer sur l'exactitude de leur dépla-

cement), nécessitent une précision que peut seule procurer une assez longue pratique. Puis viennent les arpèges, le trille, les doubles-cordes, etc., pour compléter l'acquit qu'un amateur sérieux doit tendre à posséder, et que l'on peut, comme dans tous les instruments, presque indéfiniment perfectionner par le travail.

Disons en terminant qu'un mandoliniste capable peut exécuter presque tous les morceaux écrits pour violon ne dépassant pas le *contre-la* aigu, mais en étant obligé quelquefois d'employer des doigtés différents.

Qualités que doit posséder un bon instrument.

Lorsqu'on choisit une mandoline, il faut rechercher de préférence celles dont la caisse tout en étant solide n'est pas trop lourde. Les mandolines à côtes creuses sont forcément plus pesantes que les autres, mais elles ont l'avantage d'être moins fragiles et de ne pas tant glisser sur les vêtements.

Les chevilles, qu'il faut prendre à mécaniques, doivent fonctionner sans effort, mais non pas jouer trop librement. Il faut que les touches qui divisent le manche soient bien arrondies et pas trop élevées, pour que les doigts puissent glisser facilement sur les cordes sans être retenus. La table d'harmonie doit être suffisamment solide pour que, même sous une forte pression du doigt, elle ne fléchisse en aucun endroit.

On doit veiller à ce que le chevalet ne soit pas trop haut pour que l'on n'ait pas un trop grand effort à faire en appuyant sur les cordes. Toutes les cases doivent être essayées pour s'assurer si le son produit par chacune d'elles est bien pur. Il faut qu'elles soient absolument bien diapasonnées ; comme contrôle, on met le doigt dans la 12e case sur chaque corde pour en produire l'octave qui doit être rigoureusement juste.

Quant à la qualité et au volume du son, c'est-à-dire à ce qui constitue le plus véritablement la valeur d'un instrument, une grande pratique et l'expérience sont utiles pour juger convenablement ces points essentiels, car le timbre de certains instruments, parfois un peu dur quand ils sont neufs, s'améliore lorsqu'on les a joués quelque temps. En principe, on doit surtout éviter les instruments dont les sons sont *secs* et rechercher ceux dont le timbre est moelleux et plein, pas trop cuivré, et dans lesquels les vibrations des notes se prolongent longuement.

Il est toujours préférable d'acquérir un bon instrument dès les débuts, car autrement l'élève éprouve beaucoup plus de fatigue, ne peut rien produire de convenable et ne s'intéresse pas à l'étude. En tout cas, cela est *absolument nécessaire* pour arriver à bien exécuter les difficultés extrêmes de la mandoline.

II. — **Mandole.**

La mandole remplit, dans la famille d'instruments
dont nous nous occupons dans ce chapitre, à peu près
le même rôle, par rapport à la mandoline, que l'alto
par rapport au violon, dans la famille des instruments
à archet.

Pour que cette similitude soit complète, la mandole
devrait être accordée une *quinte* au-dessous de la
mandoline et donner *do, sol, ré, la,* comme l'alto, la
musique étant écrite en *clé d'ut,* 3e ligne. Mais, bien
qu'on trouve quelques mandoles quinte, la plupart de
ces instruments sont accordés à l'octave inférieure,
sol, ré, la, mi, et la musique se lit en *clé de sol.*
Seulement, le son produit est toujours une octave
au-dessous de celui que devrait donner la note
écrite.

Un mandoliniste peut jouer assez facilement la
mandole : les doigtés sont exactement les mêmes
pour les deux instruments, mais l'écart entre les doigts
est beaucoup plus grand pour la mandole, ce qui
augmente la difficulté, et cela d'autant plus qu'il faut
appuyer davantage sur les cordes.

Le timbre de la mandole est moins grêle que celui
de la mandoline ; par contre, il n'a pas la même
portée et, *à volume égal,* il résonne moins dans une
salle. La qualité du son est fort belle et se prête ad-
mirablement à l'exécution des chants soutenus.

III. — Fabrication de la Mandoline
et de la Mandole

Fabrication de la Mandoline (1).

Au point de vue de la construction, la mandoline offre de nombreux points de ressemblance avec la guitare, dont nous avons déjà parlé en entrant dans tous les détails nécessaires; nous nous contenterons donc de renvoyer à ce que nous avons dit relativement à cet instrument, toutes les fois qu'il y aura similitude absolue dans les procédés de fabrication.

On emploie divers bois pour construire la caisse : ce sont ordinairement le cyprès, l'érable ondé, le citronnier et le palissandre; l'érable ondé est celui qui donne les meilleurs résultats, à cause de sa sonorité, qui provient de son élasticité et de sa légèreté; c'est aussi celui qui est le plus facile à travailler. Cependant, presque toutes les mandolines soignées et riches se font en palissandre, plutôt à cause de la belle apparence de ce bois qu'à cause de sa qualité, car il est plus difficile à courber et il prend moins bien la colle que l'érable.

On se sert, pour fabriquer la mandoline, d'un moule affectant exactement la forme de la caisse résonnante; il est très facile de l'obtenir en en prenant

(1) Nous devons les renseignements qui nous ont permis d'écrire cet article à l'obligeance de M. L. Lutz, luthier, 17, rue des Fontaines, à Paris.

les dimensions sur un instrument déjà construit. Elles varient généralement entre 30 et 31 centimètres pour la longueur, et entre 19 à 20 centimètres pour la largeur. Quant à la profondeur, elle est beaucoup plus grande dans la mandoline napolitaine que dans les mandolines romaine et milanaise. On doit bien savonner le moule, afin d'éviter que la coquille ne reste collée sur lui; autrement, on risquerait de la casser en la séparant.

Le moule une fois préparé, on détermine la place que doivent occuper les deux larges côtes voisines de la table d'harmonie; leur plus grande largeur est de 8 à 10 centimètres. On divise ensuite l'espace qui reste entre ces deux côtes extrèmes en autant de parties que l'on veut donner de petites côtes à l'instrument; ce nombre varie de 13 à 31 et même quelquefois 33. Plus une mandoline a de côtes, plus elle est solide et élégante.

On donne souvent aux côtes une forme creuse, au lieu de les faire plates, ce qui rend l'instrument plus élégant et ce qui a, en outre, le grand avantage de l'empêcher de glisser sur les vêtements de l'artiste qui le joue. Par contre, le poids se trouve légèrement augmenté. Pour les côtes plates, on emploie du bois de 1 millimètre et demi d'épaisseur, tandis qu'on laisse 2 millimètres pour les côtes creuses.

Avant d'ajuster les côtes, on construit le manche. On emploie généralement du bois de peuplier ou de sycomore pour confectionner le manche et la tête, qu'on y adapte après coup; ce dernier bois est préférable, parce que les vis du chevillier y tiennent plus solidement. Le plus souvent, la tête est distincte du manche proprement dit; quelquefois, ces deux pièces ne forment qu'un seul morceau. On colle le côté le plus large du manche contre le moule, et l'on obtient ainsi le tasseau sur lequel on fixe les côtes.

On commence par fixer la côte du milieu sur le tasseau, au moyen de petites chevilles en bois ou de pointes très fines. On continue ensuite de chaque côté, en intercalant entre chaque côte une petite lame de bois de couleur différente. Ces lames sont réunies provisoirement les unes contre les autres par une bande de papier collée sur chaque joint.

Quand les côtes sont ainsi placées et réunies les unes contre les autres, on confectionne le renfort qui doit les recouvrir. La forme en est facultative; mais, généralement, il est assez large au bas de la caisse et, en suivant le bord de la caisse jusqu'au manche, il se rétrécit de plus en plus, de manière à ne plus avoir à cet endroit qu'un centimètre de largeur. On le colle en l'assujettissant au moyen de petits étaux en fer.

On possède déjà ainsi la coquille de l'instrument et le manche, sans que cette dernière partie soit encore bien dégrossie; on ne la termine que plus tard. Pour ce motif, nous en reparlerons plus loin.

On double la coquille avec du papier fort, puis on laisse sécher; on ne la sépare du moule que lorsque le tout est parfaitement sec. Enfin, on colle les contre-éclisses ou renforts, qui servent à supporter la

Luthier. 16

table d'harmonie, comme dans tous les instruments. On s'occupe alors de la table d'harmonie.

Le bois qui convient le mieux pour sa fabrication est le sapin. Il doit être d'un grain fin et serré, afin de bien rendre les vibrations que produisent les cordes d'acier. La table d'harmonie doit avoir 3 millimètres d'épaisseur environ. On la découpe suivant la forme du moule et l'on y ménage un trou, nommé *rosace*, ovale dans le sens de la largeur. De même que pour la guitare, la rosace peut être entourée de filets et d'ornements de nacre, plus ou moins nombreux. On trouvera, dans l'article consacré à la fabrication de ce dernier instrument, la description des moyens employés pour exécuter ces ornements.

On détermine la place où doit être placé le chevalet, et l'on plie légèrement la table à cet endroit, en pratiquant une petite rainure à la partie interne. La distance à observer entre le chevalet et le sillet est absolument la même que pour le violon; on en trouvera l'indication au commencement de ce volume.

Au moyen d'un fer chaud, on entaille la place que doit occuper la plaque d'ébène ou d'écaille nommée *écu*, puis on l'ajuste bien exactement sur la table.

Enfin, on colle les barres qui doivent consolider la table d'harmonie, en l'empêchant de plier sous la tension des cordes. Ces barres sont au nombre de quatre. Après quoi, on ajuste la table elle-même sur la coquille.

Revenons maintenant au manche, dont nous avons parlé précédemment et laissé inachevé.

On l’arrondit et on le recouvre d’un placage, après y avoir ajusté la tête qui, elle aussi, est plaquée.

L’ajustage de la touche des cases et du sillet de la mandoline se fait absolument comme pour la guitare. Il faut veiller à ce que les cases soient bien arrondies, afin que les doigts puissent glisser très facilement.

Les ornements de nacre, incrustés dans la touche pour servir de points de repère, se placent aux cases 3, 5, 7, 10, 12, 15 et 17, ou tout au moins aux cases 5, 10 et 12. Généralement, on ne fait pas plus de 17 cases; pourtant, on fabrique quelques mandolines avec 18, 19 et même 20 cases.

Le manche achevé, on dépouille la coquille du papier qui la protégeait pendant la fabrication de l’instrument; on la polit bien soigneusement et on la vernit.

Pour les ornements de la table d’harmonie, on opère de la même façon que pour la guitare.

Il ne reste plus qu’à fixer les cordes; on les attache à des boutons placés sur la caisse de la mandoline, à la partie inférieure de la table d’harmonie; leur tension est réglée par des chevilles enfoncées dans la tête du manche de l’instrument.

Dans cet aperçu succinct de la construction de la mandoline, nous n’avons donné, à dessein, aucune mesure précise. Les facteurs peuvent faire varier légèrement les dimensions des diverses parties de leur instrument, sans que sa qualité en soit atteinte.

CHAPITRE IV

CITHARE

—

La cithare (1), instrument à cordes pincées, est une véritable lyre perfectionnée, ou plutôt une sorte de petite harpe horizontale. Le son de la cithare est doux et mélancolique ; seule de tous les instruments à cordes, elle peut rendre l'accompagnement en même temps que le chant, tout aussi bien que le piano. La cithare est surtout très remarquable dans les vieux airs populaires et dans les romances où, par le moyen des notes glissées et vibrées, ainsi que des sons *harmoniques*, on en obtient les effets les plus mélodieux.

Il est probable que, dans le principe, la cithare et la guitare n'étaient qu'un seul et même instrument ; il est probable aussi qu'une prononciation fausse de son nom fut la cause qui amena la différence de dénomination. En réalité la cithare moderne diffère de la guitare par la forme, par le jeu et par le son. Mais quand il s'agit de la cithare ancienne, il est très difficile de remarquer la différence entre les deux instruments.

(1) Nous devons les éléments de ce chapitre à l'obligeance de M. J. Cejchan, professeur de cithare, 125, rue Saint-Dominique, à Paris ; nous lui adressons ici tous nos remerciments pour la bienveillance dont il a fait preuve en cette occasion.

(*Note de l'Éditeur*).

Il faudrait, pour retrouver l'origine de la cithare, remonter aux temps les plus reculés. Les Égyptiens, puis les Hébreux se servirent de cithares très primitives, munies de trois cordes seulement qui se pinçaient au moyen d'une plume pointue, ou *plectre*, comme dans la mandoline actuelle. La cithare passa ensuite en Grèce, où elle subit de légères améliorations. Pendant tout le moyen âge, les divers genres de *Psaltérions* que l'on cultiva, sont de véritables cithares de construction rudimentaire. En Allemagne et surtout en Autriche où la cithare fut dès longtemps adoptée, le cadre de l'instrument s'élargit considérablement, par l'augmentation successive des cordes qui, à la fin du XVIIe siècle, étaient parvenues à dix-sept. Depuis soixante ans environ, la cithare semble avoir atteint sa plus grande perfection, grâce aux efforts des luthiers autrichiens qui lui ont donné sa forme gracieuse, sa puissante sonorité, son jeu complet de cordes qui lui permet d'aborder les genres de musique les plus divers.

On produit actuellement quatre sortes pricipales de cithares : La cithare *ordinaire*, la cithare *demi-élégie*, la cithare *élégie* et la cithare *à archet*. Nous décrirons, dans ce chapitre, la cithare demi-élégie, véritable instrument de concert, qui réunit tous les perfectionnements et dont le son possède le plus d'intensité.

La cithare (fig. 57), consiste en une caisse rectangulaire dont le fond et la table, formés de sapin plaqué de palissandre, sont plats et réunis par des

éclisses d'ébène d'onze lignes (25 millimètres) de
hauteur environ. La table est consolidée par deux
traverses ou barres en sapin, analogues à celles de la
guitare ; elle est percée d'une ouïe ronde. Cette pièce
est filetée ainsi que le fond et les éclisses, et parfois
ornée d'incrustations en ivoire ou en nacre. Le fond
comporte trois petits pieds sphériques, munis de
pointes d'acier qui empêchent l'instrument de glisser,
lorsqu'on le pose à plat pour le jouer.

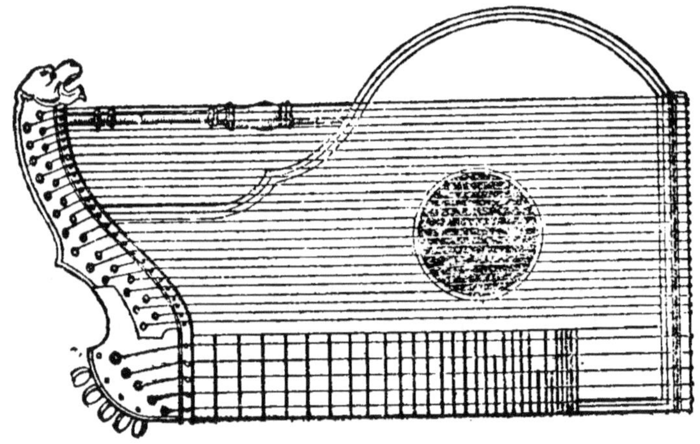

Fig. 57.

Le côté inférieur de la caisse est droit et d'une
longueur d'environ 18 pouces (46 centimètres). Les
éclisses droites forment avec ce côté inférieur un
angle droit de 8 1/2 pouces (23 centimètres) de long.
A cette éclisse droite qui consiste en un morceau
d'ébène d'une épaisseur de 3/4 pouce (20 millimètres),
sont fixées les pointes d'acier auxquelles on attache
les cordes de l'instrument.

Au-dessus de l'éclisse droite et à une hauteur de
5 lignes (1 centimètre) environ au-dessus de la table,
se place le chevalet d'ébène. L'ouïe se trouve d'ordinaire à 4 1/2 pouces (13 centimètres) du côté droit; son
diamètre est de 3 pouces 7 lignes (10 centimètres).

Le côté supérieur de la cithare décrit, à partir de
l'extrémité de l'éclisse droite, une sorte de renflement
ou plutôt un arc de cercle d'une dimension de 1,4
de circonférence environ, qui donne à l'instrument
une largeur de 12 pouces (33 centimètres) environ à
la hauteur de l'ouïe. A 11 pouces (30 centimètres)
environ du bas de l'instrument, l'arc de cercle se
continue par une sorte de cavité, de façon que la
caisse n'a plus que 6 pouces (17 centimètres) de large.

L'éclisse gauche a généralement la forme d'une
moulure plate de 9 1/2 pouces (26 centimètres) de
longueur. Le côté supérieur de la caisse étant de
5 pouces (14 centimètres) plus long que le côté inférieur, l'éclisse gauche et le chevalet qu'elle supporte
décrivent une courbe, analogue à celle des consoles
de harpe.

Cette éclisse gauche consiste généralement en un
morceau d'ébène d'une épaisseur de 2 pouces 1/2
(7 centimètres) sur lequel se placent les chevilles
métalliques pour accorder les cordes d'accompagnement. A 2 pouces (6 centimètres) environ de l'éclisse
gauche se trouve le chevalet du chevillier avec pointes
d'acier pour maintenir les cordes dans une direction
rectiligne. L'éclisse gauche est terminée en haut par
un motif d'ornement sculpté, de plus, une sorte de

balustre de palissandre, façonné au tour, la consolide encore en venant s'arcbouter sur le renflement de la caisse. Enfin l'éclisse gauche aboutit par le bas à un mécanisme en métal, rappelant celui des mandolines et qui consiste en cinq chevilles métalliques en forme de vis, sur lesquelles engrènent un même nombre de clefs également en métal et à tête d'ivoire ou même de nacre. Ce mécanisme sert à donner l'accord aux cordes *mélodiques* dont il est parlé ci-dessous.

La touche d'ébène, disposée sur la partie inférieure de la table, est traversée par de petites baguettes en métal, dont l'écartement correspond à un demi-ton. Ces divisions sont de plus en plus restreintes à mesure qu'elles approchent de l'extrémité droite de la touche ; la longueur de cette pièce est de **13** pouces (37 centimètres).

Les cordes de la cithare sont généralement au nombre de **31**. Cinq de ces cordes sont tendues sur la touche et donnent les notes *la, ré, sol, sol* (à l'octave basse), *do ;* ce sont les cinq cordes *mélodiques*. Les 26 autres cordes sont disposées au-dessus de la touche, à plat sur la table.

La première des cordes mélodiques (*la*) est en acier, la seconde (*ré*) en laiton, la troisième (*sol*), nommée corde auxiliaire, est également en acier, la quatrième (*sol* à l'octave basse) est en acier filée d'argent ou de métal, enfin la cinquième corde (*do*) est en laiton, filée de soie et surfilée de cuivre rouge.

Les vingt-six cordes d'accompagnement sont soit en boyau, diversement teintées, ou bien en soie filée

de métal blanc ou de cuivre rouge ; ces différences
de teintes servent, comme pour la harpe, à guider
l'exécutant.

La cithare est très répandue en Autriche, en Allemagne, en Suisse, et même en Amérique ;
elle commence à être cultivée en France.
Cet instrument se joue au moyen d'une
bague en argent ou en métal (fig. 58) qui
se fixe à l'extrémité du pouce de la main
droite et produit le chant du morceau en
pinçant les 5 cordes mélodiques disposées
sur la touche. Trois des autres doigts de
la main droite jouent l'accompagnement sur les
26 cordes tendues sur la table.

Fig. 58.

La main gauche forme les notes en appuyant sur
les cordes mélodiques aux diverses places indiquées
par les baguettes de demi-tons sur la touche.

L'instrument se pose, ou devrait toujours être posé,
sur une table fabriquée à son usage, en forme de
caisse, ce qui augmente beaucoup sa sonorité.

La cithare *ordinaire* est d'un format moindre que
l'instrument que nous venons de décrire. La cithare
élégic est plus longue, s'accorde deux tons 1/2 plus
bas et sert surtout à accompagner la voix. La cithare
à archet ne comporte que quatre cordes ; elle se joue
avec un archet de violon. On l'emploie ordinairement
pour accompagner les cithares à cordes pincées.

CHAPITRE V

BANJO, INSTRUMENTS AFRICAINS

—

Les instruments de musique africains sont loin d'égaler ceux qui sont employés en Europe ; aussi n'en parlons nous qu'à titre de renseignement curieux. Un seul, le *banjo*, est très répandu en Angleterre et en Amérique et mérite une mention spéciale.

BANJO.

Le *Banjo* (figure 59) est composé d'une tête A, d'un manche B, à peu près semblables à ceux de la guitare, sauf toutefois que le manche n'est pas toujours divisé par des cases, comme dans ce dernier instrument, et d'une caisse sonore C, formée simplement d'une peau tendue sur un cercle de bois ou de métal, affectant par conséquent la forme d'un tambour de basque. La tension de cette peau peut être augmentée en serrant, au moyen d'une clé, les nombreux écrous placés autour du cercle.

Les cordes sont fixées, d'une part, aux chevilles D, D, placées sur la tête de l'instrument, et de l'autre, sur le bord inférieur de la caisse résonnante.

Vers les deux tiers environ du diamètre de cette caisse, se trouve placé un petit chevalet *mobile* en bois E, qui supporte les cordes et qui n'est maintenu que par la pression qu'elles exercent sur lui.

Les cordes varient pour le nombre et pour l'accord. Le plus généralement, les banjos en ont *cinq* dont quatre placées sur le manche produisant les notes *do, sol, si, ré.* La cinquième, qui est très fine, est placée à droite de la corde grave *do*, bien qu'elle donne le *sol* aigu. On ne fait aucun doigté sur cette corde. La cheville F, sur laquelle elle est enroulée, est fixée dans l'épaisseur du manche, environ à la hauteur de la cinquième case. L'accord complet est donc : *sol* (sur la cinquième ligne de la clé de sol), *do* (sur la 1re portée supplémentaire au-dessous de la 1re ligne de la même clé), *sol* (sur la 2e ligne), *si* (sur la 3e), et *ré* (sur la 4e).

Dans certains pays, on accorde le banjo une tierce plus bas, ce qui donne *mi* (au-dessus de la 4e ligne de la clé de sol), *la* (sur la 2e portée supplémentaire

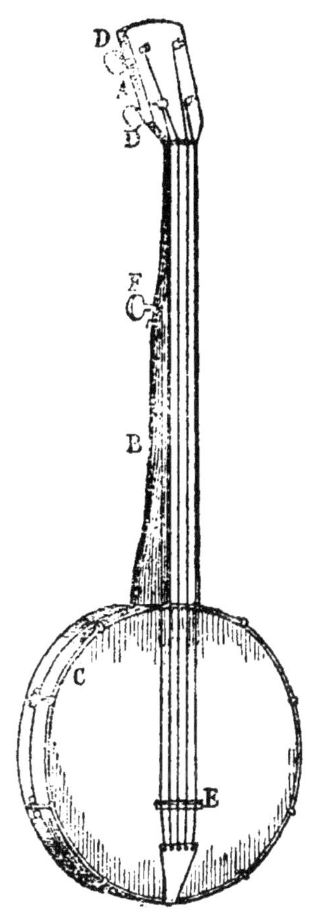
Fig. 59.

au-dessous de la 1re ligne de la même clé), *mi* (sur la 1re ligne), *sol* ♯ (sur la 2e) et *si* (sur la 3e). Mais le premier accord est beaucoup plus employé.

Il existe des banjos anglais qui portent 6, 7 et même 8 cordes. En ce cas, les notes de l'accord ordinaire restent les mêmes, mais on ajoute une, deux ou trois basses. Par exemple, le banjo à sept cordes donne les notes suivantes : *sol aigu* (de la clé de sol), *sol grave, do, mi, sol, si, ré*.

Quelquefois encore, mais plus rarement, on accorde le banjo à sept cordes comme la guitare, en conservant toujours en plus le *sol aigu* à droite des cordes basses. Il donne alors les notes suivantes : *sol aigu, sol grave, la grave, ré, sol, si, mi*.

Le banjo ordinaire n'offre pas de grandes ressources pour les combinaisons harmoniques. De plus, il a un son grêle et sec, qui n'offre aucun charme et qui ne peut être comparé à celui de la guitare, par exemple, avec laquelle beaucoup de personnes sont portées à lui trouver des liens de parenté, qui ne sont qu'illusoires. Il y a cependant une similitude entre les deux instruments, pour le doigté seulement quand l'accord est le même, mais non pour la qualité du son.

Quelque virtuosité que l'on puisse déployer sur cet instrument, on n'obtient qu'un résultat *curieux*, qui est loin d'égaler les ressources d'exécution et le charme que possèdent la plupart des instruments à cordes. Le banjo se prête assez bien à l'exécution des danses, guigues et chansons populaires d'un caractère vif et sautillant, dont l'accompagnement est presque toujours écrit d'après des rythmes et des formules semblables. C'est ce qui a fait son succès en Angleterre et en Amérique ; on l'emploie très peu en France.

INSTRUMENTS ARABES.

L'instrument national par excellence des Arabes est le *gimbri*, qui a quelque ressemblance avec l'ancienne *pochette* ou violon de poche, dont se servaient les anciens maîtres de danse. Il est fait avec l'écorce desséchée d'un potiron ou avec un morceau de bois grossièrement creusé, dont la cavité est recouverte d'un cuir mince et bien tendu ; un manche y est adapté et, sur ce manche, sont tendues deux cordes qui donnent le *la* et le *mi*. Les Arabes n'en jouent pas avec un archet, mais au moyen d'une baguette en bois, légère et flexible, garnie d'un morceau de peau ou d'étoffe feutrée.

Le violon et le violoncelle, tels que nous les possédons, sont aussi connus des Arabes ; ils se servent de ce dernier pour accompagner et soutenir les chants.

La guitare est fort en usage chez les Arabes, qui l'emploient dans leurs fêtes.

Leurs autres instruments à cordes sont : 1° l'*alut*, que l'on croit être le même instrument que le *luth*; 2° l'*erbad*, qui n'est pourvu que de deux cordes donnant le *la* et le *ré*; 3° la *kuitra*, garnie de trois cordes donnant le *ré*, le *si* et le *sol*.

Leurs instruments à vent sont : 1° le *schebah*, flûte courte, percée de plusieurs trous, comme notre fifre ; 2° la *rheita*, qui a le son de notre clarinette ; 3° le *el-bamout*, espèce de trombone de grande dimension.

Ils se servent également de tambours, de diverses formes et grandeurs, et de chapeaux chinois.

INSTRUMENTS DAHOMÉENS.

La récente guerre du Dahomey nous a permis de pénétrer dans des régions presque inconnues jusqu'à ce jour, et de nous initier de près aux mœurs et aux usages des peuplades africaines.

La musique est en honneur chez elles, mais quelle musique! Les artistes de ces régions se nomment *griots*. Il y en a qui jouent du *ghedon*, sorte de tambour fabriqué dans un tronc d'arbre creux, orné d'images sculptées représentant presque toujours des sujets d'un réalisme indescriptible; d'autres se servent d'une espèce de guitare nommée *douroun*, qui est faite avec une moitié de noix de coco sur laquelle est tendue une peau de serpent. Cette noix de coco est montée à l'extrémité d'un manche qui supporte les cordes; des amulettes en ivoire sont incrustées dans ce manche et lui servent d'ornement.

Avec ces instruments peu perfectionnés, les *griots* produisent une sorte de chant rythmé qui est accompagné par de jeunes garçons; ceux-ci balancent au moyen d'une ficelle des écorces de fruits desséchés, dont l'intérieur est garni de petits cailloux. Le plus souvent, les joueurs de *douroun* se servent de leur instrument pour accompagner le chant des *akpolos*, poètes errants qui vont de bourgade en bourgade pour exécuter des légendes ou des chants composés en l'honneur du roi du pays ou du chef de la tribu.

———

CINQUIÈME PARTIE

———

HARPE

L'invention de la harpe remonte à une époque très ancienne, mais sa date n'a jamais été connue exactement. Ce qui est certain, c'est qu'il existe des figures de cet instrument sur un tombeau égyptien découvert en 1822 près des pyramides de Gizeh, qui paraît dater de trois ou quatre mille ans.

Les Égyptiens donnaient à la harpe le nom de *Tebouni ;* ils en variaient la forme et les dimensions de mille manières, ainsi que le nombre des cordes. Ces dernières étaient en boyau de chat, ainsi que le prouvent des fouilles faites dans les ruines de Thèbes, qui ont fait découvrir des harpes montées et en état d'être jouées.

Les peuples d'Orient, tels que les Juifs et les Assyriens, l'estimaient et s'en servaient fréquemment ; mais on ignore la disposition qu'ils lui donnaient. On pense que le *Vrinnor*, dont se servait le roi David et avec lequel il dansa devant l'Arche, était une petite harpe portative.

Les Chinois et les Indous semblent ne pas l'avoir connue ; néanmoins la question est douteuse pour ces derniers. Quant aux Grecs et aux Romains, il paraît établi qu'ils n'ont employé que de petites harpes ; les instruments qu'ils appelaient *trigona, sambuca, cinora, barbytum,* appartenaient vraisemblablement à cette famille d'instruments à cordes. Mais la harpe ne jouit jamais chez eux d'une grande vogue et l'on n'en retrouve pas la figure sur leurs monuments.

C'est seulement au vi^e siècle qu'un poète latin, Venantius Fortunatus, employa pour la première fois le mot *harpa* pour désigner l'instrument antique, recueilli et introduit par les Barbares germains et scandinaves dans les contrées latines occidentales qu'ils venaient de conquérir. Dans une pièce de vers adressée à un personnage dont il fait l'éloge, le poète lui dit que lui, Romain, chantera ses louanges sur la lyre, tandis que le Barbare les chantera sur la harpe.

Romanusque lyrà plaudat tibi, Barbarus harpâ.

En effet, la harpe était en grand honneur chez les peuples germains et scandinaves, qui envahirent l'Europe occidentale, au ve et au vi^e siècles, et mirent fin à l'Empire d'Occident.

Au xe siècle, la harpe devint l'instrument de prédilection des religieuses et des châtelaines. De nombreuses communautés de femmes, situées principalement dans les contrées baignées par le Rhin et ses affluents, s'en servirent avec l'orgue pour accompagner les voix dans les cérémonies religieuses ; dans les châteaux, elle remplit le rôle que joue aujourd'hui chez nous le piano. Mais ce ne fut pas sans que sa forme et ses dimensions fussent plus ou moins modifiées.

Les grands perfectionnements, qui ont fait de la harpe l'instrument moderne que nous connaissons, ne datent que du xviie siècle ; les changements qui s'opérèrent à cette époque dans l'art musical nécessitèrent sa transformation.

Vers 1660, un facteur tyrolien, qui est resté inconnu, imagina de fixer à la console des *crochets* ou *sabots*, pour élever le ton des cordes. Ces crochets se manœuvrèrent à la main jusqu'en 1720, date à laquelle un luthier de Donawerth, nommé Hochbrucker, eut l'idée de remplacer les crochets, manœuvrés par la main de l'exécutant, par un mécanisme se manœuvrant par les pieds, qui reçut le nom de *pédale*.

Ce mécanisme fut introduit en France, en 1740, par un musicien allemand nommé Stecht. Il reçut de nouvelles améliorations, vers 1775, par le facteur français Naderman, qui lui donna toute la perfection dont il était susceptible. Mais, les crochets ne permettant d'élever les cordes que d'un demi-ton et étant sujets à de nombreux accidents, plusieurs artistes se mirent à la recherche de nouveaux perfectionnements, parmi lesquels nous devons mentionner le mécanisme dit à *béquilles*, inventé en 1782 par le Français Cousineau, mécanisme qui ne fut pas adopté.

Le problème ne fut résolu qu'en 1787, quand Sébastien Érard substitua le mécanisme dit *à fourchette* à celui des sabots. Il ne fit connaître son invention qu'en 1794, en Angleterre, où la Révolution l'avait obligé à se réfugier, et quatre ans après en France. Plus tard, il couronna son œuvre en permettant à

chaque corde de donner trois intonations, au moyen
du mécanisme à double mouvement, qui parut pour
la première fois à Londres en 1811.

Quoi qu'aient pu dire les Allemands, jaloux de la
célébrité et du succès de notre illustre facteur, ces
perfectionnements, qui lui ont valu une si haute renommée dans le monde entier, sont bien réellement
son œuvre propre. Il a fallu que la tourmente révo-
lutionnaire de la fin du siècle dernier l'obligeât à
abandonner pendant quelques années son atelier de
Paris et à chercher en Angleterre un asile où il pût
exercer paisiblement son industrie et vivre honora-
blement de son travail, pour qu'un de ses ouvriers,
Wurtembergeois d'origine, chassé également par la
Révolution, allât porter son invention en Allemagne
et l'y présentât comme sienne. Cette manœuvre n'a
pas atteint heureusement Séb. Érard rentré dans sa
patrie. Sa maison continuée, après sa mort, par son
neveu Pierre Érard, puis par la veuve de celui-ci, et
actuellement dirigée par M. Blondel, n'a cessé de jouir
d'une réputation méritée et elle est encore aujour-
d'hui en possession du monopole presque exclusif de
la fabrication des harpes, grâce à leur parfaite construction.

Caractères généraux.

Il y a un certain nombre d'années la harpe était, en
France, presque entièrement abandonnée pour le
piano, que l'on trouve maintenant dans tous les sa-
lons; excepté à Paris et dans quelques villes de pro-

vince, ayant gardé le goût de la belle musique et possédant des Sociétés philharmoniques, on ne trouvait plus de harpe nulle part. Toutefois, depuis quelques années, le nombre des harpistes s'accroît et les amateurs reviennent nombreux à ce bel instrument. Les compositeurs modernes tirent un grand parti des harpes et il n'est pas d'orchestre sérieux qui ne comporte plusieurs harpistes. La harpe est admirée et cultivée partout, en général. En Angleterre, la harpe est tenue en grand honneur et ne peut manquer dans aucune famille distinguée. Sébastien Érard, le célèbre facteur français, qui avait transporté à Londres sa fabrication pendant la Révolution de 1793, put, pour cette raison, y vendre dans les années 1794 à 1798 pour 25,000 livres sterling de harpes.

Les proportions acoustiques de la harpe expliquent d'ailleurs le caractère de son ton musical. La simple ondulation produite par la résonnance, donne à l'auditeur un son de cloche pur, lequel meurt bientôt, parce que la corrélation de la disposition des cordes en un même ton et du placement indépendant des cordes, permet un jeu pur et dépouillé de sifflements accessoires. Il est vrai que les cordes de notre guitare moderne sont également disposées en un même ton, mais la délimitation imparfaite des cordes sur la touche, développe, pour cette raison, une influence perturbatrice sur la beauté du son. La harpe a la rapide expiration du son commune avec tous les instruments dans lesquels les cordes de boyau ne sont pas effleurées par l'archet, mais simplement frappées ou pincées. Aucun autre instrument que la harpe ne peut exercer une influence aussi délicieuse et saisissante sur notre âme, quand le son en parvient jusqu'à nous dans le silence de la nuit, surtout si c'est une harpe éolienne, dont les cordes sont effleurées par le souffle léger du vent ; alors le son de ce bel instrument semble avoir perdu tout caractère terrestre.

Le caractère du son de la harpe est, selon les paroles d'un profond connaisseur, expressif et touchant. La harpe n'est également pas ennemie d'un léger badinage ou d'une douce gaîté champêtre. Suivant l'avis de beaucoup de personnes, la harpe excelle à rendre les expressions douces, religieuses et paisibles. Elle exprime la mansuétude, la résignation, l'impression de belles sensations, la vertu et la piété. Elle est le plus bel instrument pour les femmes, dont elle fait ressortir les grâces et la souplesse. La harpe permet à la personne qui en joue, si celle-ci est jeune et jolie, de laisser admirer les gracieux contours de son bras, la finesse de sa main, l'élégance de sa taille, la petitesse de son pied et d'attirer assez l'attention sur elle-même pour faire oublier les incorrections ou les maladresses de ses doigts.

CONSTRUCTION.

On divise les harpes en trois groupes, qui sont :

1° La harpe simple ;

2° La harpe chromatique, ou à mouvement demi-double ;

3° La harpe à double mouvement.

L'extérieur de ces trois groupes de harpes, sauf pour
la grandeur et la décoration, est le même (fig. 60).

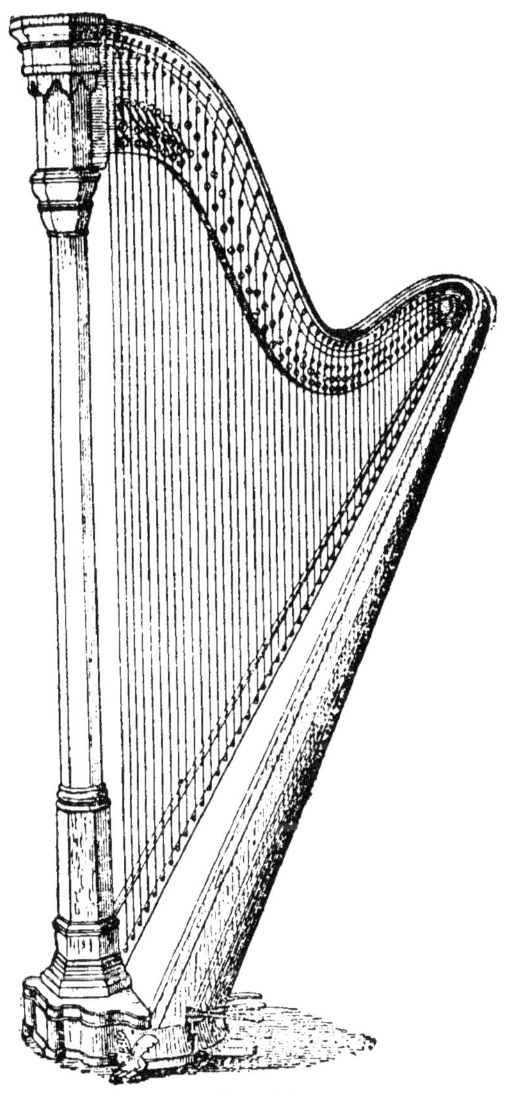

Fig. 60.

La harpe simple n'est extérieurement différente des autres genres de harpes que par l'absence du jeu de pédales. Elle est encore assez répandue à cause de son bas prix ; on la voit dans les mains des chanteurs et des chanteuses ambulants ; sa construction extérieure est généralement dépourvue d'ornements. On en fait de diverses grandeurs, suivant le désir du client.

La harpe à double mouvement ne diffère extérieurement de la harpe chromatique que parce qu'elle a des disques doubles de mouvement sur la console, et que sa pédale peut être abaissée et maintenue à deux degrés différents, tandis qu'elle ne peut l'être qu'à un seul dans la harpe chromatique.

Il y a plusieurs années que la harpe chromatique, ou à mouvement demi-double, est complètement abandonnée et qu'on n'en construit plus.

Une harpe se compose toujours de quatre parties principales qui sont : la *caisse sonore*, le *pied* ou *curette*, la *console* et la *colonne*. Dans les harpes à pédales, la console, en y comprenant le mécanisme du mouvement qui s'y trouve renfermé, est la partie la plus délicate, et la caisse la partie la plus importante.

Cordes.

Le point capital dans la construction de la harpe est de produire un instrument qui possède la faculté de résister à la tension des cordes. Il n'y a que par l'emploi d'un bois sans défaut, approprié à l'usage auquel on le destine, et d'une colle adhérente, que l'on peut obtenir un travail irréprochable. Pour cette raison, le facteur doit porter toute son attention sur le choix des matériaux qu'il emploie, et principalement sur le *bois* et sur la *colle*, afin de bien s'assurer que ces deux matières possèdent les qualités nécessaires à une bonne fabrication.

Le jeu de cordes d'une harpe est, en général, de quarante-six cordes. Les dix plus graves sont, les unes filées sur métal, les autres filées sur soie. Les cordes du médium et du dessus sont en boyau de mouton. Les *do* et les *fa* sont teintés en bleu et en rouge pour servir de points de repère à l'exécutant. A leur extrémité inférieure, les cordes sont fixées au milieu de la table d'harmonie par le moyen de boutons. L'autre extrémité des cordes s'enroule sur des chevilles disposées sur la console, qui servent à leur donner l'accord, lequel est bien moins stable que dans le piano.

Les cordes les plus longues et les plus grosses donnent les sons graves ; la longueur ainsi que l'épaisseur des cordes va en diminuant au fur et à mesure que le son devient plus aigu.

L'espacement des cordes de la harpe se trouve limité par les conditions dans lesquelles on joue cet instrument, et qui obligent à raccourcir ou à allonger le bras, suivant qu'on veut attaquer telle ou telle partie de l'ensemble des cordes. Cet espacement est donc variable : deux cordes, à l'octave l'une de l'autre sont d'autant plus espacées qu'elles sont plus éloignées du corps.

Caisse sonore.

Au xviie et au xviiie siècle, les constructeurs de harpes composaient la caisse de l'instrument de plusieurs planchettes collées l'une à l'autre et souvent ornées d'arabesques entrelacées ; parfois des cannelures étaient poussées sur le fond de la caisse.

Actuellement, la caisse est formée par le placage successif de plusieurs morceaux minces de bois dur, pressés dans un moule et fortement collés.

La caisse de la harpe, vue par devant, présente la forme d'une pyramide conique, tronquée, demi-ronde et sensiblement plus large vers le bas que vers le haut.

La caisse est fermée au moyen de la *table d'harmonie*.

La table d'harmonie est en sapin ; on fait en sorte que les veines du bois soient transversales.

On comprendra facilement que, servant de fermeture à la caisse, la table affecte une forme trapézoïdale. La table doit être tenue plus épaisse dans la basse que dans le dessus.

Au milieu de la table, dans le sens de la longueur, est collé un long morceau de hêtre, dans lequel sont creusés de petits trous qui comportent des boutons auxquels sont fixées les cordes. La disposition de ce morceau de bois donne à la table plus d'épaisseur au milieu que sur les côtés.

La surface de la table est tenue légèrement concave. Toutefois, lorsque l'instrument est monté de ses cordes, celles-ci sont soumises à une tension qui représente un poids des plus considérables et qui ne tarde pas à donner à la surface de la table, une forme légèrement bombée.

Pied ou *Cuvette*.

Le pied ou cuvette avec les sept pédales de métal est terminé séparément, puis est réuni à la caisse au moyen de vis en fer, afin de pouvoir être enlevé à volonté. Sa construction technique est si simple et si naturelle que nous croyons inutile de faire une description plus détaillée de son exécution. On doit remarquer simplement que le pied forme le socle de la harpe et qu'il fait saillie sur la table de façon que la colonne peut y être placée.

Console.

Pour la console, dont la forme est celle d'une sorte de corniche, on emploie un bois solide, dur et ne se fendant pas facilement. Le meilleur moyen de la construire consiste à coller ensemble plusieurs épaisseurs, de façon que les veines du bois se croisent. La console est plus large à l'endroit où elle se réunit à la colonne qu'à son point d'attache à la caisse.

A la partie inférieure de la console et fortement reliée avec elle se trouve fixée la mécanique. Sur le côté qui reçoit les cordes on aperçoit les petits disques des mouvements. De l'autre côté qui est tourné vers la main droite du harpiste, se présentent les têtes des chevilles ; c'est de ce côté que s'accorde l'instrument. Entre les deux plaques de la mécanique sont disposés les mouvements qui consistent en sept bandes d'acier formant une série d'équerres successives qui, sous l'impulsion des pédales, actionnent les disques extérieurs lesquels, à raison de deux disques par note, sont au nombre de 92. Dans la basse, ces disques sont plus grands que dans le dessus.

Colonne.

La colonne qui sert de soutien à la console pour le jeu des cordes, est formée de bois dur très résistant. Elle a généralement, avec plus ou moins d'ornementation, la forme d'une colonne, ainsi que son nom l'indique, à cannelures creuses et rapprochées. Dans les harpes à pédales, la colonne est creuse ; dans l'intérieur sont renfermées les sept tringles en fil de fer qui mettent en action le mouvement.

Mécanisme à fourchettes.

Le mécanisme, dit *à fourchettes* ou *à mouvement demi-double*, fut inventé vers 1787 par Sébastien Érard, qui eut l'idée de substituer aux crochets de Naderman des disques en cuivre armés chacun de deux boutons formant saillie, entre lesquels passe la corde. Quand on veut élever la note d'un demi-ton, la pédale fait tourner le disque, les deux boutons appuient latéralement sur la corde et la raccourcissent en lui imprimant une flexion suffisante pour ne pas la déranger

de sa position normale, et en laissant au son toute sa
justesse. Quand une pédale est abaissée, ce mouvement se communique à l'équerre qui se trouve dans
la tête de la colonne et avec laquelle les tringles métalliques de la colonne sont en rapport. Cette équerre
agit sur les bandes de métal. Si, par exemple, ce
mouvement de la pédale se rapporte au *do*, toutes les
fourchettes du mouvement des cordes *do* se tournent,
leurs axes étant réunis à leur bande correspondante
par de petites branches, et toutes les cordes *do* de la
harpe donnent le *do dièze*.

Cet important perfectionnement n'avait cependant
pas augmenté d'une façon très sensible les ressources harmoniques de l'instrument : il était encore impossible de moduler dans certains tons. Cette harpe
s'accordait en *mi bémol ;* on obtenait le *si* naturel, le
mi naturel et le *la* à l'aide des pédales du mécanisme ; mais le *ré bémol*, par exemple, ne pouvait se
faire qu'en élevant le *do* naturel à l'état de *do dièze*.
En conséquence et surtout dans le ton de *la bémol*,
il était impossible de faire une gamme, la même corde
servant pour le *do* et pour le *do dièze*. Ces imperfec-
tions frappèrent Séb. Érard, qui, après plusieurs années de recherches et d'essais infructueux, parvint
enfin à construire un mécanisme, dit *à double mouvement*, avec lequel on peut exécuter tous les morceaux de musique dans tous les tons, même ceux qui
ont 7 dièzes ou 7 bémols à la clef. Comme nous l'avons
dit, les harpes chromatiques, à mouvement demi-
double, sont abandonnées depuis plusieurs années.

Mécanisme à double mouvement.

Le mécanisme *à double mouvement* produit la gamme harmonique. La pédale peut être abaissée et maintenue à deux degrés. La corde vide, c'est-à-dire sans emploi de la pédale, donnant, par exemple, le *la bémol*, si la pédale n'est abaissée qu'au premier

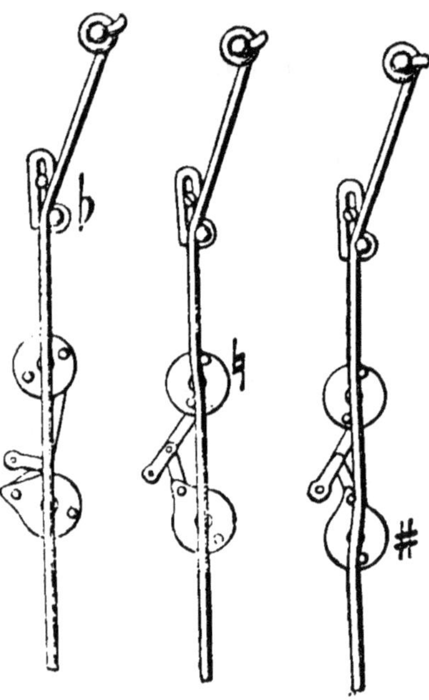

Fig. 61.

degré, le ton se trouvera élevé d'un demi-ton au *la naturel*, et, si l'on abaisse la pédale au deuxième degré, la corde, se trouvant ainsi raccourcie d'un ton, donnera le *la dièze*. Sept pédales suffisent pour faire produire trois sons à chaque corde.

Dans ce nouveau perfectionnement, Séb. Érard augmenta l'étendue du mouvement de va-et-vient des tringles intérieures, de manière à faire faire successivement une révolution plus grande aux deux disques munis de boutons. Ainsi qu'on le voit dans la fig. 61, l'un de ces disques sert à raccourcir la corde pour le premier demi-ton et l'autre disque produit le second demi-ton. Le disque supérieur, mis immédiatement en mouvement par le mécanisme de la pédale, détermine ensuite le mouvement du disque inférieur au moyen de tringles de renvois.

Pour obtenir ce double effet par l'emploi d'une seule pédale, Séb. Érard imagina de lui donner deux crans d'arrêt, représentés par la fig. 62. En l'accro-

Fig. 62.

chant au premier cran, on raccourcit la corde qui donnait à vide le ton bémol, et elle rend alors le ton naturel. La tringle de renvoi reçoit ainsi un premier mouvement; quand on accroche la pédale au deuxième cran, elle en reçoit un second et raccourcit de nouveau la corde, qui donne alors le dièze.

Grâce à ce mécanisme ingénieux, la harpe nouvelle renferme vingt-sept gammes complètes, tandis que l'ancienne n'en contenait que treize.

Après la mort de Sébastien Érard, son neveu Pierre Érard apporta à la harpe des modifications qui, sans en altérer le principe, devaient donner à cet instrument plus de force et de puissance. Les mouvements des pédales s'opéraient primitivement dans la partie basse, nommée *pied* ou *cuvette*, qui supporte le corps de la harpe. Pour obtenir plus d'ampleur dans le son, Pierre Érard diminua de moitié la hauteur de cette partie de l'instrument et augmenta d'autant la longueur de la table d'harmonie et du corps ; seulement, les deux mouvements de la pédale, au lieu de s'opérer dans la cuvette, s'opérèrent moitié dans celle-ci, et moitié dans le corps. Cette heureuse innovation lui permit ainsi d'espacer davantage les cordes les unes des autres. En donnant aux diverses parties de sa harpe une plus grande solidité, il put la monter en cordes d'un diamètre un peu plus fort, et substituer, en partie, dans les basses, des cordes filées sur acier aux cordes filées sur soie, qui donnaient moins de sonorité.

Ce nouveau modèle de harpe, nommé *gothique* à cause du style de son ornementation, a été adopté par tous les harpistes de France et d'Angleterre, et l'instrument est resté depuis ce que l'avaient fait l'oncle et le neveu.

SIXIÈME PARTIE

INSTRUMENTS A ARCHET ET A CLAVIER

§ 1. Viole d'amour.

L'ancienne *viole d'amour* était pourvue, comme le violon, de quatre cordes en boyau supportées par un chevalet; en outre, quatre cordes métalliques, placées sous la touche et passant sous le chevalet, étaient accordées avec les cordes à boyau et vibraient à l'unisson avec elles.

La construction moderne de cet instrument diffère peu de l'ancienne. Celles qui ont été construites récemment sont un peu plus grandes que l'alto; elles sont pourvues de sept cordes à boyau, dont les trois plus graves sont *filées*, c'est à dire garnies d'un fil d'argent enroulé en spirale autour de la corde harmonique. Sept autres cordes métalliques, fixées sous la touche et passant sous le chevalet, sont accordées et vibrent avec les cordes supérieures. Cette disposition produit un son grave et très doux, qui rappelle celui de l'alto et les résonnances harmoniques du violon.

Malgré les avantages que cet instrument peut offrir dans les parties concertantes, il a été presque entièrement abandonné de nos jours : peu de compositeurs en font usage et il est presque inconnu des amateurs.

§ 2. **Trompette marine.**

La *trompette marine*, inconnue de nos jours, était en usage au moyen âge et même jusqu'au XVIIIᵉ siècle, pour renforcer les orchestres ; c'était un instrument à une seule corde et à archet.

Elle consistait en une planchette mince, longue et plate, un peu plus étroite par le haut que par le bas, faisant fonction de table d'harmonie, sur un des côtés de laquelle on adaptait deux autres planches de même dimension, ajustées en forme triangulaire, ce qui donnait à l'instrument un creux favorable au développement du son. Sur le côté plat, on fixait à l'extrémité inférieure une grosse corde à boyau, soutenue par un chevalet, dont l'un des pieds était mobile. A l'extrémité supérieure de cet instrument, était adapté un long manche terminé par une volute comme celui des contre-basses, sur laquelle était placée une cheville destinée à recevoir l'autre extrémité de la corde à boyau et à lui donner la tension nécessaire pour l'accorder.

Lorsqu'on voulait s'en servir, on appuyait sur la corde avec le pouce de la main gauche, pendant que la main droite y glissait l'archet. La vibration de la corde se communiquait au chevalet, dont le pied mobile frappait rapidement une plaque de verre ou de métal, fixée à l'intérieur de l'instrument et sur la table d'harmonie. On obtenait ainsi des sons graves analogues à ceux que produisent les conques marines ou *sirènes* actuelles, quoique moins puissants.

§ 3. **Monocordes et Bicordes.**

Le *monocorde*, qu'on devrait plus régulièrement écrire *monochorde* à cause de son étymologie grecque (μονόχορδον), était connu des Grecs, qui en attribuaient l'invention à Pythagore. C'était le type primitif des instruments à cordes que l'antiquité nous a légués, d'après lequel se sont produits les perfectionnements qui ont donné naissance aux divers instruments dont nous avons parlé dans cet ouvrage. Abandonné pendant des siècles, il n'existait plus que dans quelques cabinets de physique, sous le nom de *sonomètre*, où il servait à expliquer aux élèves les lois de l'acoustique, quand on l'y employait. Il y serait peut-être resté enfoui longtemps encore, si un inventeur, M. l'abbé Tihay et son neveu M. J. Poussot, luthier à Pierre, près Toul (Meurthe-et-Moselle), ne l'avaient de nouveau construit et perfectionné tout à la fois (1).

Comme son nom l'indique, il se compose d'une seule corde métallique, formée de plusieurs fils d'acier ou de cuivre très fins et réunis en un faisceau, tendue à ses deux extrémités et reposant sur un chevalet au-dessus d'une caisse sonore (figure 63).

Sur deux pieds, légèrement inclinés en dehors pour augmenter l'aplomb, repose une monture qui reçoit l'instrument proprement dit ; ces pieds sont

(1) M. Poussot a pris un brevet pour son invention que Madame veuve Poussot exploite aujourd'hui commercialement, à Pierre. Elle fournira à nos lecteurs tous les renseignements qu'ils voudront lui demander sur les monocordes de sa fabrication.

fixes et assemblés avec la monture ou articulés sur un axe, pour pouvoir être repliés sous elle. Cette dernière disposition est préférable en ce qu'elle permet d'emballer plus facilement l'instrument, quand on veut l'expédier. Un des côtés de cette monture supporte l'attache fixe de la corde, l'autre porte la cheville, sur laquelle elle est enroulée et que l'on

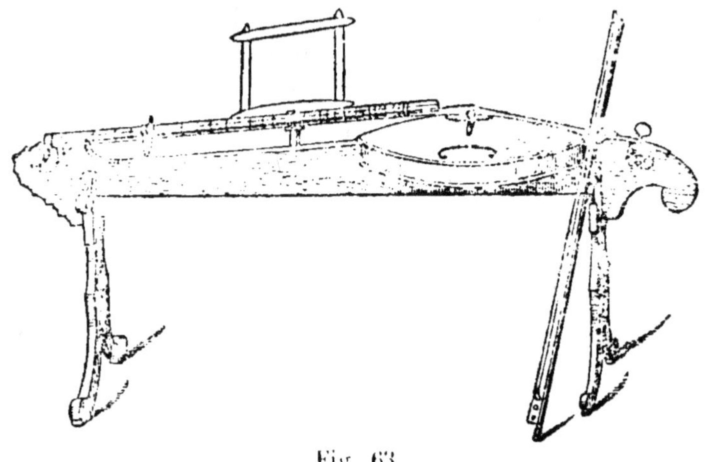

Fig. 63.

tourne comme la cheville des contre-basses pour régulariser l'accord. Une caisse légèrement bombée et creuse, construite d'après la méthode adoptée pour les caisses de violon, mais sous une forme différente, est encastrée dans cette monture, qui en affleure la partie supérieure et y est assujettie au moyen de deux forts taquets. Cette caisse est percée de deux ouies, comme les instruments de la famille des violons ; un chevalet repose entre les deux ouies sur le milieu supérieur de la caisse et supporte la corde.

Si l'on glisse un archet sur la corde entre son point d'attache et le chevalet, naturellement près de ce dernier, point où la sonorité est plus considérable, la corde vibre et rend un son unique qui est d'autant plus pur qu'elle est plus tendue. Si, en posant le doigt ou un objet quelconque sur cette corde, on raccourcit plus ou moins l'étendue de sa vibration, elle rendra un autre son plus ou moins aigu selon qu'elle aura été plus ou moins raccourcie. C'est d'après ce principe que sont construits tous les instruments à cordes anciens et modernes.

Pour le monocorde, qui nous occupe, trois méthodes ont été mises en pratique pour raccourcir les cordes et en diminuer les vibrations : le chevalet libre, le chevalet à coulisses et le clavier.

Le chevalet libre (fig. 64) est une sorte de fourche conique, plate et mince, en buis ou en tout autre bois dur, en ivoire ou en métal, présentant à sa base une large échancrure, dans laquelle vient s'encastrer la corde ; sa partie inférieure coïncide avec des divisions faites sur un canon à huit pans fixe, sur lequel sont

Fig. 64.

indiqués les intervalles correspondant aux diverses tonalités que l'on peut obtenir de la corde. En plaçant cette fourche sur la corde au point marqué, et en faisant glisser l'archet près du chevalet, l'artiste produit la note voulue.

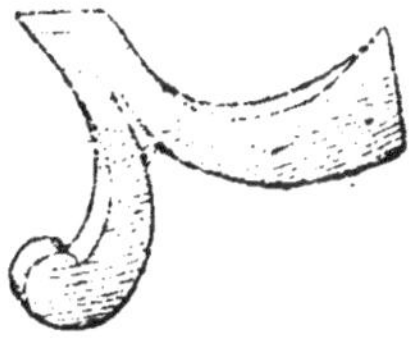

Le canon à pans ou cylindre harmonique fut le premier perfectionnement apporté au système des

chevalets. Il consistait en un cylindre, roulant sur
deux pivots et fixé derrière la corde; il donnait ainsi
tous les tons que comportait la longueur de celle-ci,
depuis l'extrême grave jusqu'à l'extrême aigu. Sur
chaque face de ce cylindre, les divisions diatoniques
étaient marquées dans l'ordre suivant :

Do, sol, ré, la, mi, si, fa, si♭, mi♭, la♭, ré♭, sol♭,

de quinte en quinte pour les tons diézés, et de quarte
en quarte pour les tons bémolisés. On commença
par faire des cylindres à douze pans, pour les douze
tons ci-dessus; mais ils étaient trop gros et leurs
faces étaient trop étroites ; on les remplaça rapidement par des cylindres à huit pans, en éliminant les
tons les plus chargés d'accidents.

Quand il veut jouer, l'exécutant n'a qu'à tourner
le cylindre de manière que le ton désiré se trouve
bien de face ; il tient de la main gauche le petit curseur ou chevalet libre, disposé de manière à indiquer
les notes et à pincer les cordes entre son entaille et
les doigts; il le promène ainsi de note en note, en le
présentant devant les divisions du cylindre, tandis
que, de la main droite, il fait vibrer la corde au moyen
de l'archet. Il peut ainsi exécuter dans tous les tons
un chant quelconque, et il obtient des sons très purs
et d'une sonorité parfaite. Mais le doigté reste d'une
grande difficulté, moindre cependant que le jeu des
violons et des instruments de la même famille, ce
qui a fait rejeter le monocorde pendant quelque
temps.

MM. Tihay et Poussot imaginèrent alors de remplacer les simples indications du canon par de petits bourrelets et amenèrent ce canon sous la corde; puis, soit au moyen du pouce, soit au moyen d'un petit curseur en bois dur qu'ils nommèrent *coq*, ils abaissèrent la corde sur les bourrelets, produisant ainsi des sons d'une justesse extrême, au lieu des sons tempérés donnés par les instruments à sons fixes. Les premiers

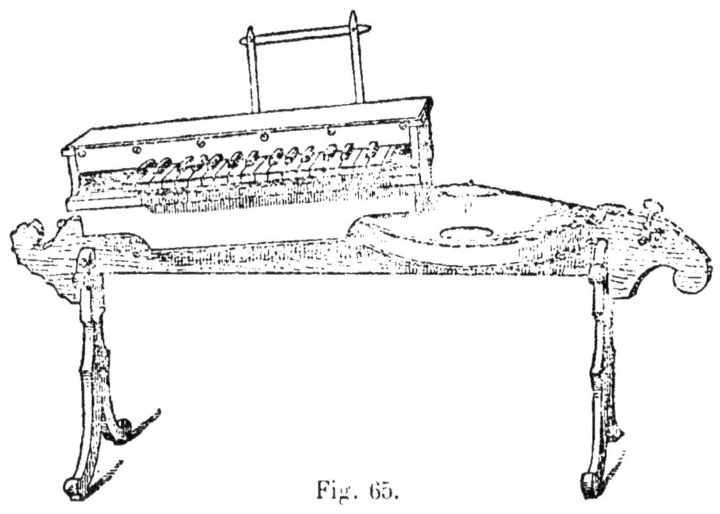

Fig. 65.

monocordes ont tous été construits d'après ce système, qui a été abandonné depuis et remplacé par un clavier semblable à celui du piano, quoique beaucoup moins complet, car il ne comporte que deux octaves, deux octaves et demi ou trois octaves, selon les instruments. C'est l'instrument actuel (fig. 65), qui commence à être assez répandu et qui est de plus en plus apprécié.

Ce clavier est fixé à la monture au moyen de deux consoles; il peut en être séparé, quand on veut l'enlever. Les touches sont égales comme dans le piano ou inégales; ces dernières obligent à un doigté irrégulier qui est gênant pour l'exécutant, tandis que le système à touches égales est plus agréable et d'un meilleur aspect; mais il est d'un prix plus élevé à cause du mécanisme qu'il nécessite. L'inégalité des touches répond exactement aux divisions diatoniques de la corde, qui sont d'autant plus rapprochées que les tons sont plus aigus.

Dans ce système, la corde harmonique passe sous le clavier, entre les touches et une lame de bois dite semelle, sur laquelle elle est pincée par la touche, lorsque celle-ci est abaissée par le doigt; dans cette position, elle est prise dans une sorte d'étau, sans pouvoir bouger, et elle rend, sous l'action de l'archet, le son qu'elle aurait eu si elle avait été raccourcie par le doigt à ce point de sa longueur (fig. 66).

Fig. 66.

La figure 66 représente le mécanisme le plus simple, celui qui a été employé dans les premiers monocordes à clavier. La touche est en bois verni non revêtu d'ivoire, ce qui est moins agréable à l'œil; en outre, elle pivote à frottement dans une encoche en bois, et elle est maintenue en place par une vis munie d'un ressort.

La figure 67 représente le mécanisme perfectionné. Dans cette nouvelle disposition, la touche est garnie d'ivoire et elle pivote librement sur son axe ; l'extrémité de la touche actionne le levier qui agit sur la corde ; le

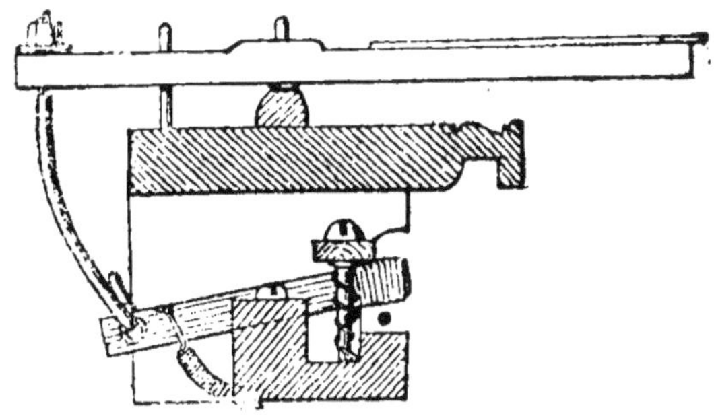

Fig. 67.

levier est remis dans sa position normale par deux ressorts, lorsque le doigt a cessé d'appuyer sur la touche.

La figure 68 représente l'ensemble de ce mécanisme si simple, qui ne nous semble pas avoir besoin d'une

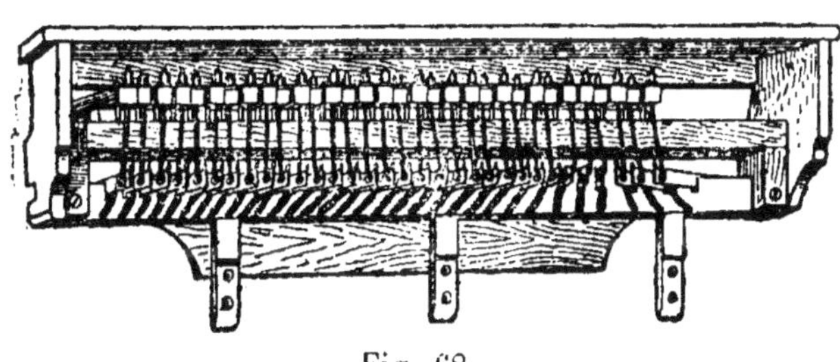

Fig. 68.

plus longue explication ; il est caché par la caisse qui supporte le clavier au-dessus de la corde. Pour la facilité de la lecture des morceaux qu'on veut jouer, un pupitre est placé, au-dessus et en arrière du clavier, en face de l'exécutant.

Dans quelques monocordes de construction récente, le clavier est fixé à la monture par des vis à ailettes, ce qui permet de l'enlever facilement. Les amateurs retrouvent alors l'instrument primitif avec canon pour chevalet libre.

Nous devons ajouter que les claviers à touches égales peuvent être munis d'un mécanisme transpositeur ; mais cette transformation, due à M. l'abbé Guyot, curé de Pierre, n'a pas une grande importance. Il concourt cependant au perfectionnement du nouvel instrument, qui était, dans la pensée de l'inventeur, destiné à accompagner le chant religieux.

Depuis, M. Poussot a eu l'heureuse idée de fixer au-dessus du clavier un cylindre indicateur de transposition, analogue au canon adapté au monocorde à chevalet libre, qui atteint le même but.

Tous ces perfectionnements ont montré de quelles ressources cet instrument, si simple en apparence, était susceptible. Au point où il est arrivé, il peut, sans contredit, être employé par les amateurs comme instrument concertant.

Le monocorde forme une famille complète d'instruments, qui comprend le Monocorde-étude, le plus petit de tous, le Monocorde intermédiaire, le Monocorde-fifre, le Soprano, l'Alto, le Baryton, la Basse et la Contre-basse. Tous sont faits et se jouent de la même manière ; tous ont un clavier à touches égales ou inégales, sauf la Contre-basse qui ne se fait qu'à touches inégales. Mais on se sert pour chacun d'eux d'un archet plus ou moins gros, suivant la dimension de l'instrument.

Indépendamment des monocordes *simples*, la maison Poussot construisait autrefois une autre série d'instruments, qu'elle avait classée sous le nom de monocordes *polynomes*. Dans cette série, plusieurs instruments se trouvaient réunis sous la même corde et sur la même monture, construite de manière à contenir plusieurs caisses sonores. Chaque caisse était surmontée d'un chevalet; ceux-ci soutenaient la corde unique comme dans un monocorde simple et communiquaient sa vibration à la caisse sur laquelle ils étaient placés. De même, chaque caisse sonore était munie d'un clavier avec son mécanisme, placé à sa gauche. Selon que cette série de monocordes contenaient deux, trois ou quatre instruments sur la même monture, elle prenait le nom de Monocorde-binôme, trinôme, tétranôme ou plus simplement polynôme. Mais la construction de ces instruments multiples a été vite abandonnée, à cause des difficultés de transport.

Mais il est rare qu'on s'arrête après un succès et qu'on ne cherche pas à améliorer ce qui est déjà bon. Un inventeur, M. l'abbé Prieux, a imaginé un mécanisme dans lequel la corde unique, toujours tendue sur la monture, au lieu d'être abaissée sur la semelle en bois, lorsqu'une touche est actionnée, est pincée en place entre une baguette de cuivre et un petit marteau en bois (fig. 69). L'avantage de ce système est de laisser la corde toujours également tendue, et, par suite, d'en conserver plus longtemps l'accord.

Le système Prieux a donné lieu à une nouvelle conséquence bien inattendue qui est de supprimer l'archet et de le remplacer par l'électricité. On doit cette nouvelle découverte à M. Guerre, électricien, qui s'occupe actuellement de l'appliquer au piano. Des monocordes de ce nouveau système sont actuellement en fabrication chez Mme veuve Poussot.

Cette maison construit encore des *Bicordes*, instruments analogues mais munis de deux cordes, comme leur nom l'indique, dont les uns sont accordés à l'octave, ce qui donne à l'instrument une octave de plus que l'étendue du clavier ; ce sont les bicordes à

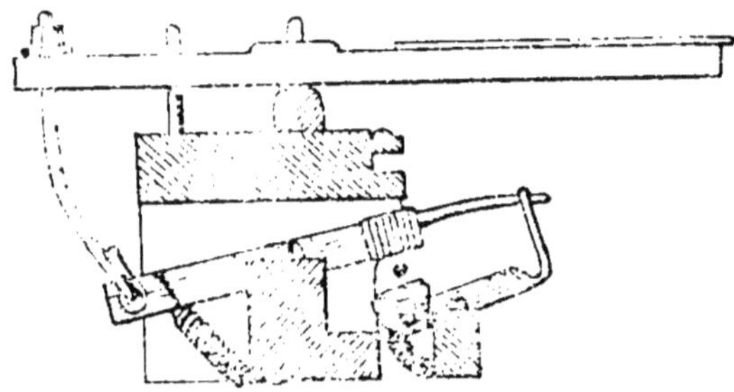

Fig. 69.

un seul clavier. Il existe également des bicordes munis de *deux claviers* qui sont accordés à la volonté du client. Avec les premiers, on peut jouer, soit sur une seule corde, soit sur les deux à la fois ; avec les seconds, en abaissant une touche à chaque clavier, on peut jouer un morceau à deux parties. Grâce à la série des monocordes construits par l'inventeur, on peut former un orchestre privé qui donnera les résultats les plus inattendus pour ceux qui ne se rendent pas compte des services que cet instrument est appelé à rendre.

Emploi du monocorde.

La fonction principale à laquelle le monocorde est merveilleusement approprié est de former et de soutenir la voix ; c'est donc avant tout un instrument d'accompagnement. Mais c'est surtout dans l'accompagnement du Plain-chant qu'il est remarquable ; vibrant sous les hautes voûtes de nos églises, il produit des effets saisissants, car c'est un des rares instruments de musique qui peuvent reproduire les notes coulées comme la voix humaine ; il peut même lutter avec l'Orgue dans l'accompagnement des Psaumes, des Hymnes et des Cantiques. En outre, son prix est infiniment inférieur à celui du Roi des instruments et même de l'Harmonium, considération précieuse pour les paroisses pauvres qui en sont réduites à accompagner leurs chantres avec le Serpent ou l'Ophicléide. Aujourd'hui, le premier de ces instruments peut être avantageusement remplacé par le monocorde et le second affecté spécialement aux fanfares et aux musiques militaires.

Outre son appropriation évidente à l'accompagnement des chants d'église, le monocorde en a une autre qui suffirait à elle seule à le faire adopter et à le populariser. Nous venons de dire qu'il était sans rival pour *former* et *soutenir* la voix humaine : c'est à ce double titre qu'il doit être recommandé et adopté dans les écoles, dans les maîtrises et partout où l'on enseigne le solfège. Il convient parfaitement pour poser et développer la voix des enfants.

Nous reproduisons ci-après, comme la trouvant
absolument exacte, l'appréciation de M. l'abbé Tihay,
sur l'instrument qui nous occupe :

« La voix ne sera sûre de rendre des sons parfaitement justes qu'après avoir été dirigée et exercée.
L'enfant a l'intonation incertaine et il n'entre en possession de sa faculté de chanter juste qu'après avoir,
pendant un temps plus ou moins long, entendu des
voix et des sons parfaitement justes. Il y a des personnes dont la voix est toujours incertaine et l'intonation peu sûre, et d'autres dont la voix est tout à
fait fausse. Peu d'instruments jusqu'ici n'ont pu servir
de guide à la voix de l'enfant, de soutien à la voix
incertaine, de correctif à la voix fausse et d'auxiliaire
à la voix juste. Seul, le monocorde peut répondre à
tous ces besoins. L'œil sera ici le meilleur guide de
l'oreille et de la voix ; les sons y sont mesurés au
compas et à l'équerre ; il n'y a pas une vibration de
plus ou de moins qu'il n'est nécessaire pour faire un
ton ou une quinte. »

Nous devons cependant ajouter que, dans ce cas, on
doit préférer le monocorde le plus simple et surtout
celui qui est muni du chevalet à coulisse au monocorde à clavier. Le premier peut seul, en effet, donner le son pur et diatonique de la note simple, diézée
ou bémolizée, en faisant sentir à l'oreille la différence
variable du coma, tandis que l'emploi du clavier nécessite le tempérament de la corde accordée, ce qui
produit toujours une intonation incertaine et nuisible
à l'oreille.

§ 4. **Mélotétraphone**.

M. E. de Vlaminck, professeur de musique au Vésinet (Seine-et-Oise), frappé des difficultés qu'offrent le violon et le violoncelle aux élèves qui commencent l'étude de ces instruments, difficultés qui les font à tort rejeter au profit du piano, a eu l'idée d'adapter un clavier sur le manche du violoncelle et de transmettre la pression des doigts avec une justesse absolue sur les cordes à l'endroit voulu pour obtenir la note cherchée, au moyen de lames abaissées par les touches de ce clavier. L'artiste touche le clavier de la main gauche et glisse l'archet de la main droite sur les cordes pour les faire vibrer.

Il est résulté de cette heureuse combinaison un mécanisme nouveau destiné à faciliter le jeu des instruments connus; ce mécanisme a reçu le nom de *Mélotétraphone* (μέλος, doux, τετρά, quatre, φωνή, voix ou son), ou *mélodie des quatre voix* (fig. 70), pour lequel l'inventeur a pris des brevets pour tous les pays et formé une société qu'il exploite actuellement rue Charlot, 83, à Paris.

M. de Vlaminck a conservé les quatre cordes réglementaires des instruments connus; en sorte que les lames placées sous les touches sont fixées à des endroits différents et s'appuient toujours sur deux cordes à la fois.

Il a pourvu des violoncelles ordinaires d'un clavier de trois octaves et demi, et des altos d'un autre clavier n'ayant que deux octaves et demi. Ce dernier instrument est plus portatif que le violoncelle; l'alto peut tenir dans une boîte longue de 80 centimètres sur 25 de largeur et 28 de profondeur, ce qui le rend portatif. Ces deux instruments peuvent, comme leurs

Fig. 70.

congénères à archet, servir à l'exécution de la musique concertante, avec le piano ou les autres instruments à cordes ou à vent.

L'invention de M. de Vlaminck est certainement une des plus heureuses et des plus importantes en matière musicale qui aient été faites dans ces derniers temps, car elle est la solution rêvée par les amateurs et même par les artistes désireux de jouer ces admirables instruments à cordes qui, par leur ressemblance avec la voix humaine, parlent le plus à l'âme et donnent l'expression la plus élevée de l'art musical instrumental. Elle est donc appelée à avoir un très grand retentissement dans le monde artistique.

Le principe du mouvement intérieur du Mélotétraphone s'applique généralement à tous les instruments connus de la famille du violon. Grâce à l'ingénieuse combinaison des touches du clavier avec les cordes, il est désormais possible de jouer sur *un seul* instrument, qui est le violoncelle, au gré de l'exécutant, le premier violon, le second violon ou alto et le violoncelle.

Actuellement, il existe deux sortes de clavier ayant le même mouvement et ne différant l'un de l'autre que par le nombre des touches et la dimension. Le clavier destiné au violoncelle a 42 touches blanches et noires et celui destiné à l'alto n'a que 30 touches.

Ainsi que nous l'avons dit, l'exécutant touche le clavier de la main gauche, comme s'il jouait du piano, avec cette différence qu'il ne détache pas les notes en levant les doigts comme pour ce dernier instrument, mais qu'il les lie en appuyant sur les touches, comme s'il jouait de l'orgue ou de l'harmonium. Il est assis droit devant son instrument, ainsi que le représente la fig. 70, position bien moins fatigante et beaucoup plus gracieuse, surtout pour les dames.

Le violoncelle est placé sur un chevalet à deux pieds, reliés entre eux par une traverse mobile, qui permet de se servir d'instruments de dimension différente, soit en longueur totale, soit en largeur du manche.

L'alto est placé sur une petite table, construite spécialement, dont les petits supports permettent aussi de se servir d'instruments différents. Pour la facilité des expéditions et du transport en ville, les pieds de cette petite table sont pliants.

Toutes les parties étant mobiles, on peut les placer et les déplacer à volonté. Bien que les instruments puissent être livrés tout montés et prêts à être joués, il est utile d'indiquer comment doivent être montées les différentes pièces dont se compose l'ensemble, telles que le chevalet, la table, le clavier, quand ils sont séparés. Voici comme on doit s'y prendre :

1° *Pour le violoncelle.* — Après avoir écarté les pieds du chevalet, d'après la longueur de l'instrument, qui varie de 2 à 3 centimètres au plus, on place la traverse dans les entailles préparées pour cela et on l'y assujettit en la vissant. On pose ensuite sur le pied de droite le bouton du tire-cordes du violoncelle et l'on serre ce bouton au moyen de la vis; puis, on entre dans le pied de gauche le manche du violoncelle, exactement à l'endroit du sillet, de manière que la partie arrondie de la touche dépasse seule à son extrémité l'entaille faite dans le pied.

Enfin, on prend le clavier par les poignées fixées sur la boîte qui le renferme, les touches du côté du monteur, et on le fait descendre le côté gauche le premier sur le pied du chevalet; on pose à droite sur les rebords de l'instrument, les deux extrémités inférieures du clavier, qui sont garnies de feutre; on le fixe après en passant la tringle en fer par les trous pratiqués au-dessous du manche du violoncelle.

2° *Pour l'alto.* — On commence par développer sous la petite table les pieds pliants qui y sont fixés par des charnières; on fait entrer dans les entailles préparées au bas des pieds la traverse destinée à maintenir leur écartement et à empêcher toute trépidation de la table; puis on la fixe aux deux pieds par des petits loquets placés à sa face inférieure pour l'empêcher de remonter.

La table étant ainsi préparée, on pose l'alto sur les petits supports placés sur le dessus de la table et on l'y fixe par un ressort du côté du tire-cordes. On place le clavier comme nous l'avons dit pour le violoncelle, en ayant soin que les pointes, dont les pieds du clavier sont munis, entrent dans des trous pratiqués dans la table.

De cette manière, les instruments conservent toute leur sonorité.

On peut accorder les instruments avant ou après la pose du clavier; mais il est préférable de le faire avant. Afin de régler exactement le diapason, le clavier porte une mesure indiquant exactement l'emplacement du chevalet de l'instrument.

Luthier.   19

En raison du rapport établi entre les touches du clavier et les cordes, et par un changement de l'accord de la première corde (chanterelle) de *la* en *ré*, une octave au-dessus de la deuxième corde, l'étendue du violoncelle se trouve être de cinq octaves, depuis l'*ut* grave jusqu'au *contre-ut* aigu (9e position du violon). Celle de l'alto est de quatre octaves. En conséquence, on peut jouer sur le violoncelle depuis l'*ut* grave de la basse jusqu'au *contre-ut* aigu du violon, soit les quatre instruments du quatuor, ce qui justifie le nom de *Mélotétraphone* ou *Mélodie des quatre voix*, donné par l'inventeur à son instrument.

Les violoncelles et les altos livrés par la Société E. de Vlaminck et Cie sont accordés : *do, sol, ré, ré* (octave). La première et la seconde corde sont des *cordes métalliques spéciales*. Si l'on devait jouer sur d'autres instruments de facture ordinaire et courante, on devrait, avant d'y poser le clavier, remplacer les deux cordes ordinaires par des cordes métalliques spéciales et les accorder comme nous l'indiquons ci-dessus.

Rapport du clavier avec les cordes.

La première touche du clavier est sans effet sur les cordes de l'instrument ; quoique mobile, elle n'existe que comme complément du clavier et pour la régularité du doigté.

Les sept touches suivantes, blanches et noires, servent aux troisième et quatrième cordes.

La huitième touche est à l'unisson de la troisième corde, donnant le *sol* à vide ; elle est aussi à l'unisson de la deuxième corde, donnant le *ré* à vide.

Toutes les autres touches servent pour la première et la deuxième corde.

La vingtième touche, au passage de l'archet sur la deuxième corde, est à l'unisson du *ré* de la première corde à vide. En conséquence, il est préférable, pour la commodité du doigté, de passer dans la phrase *ascendante*, avec l'archet sur la première corde, en reprenant la huitième touche avec la main gauche.

Ces indications s'appliquent au clavier du violoncelle comme à celui de l'alto.

Exécution.

Pour bien jouer, il suffit de connaître le rapport existant entre le clavier et les cordes, et de s'exercer au maniement de l'archet. Avec un peu d'exercice, on obtient tous les effets du jeu ordinaire sur un instrument sans clavier. On acquiert assez vite une certaine virtuosité ; avec de l'exercice on parvient à atteindre la plus haute élévation de l'art. Les amateurs qui savent déjà jouer le piano, n'auront qu'à apprendre le maniement de l'archet ; ceux qui possèdent quelques notions du violon, n'auront qu'à s'initier au clavier pour arriver facilement à une exécution parfaite.

On produit facilement le *vibrato,* en imprimant aux touches du clavier un léger tremblement partant du poignet. Avec un peu plus d'étude, on peut même faire les *sons glissés* ou ports de voix, qui, impossibles sur le piano, s'exécutent si parfaitement sur les instruments à cordes; on y parvient en glissant le doigt de la touche du demi-ton inférieur sur celle du demi-ton supérieur, qui est la note cherchée. On peut aussi faire sentir la différence du *coma*, dans les tons diézés ou bémolisés, en appuyant plus ou moins fortement sur les touches. Lorsqu'on veut faire un *trille*, on appuie sur une touche sur laquelle on maintient le doigt, tandis que le doigt voisin frappe des petits coups vifs et répétés sur la touche supérieure.

Cependant, par la raison même que l'accord des instruments de la Société se fait d'une manière différente de celle des instruments ordinaires, on ne peut produire toutes les doubles notes, comme on le fait avec ceux-ci. Par contre, on peut faire vibrer une quantité d'autres doubles cordes, ce qui est impossible avec le jeu ordinaire.

Sur le violoncelle, en partant du *sol grave* à la troisième corde, on peut faire entendre des *octaves successives* jusqu'au *contre-ut aigu*, ce qui produit grand effet : on croit entendre *à la fois* le violoncelle et le violon.

Toute musique écrite pour le violoncelle ou pour le violon peut être exécutée sur ces instruments modifiés par le clavier.

On peut voir et essayer soi-même les instruments exposés dans la salle d'audition de la Société de Vlaminck et Cie, rue Charlot, 83, à Paris, où l'on trouvera tous les renseignements qui ne seraient pas à leur place dans ce volume.

§ 5. Vielle.

La *vielle*, qui n'est que la reproduction en petit d'un ancien instrument du moyen âge, nommé *organistrum*, que deux personnes jouaient ensemble, portait autrefois en France le nom de *chifonie*, probablement dérivé du mot symphonie. Elle porte encore aujourd'hui, en Italie, les noms de *viole rustique*, *viole d'aveugle* et *rebec à roue*.

Sauf dans quelques contrées montagneuses du centre de la France, comme l'Auvergne, le Bourbonnais et la Savoie, où l'on rencontre encore quelques amateurs, qui sont de véritables artistes en leur genre, elle n'est plus guère jouée que par les musiciens ambulants, qui parcourent les villes, surtout les villes d'eaux pendant la belle saison, pour rapporter chez eux, en hiver, le produit de leurs recettes.

Une des principales causes qui ont fait délaisser la vielle, c'est précisément qu'elle est presque toujours jouée par des personnes qui ne savent pas en tirer le parti qu'elle peut donner. Entre leurs mains, cet instrument a un son nasillard qui lui est particulier, qu'on ne peut confondre avec celui d'aucun autre quand on l'a entendu, tandis que, jouée à la chanterelle seulement, elle produit des sons doux et agréables comme ceux du violon. La vielle à six cordes, entre les mains d'un artiste qui connaît son instrument, peut remplacer, pour faire danser, un orchestre composé d'un violon, d'un alto et d'une contre-basse, ce qui est d'une grande ressource dans les villages isolés, souvent privés de musiciens.

La vielle (fig. 71) a la forme d'une grosse guitare, percée de deux trous ou ouies et terminée par un manche assez court. Sur le côté plat, qui sert de table d'harmonie à l'instrument, sont montées trois cordes à boyau soutenues par des chevalets. Vingt-trois touches mobiles dont treize noires faisant les tons, et dix blanches faisant les demi-tons (à l'inverse du clavier du piano), disposées en une sorte de clavier rudimentaire, pressent les cordes, ce qui produit les

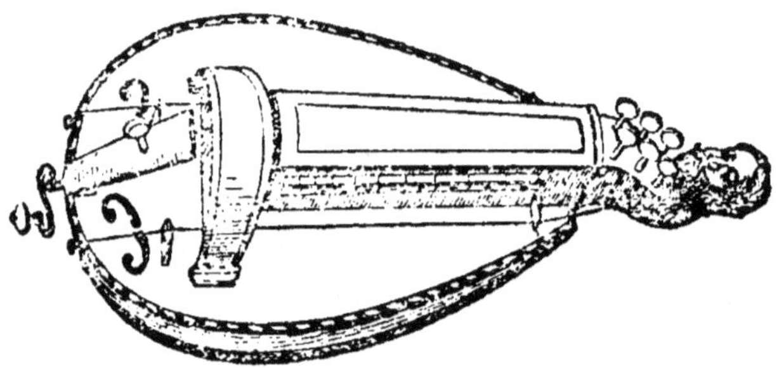

Fig. 71.

notes, quand on tourne une roue enduite de colophane, mue par une manivelle ; cette roue est toujours en contact avec les cordes.

L'exécutant tourne la manivelle de la main droite, tandis que les doigts de la main gauche appuient sur les touches du clavier; celles-ci, en pressant sur les cordes, produisent les notes que la roue fait vibrer.

Il se fabrique actuellement deux sortes de vielles : la *vielle plate*, qui a la forme d'une grosse guitare, et

la *vielle ronde*, dite *à bateau*, qui a la forme d'une
mandole ; cette dernière est la plus sonore et la plus
usitée.

Presque tous les ouvriers qui s'occupent de sa
construction savent en jouer et l'accorder. Comme
pour les instruments dont nous avons parlé précédemment, ils se servent d'un moule, ou bien d'une
vielle démontée, d'après laquelle ils construisent séparément les différentes pièces de l'instrument, qu'ils
assemblent ensuite. Chaque ouvrier fait sa vielle entièrement seul : c'est lui qui fabrique le coffre, la
roue, les touches, les dessins, la tête sculptée, etc.,
et qui la vernit ensuite pour la livrer au commerce.

On monte le coffre sur un moule. La table d'harmonie, qui est en sapin, est collée sur trois barres
également en sapin qui servent de charpente à l'instrument et qui lui donnent une forme bombée. Une
de ces barres est placée sous le grand chevalet des
chanterelles, une autre sous le clavier, et la troisième,
qui se trouve entre les deux premières, supporte
l'extrémité de l'essieu de la roue. Le clavier, qui a
la forme d'une petite boîte longue, se compose de
deux octaves chromatiques ; il est collé sur la table ;
ses deux petites planchettes sont percées de petits
trous carrés et maintenues par la tête de l'instrument, qui représente une figure d'homme ou de
femme. Chaque touche du clavier est munie de deux
sautereaux qui, par la pression du doigt, appuient
sur les deux chanterelles qui sont mises en vibration
par la roue. Sur le clavier se trouve un couvercle, qui

s'ouvre à volonté et sur lequel l'exécutant repose sa main en jouant. Au-dessus de la roue, se trouve aussi un couvercle, qu'on enlève à volonté, et qui est maintenu à sa place par deux petits mentonnets en os. Le cordier des deux chanterelles est ajusté et collé sur la table, au-dessus du tasseau.

Il existe peu de luthiers en France s'occupant de la construction de la vielle. La principale fabrique est celle de M. Pajot fils, seul successeur de l'ancienne maison Pajot, à Jenzat (Allier), de qui nous tenons les renseignements qui précèdent et à qui nos lecteurs pourront s'adresser pour en obtenir d'autres, s'ils en ont besoin. La bienveillance que M. Pajot fils nous a témoignée en cette occasion, ce dont nous sommes heureux de le remercier ici, les assure d'obtenir de lui tout ce qu'ils pourraient avoir à lui demander, relativement aux instruments qu'il fabrique.

MÉMOIRE

SUR LA

Construction des Instruments à cordes et à archet

Par F. SAVART (1).

Ce Mémoire est divisé en trois sections : dans la première, on expose sur quel principe la construction des instruments à cordes est fondée; dans la seconde, on traite des corps renforçants du son, employés jusqu'à présent, et des moyens de les disposer convenablement; enfin, dans la troisième, on décrit dans tous les détails un violon d'une forme particulière, déterminée d'après les principes établis dans les deux sections précédentes.

PREMIÈRE SECTION

Principes de la Construction des Instruments à cordes.

I. — La construction des instruments à cordes est fondée sur le renforcement du son d'un corps, par les

(1) Afin de compléter ce volume, nous y avons joint le Mémoire de M. F. Savart sur les Instruments à cordes et à archet, actuellement épuisé et presque introuvable. Ce travail contient une série d'expériences sur les vibrations et la sonorité des corps, qui seront ainsi sauvées de l'oubli et que nos lecteurs liront avec intérêt et profit. Ce Mémoire était suivi, dans l'édition originale, d'un Rapport fait par M. Biot à l'Académie des Sciences, que son étendue ne nous a pas permis d'insérer.   (*Note de l'Editeur*).

vibrations d'autres corps avec lesquels on met le premier en contact immédiat ou même médiat. D'après ce principe, que quand un corps mis en vibration est en contact immédiat avec un autre, il y excite toujours un mouvement oscillatoire dont la période est égale à celle qu'il observe lui-même. C'est ainsi que si l'on fait résonner un diapason sans l'appuyer sur un corps solide, et qu'ensuite on le pose sur une table résonnante quelconque, dans le premier cas le son produit est très faible, tandis que dans le second il est beaucoup plus fort et plus plein. Dans cet exemple, le diapason représente les cordes; la table résonnante représente la caisse de l'instrument.

Pour démontrer ce principe d'une manière plus complète, on peut prendre une plaque mince de cuivre ou de verre, ronde et bien égale d'épaisseur, ou même une plaque de plomb, laminée avec soin, parce que ce métal ayant peu de rigidité, il obéit facilement à tous les mouvements qui lui sont communiqués, et qu'il a encore l'avantage de s'écrouir plus également. On place cette plaque sur une règle étroite en bois, en mettant entre le bois et le métal, pour les empêcher de se toucher, un petit morceau de bois ou mieux de liège, parce que cette substance cède aux mouvements de la plaque et n'est pas un obstacle à la régularité des figures. On fixe à l'un des bouts de la règle une corde de violon, et on la tend à l'autre bout par le moyen d'une cheville; on place un chevalet de violon sur la plaque, qu'on recouvre d'une couche de sable fin; on tend la corde qu'on a préalablement posée sur le milieu du chevalet et, au moyen d'un archet, on en tire un son. A l'instant le sable se réunit sur certains points et en abandonne d'autres, ce qui forme une figure d'autant plus régulière, que la plaque est bien partout de la même épaisseur, et que les pieds du chevalet sont placés à égale distance du centre de la plaque, sur un de ses diamètres; si l'on tend la corde plus fort, de manière que le son soit d'un ou plusieurs tons plus haut, on obtiendra une autre figure : il en sera de même si l'on baisse d'un ton, d'un demi-ton, et même d'une moindre quantité.

Dans la planche II, figures 1 et 2, est représenté l'appareil qui a servi à faire ces expériences : *a* représente la plaque de métal ou de verre, *b* la règle de bois, *c* le chevalet, *d* la corde, *e* la cheville qui la tend, *f* le petit morceau de bois ou de liège qui empêche la règle et la plaque de se toucher.

Malgré que cette expérience soit assez difficile à bien faire, on pourra facilement voir, quand même elle ne réussirait qu'imparfaitement, que le mouvement de la corde, communiqué par le chevalet, est partagé par la plaque; et les figures diverses que le sable formera chaque fois qu'on tirera un son différent, indiqueront que chacun de ces sons est renforcé par un mode de vibration particulier de la plaque en rapport pour la période avec celui de la corde.

On remarquera en passant que presque toutes les figures qu'on obtient par ce procédé, sont composées de lignes nodales concentriques, et d'autres lignes qui forment des étoiles composées d'un plus ou moins grand nombre de pointes, figures qui sont les plus difficiles à obtenir, quand on applique l'archet à la circonférence même de la plaque, qui, dans ce cas, donne des sons bien plus beaux que dans toute autre circonstance.

Dans cette expérience, si, en place d'une plaque de cuivre ou de plomb, on en prend une de verre, le timbre sera changé, ce qui indique que la corde et la plaque rendent des sons simultanés. Sans doute que les sons qui sont ainsi le résultat de vibrations communiquées seraient très faibles s'ils existaient séparément; mais, pour les employer, comme on donne de grandes surfaces aux corps qui les produisent, et que ces surfaces agissent sur une très grande masse d'air, déjà ébranlée par des mouvements analogues, le son primitif acquiert beaucoup d'intensité.

Les figures **3**, **4** et suivantes jusqu'à la 15e de la planche II, représentent les modes de vibration que l'on obtient dans une seule octave, en marchant par demi-tons; les figures 16, 17, 18, 19 et 20 représentent les modes de vibration de quelques autres sons plus aigus qui suivaient l'octave précédente : on pourrait aller plus loin, mais il faudrait employer des cordes plus fines que celles dont on se sert pour le violon. Il y a cependant un point où il ne se produirait plus de figures du tout, parce que les parties vibrantes devenant toujours plus petites à mesure que les tons deviennent plus aigus, les nœuds se trouveraient si rapprochés les uns des autres qu'on ne pourrait plus distinguer de figures. Au contraire, quand on produit des sons très graves, les vibrations de la plaque sont si lentes que le sable ne paraît que faiblement agité et qu'il ne forme point non plus de figures. Il y a même un point où la plaque ne sert probablement plus au renforcement du son; c'est quand le son de la corde est plus grave que le plus grave que la plaque peut produire. Ce son le plus grave n'est pas, comme l'a avancé M. Chladni, celui que la plaque donne en se divisant en quatre parties qui restent fixes et en quatre parties qui oscillent ; ce n'est pas même celui où la plaque serait traversée par un seul nœud dans la direction d'un de ses diamètres, et qui est plus grave que le précédent de deux octaves; mais c'est celui où la plaque n'a plus qu'un seul point qui ne vibre pas et qui en occupe le centre, et dont le son est encore plus grave que celui de la figure précédente.

Cette expérience prouve que les plaques sont susceptibles d'une infinité de modes de vibration différents, depuis celui dans lequel il n'y a qu'un seul point qui ne vibre pas, jusqu'à ceux dans lesquels les nœuds sont extrêmement rapprochés, subdivision qu'on conçoit pouvoir s'étendre d'une manière illimitée.

On pourrait penser que la plaque ne vibre que dans le cas où le son de la corde est un de ceux que la plaque peut rendre elle-même, ou quand les modes de vibration de celle-ci sont des harmoniques de la corde ; mais en répétant l'expérience, on peut se convaincre du contraire. Par exemple, si l'on tire un son directement de la plaque et qu'ensuite on mette la corde à l'unisson avec ce son, on aura la même figure que la plaque rendait en la faisant vibrer directement, mais si l'on tend la corde d'une très petite quantité, la figure se modifiera un peu, et en continuant ainsi, l'on verra que les figures produites par plusieurs tons successifs ne sont en quelque sorte que des distorsions d'un des modes de vibration connus de la plaque. Les figures 3, 4, 5, 6, 7, 8 et 9 de la planche II, sont toutes des modifications d'un seul nœud concentrique ; la figure 3 et la figure 9 sont presque pareilles ; cependant dans cette dernière, le nœud est bien plus près du bord de la plaque. On peut faire les mêmes rapprochements entre les figures qui suivent ; elles sont presque toutes des modifications de la division de la plaque en six parties. Si l'on répète plusieurs fois l'expérience sur une même octave, en dessinant chacune des figures qu'on obtient, si chaque fois on ne part pas exactement du même ton, on aura des modes de vibration tout à fait différents, et l'on sera étonné de la multitude de figures qu'on peut ainsi obtenir dans une seule octave.

On peut conclure de ceci que la période des oscillations de la plaque est toujours égale à celle des oscillations de la corde, en sorte que toutes les fois

que deux corps sont en contact immédiat, on peut
les considérer comme étant à l'unisson ; et que, si
l'on en fait vibrer un, l'autre est ébranlé d'une manière analogue.

On peut varier cette expérience de plusieurs manières. Si l'on prend deux plaques de mêmes dimensions et de même matière, donnant le même son,
qu'on les unisse en mettant entre les deux une tige
de bois, comme on le voit figure 21 de la planche II ;
si on les saupoudre de sable et qu'on tire le son
d'une des deux plaques avec un archet, elles pro-
duiront toutes deux la même figure. On pourrait
penser que l'air est pour beaucoup dans ce mode
de propagation des vibrations ; on peut s'assurer que
son action y est nulle ou presque nulle, en mettant
entre les deux plaques une planche épaisse de bois,
percée d'un trou pour passer la tige ; en la recou-
vrant d'une couche légère de sable, on verra que,
quand les plaques vibrent, le sable qui recouvre la
planche n'est pas du tout agité.

On peut donner une explication assez satisfaisante
de la propagation des mouvements dans ce cas,
ainsi que dans ceux qui y sont analogues. Supposons que la plaque mise primitivement en jeu soit
traversée par un seul nœud qui soit dans la direction d'un de ses diamètres ; quand elle oscillera,
l'une de ses moitiés s'abaissera tandis que l'autre
se relèvera, comme on le voit en A et en C, figure 21.
A communiquera à la tige M, dans un espace de
temps infiniment petit, un mouvement qui s'étendra

à une certaine distance en formant une espèce
d'onde analogue à celles qui se forment dans l'air;
dans l'instant suivant A passera en D, C passera en
B et communiquera à la tige un petit mouvement
analogue à celui qui lui a été communiqué du côté
opposé un instant plus tôt; à la seconde vibration, il
se formera une nouvelle onde qui courra après la
précédente, et ainsi de suite jusqu'à ce que le mouvement soit arrivé à l'extrémité de la tige, où les
ondes arriveront toujours un instant plus tôt en *a*
qu'en *b*; par conséquent, les oscillations communiquées à la plaque inférieure auront une période parfaitement égale à celle des oscillations de la plaque
supérieure, et la figure devra être la même.

On conçoit que tous les modes de vibration, dans
lesquels les nœuds sont des lignes diamétrales,
devront se transmettre de cette manière ; dans le cas
où les nœuds sont des lignes concentriques, la même
explication est encore satisfaisante. Supposons le cas
d'un seul nœud concentrique, comme dans la
figure 22, planche II, à la première vibration, A
frappera la tige M et lui communiquera un petit
mouvement qui formera une onde; à la seconde vibration, A passera en B, et celui-ci viendra occuper
la place de A et communiquera à la tige une nouvelle onde qui suivra la précédente. Il en sera de
même jusqu'au bout de la tige, où les ondes arriveront avec une période égale à celle des vibrations
de la plaque supérieure; par conséquent, elles com-
muniqueront à la plaque inférieure un mouvement

oscillatoire analogue qui produira la même figure, puisque chaque figure est le produit d'un certain nombre de vibrations dans un temps donné.

Si les plaques n'avaient pas les mêmes dimensions, le mouvement se transmettrait de la même manière, mais la figure ne serait pas la même dans les deux plaques. Par exemple, si l'on prend deux plaques rondes d'égale épaisseur, dont les diamètres soient entre eux comme un est à deux, on sait qu'elles devront rendre des sons qui seront à la double octave l'un de l'autre, celui de la plus grande étant *do*, celui de la plus petite sera *do* $_3$. Si on les unit au moyen d'une tige de bois, comme dans l'expérience précédente, quand on tirera de la plus grande le son qui est fourni par la division de la plaque en quatre ventres de vibration, la plus petite, pour ne faire que le même nombre de vibrations et rendre le même son, ne devra être traversée que par un seul nœud, qui sera une ligne diamétrale, puisque ce mode de vibrations donne un son qui est de deux octaves plus grave que celui où la plaque est traversée par deux diamètres qui se croisent à angle droit : c'est aussi ce que l'expérience confirme parfaitement.

Si, au lieu de deux plaques, on en réunit plusieurs par des tiges, le mouvement se transmet également bien de l'une à l'autre, en n'en mettant qu'une seule en jeu ; les figures sont telles que le comportent les dimensions de chacune des plaques, pour s'accommoder au mouvement de celle qui est primitivement ébranlée.

Nous venons d'examiner la manière dont les vibrations se transmettent d'un corps à un autre, et après avoir observé ce phénomène dans les cas les plus simples. On peut l'étudier dans ses complications, en examinant sur un violon à tables planes, les différents modes de vibration qui s'y produisent en tirant des sons différents des cordes : on recouvre la table de sable comme dans les expériences précédentes, et il se forme des figures aussi régulières (voyez les figures de la planche III); d'où l'on peut conclure que les tables des instruments ne sont que des plaques dont les vibrations ont pour usage de renforcer le son primitif. On conçoit maintenant à quoi servent le chevalet et l'âme : ce sont des corps destinés à transmettre aux tables les mouvements de la corde, sans que la période de ces mouvements soit changée. Les éclisses et les tasseaux remplissent des fonctions analogues : ainsi, dans la construction des instruments à cordes, on emploie principalement deux corps, l'un des vibrations duquel on peut se rendre entièrement maître, c'est-à-dire dont on peut tirer tous les tons possibles, et l'autre destiné à remédier à leur faiblesse par des vibrations dont la période est égale à celle des oscillations du corps primitivement mis en jeu.

II. — Les corps solides ne sont pas les seuls qui soient aussi susceptibles de transmettre les vibrations d'un corps à un autre. Les fluides élastiques peuvent produire le même effet, comme on peut le voir dans les diverses espèces de tambours qui sont formés de deux membranes placées aux extrémités d'un cylindre creux. Pour prendre le cas le plus simple, supposons que la figure 23, planche II, représente une coupe passant par l'axe d'un tambour. Quand on frappera la membrane A, elle s'abaissera par exemple jusqu'en a, et communiquera à l'air contenu dans la caisse un petit mouvement qui formera une onde qui courra jusqu'à ce qu'elle soit arrivée à la membrane inférieure B, qu'elle abaissera jusqu'en b en la frappant ; ensuite a passera en α par la réaction élastique, b passera en β un instant après, et ainsi de suite, de manière que la membrane inférieure prendra un mode de vibration dont la période sera égale à celle des oscillations de la membrane supérieure, et qu'elle rendra par conséquent le même son : les choses se passent ainsi dans la grosse caisse. Dans le tambour militaire, le phénomène est plus compliqué : il y a deux cordes de boyaux qui sont tendues à côté l'une de l'autre sous la membrane inférieure, dans la direction d'un de ses diamètres ; mais comme elles sont moins tendues que la membrane, elles n'en suivent pas tous les mouvements, de manière que dans certains moments elles la frappent, tandis que dans d'autres elles sont appliquées contre elle, ce qui fait exécuter à la membrane un mode de vibration qui est deux fois plus rapide que si elle n'était frappée qu'en un seul point. Pour rendre ceci plus clair, si l'on soulève ou si l'on ôte les cordes de boyaux, quand on frappe sur la membrane supérieure, on a le son le plus grave que donne l'instrument, et la membrane inférieure donne absolument le même nombre de vibrations que l'autre ; ensuite si l'on replace les cordes, le son devient beaucoup plus intense et monte d'une octave, parce que dans les instants où les cordes touchent la membrane, elles y produisent par leur présence une espèce de nœud; cette membrane entraine ensuite l'autre à vibrer d'une manière analogue à la sienne, parce que l'ébranlement qu'elle reçoit des cordes étant plus fort et se faisant dans une plus grande étendue que celui qui est occasionné dans la membrane supérieure par le choc des baguettes, les excursions des parties vibrantes sont plus fortes et plus régulières.

Ce mode de propagation du son par l'air est absolument le même que celui qui a lieu dans un tube, à l'orifice duquel on fait vibrer un corps dont la surface est perpendiculaire à l'axe de ce tube.

Dans la caisse des instruments à cordes, l'air remplit les mêmes fonctions que dans le tambour ; mais comme il agit alors sur les tables qui offrent plus de résistance au mouvement que les membranes, l'action en est beaucoup plus faible, et l'on est obligé de le seconder par un autre moyen : de là l'origine de l'âme qui agit de la même manière, comme nous l'avons vu plus haut, et dont l'invention est sans doute due au hasard.

Quand l'air n'occupe pas un espace limité, de manière que le mouvement se transmette dans une seule direction, il paraît que pour qu'il propage les vibrations d'un corps à un autre, il faut qu'ils soient tous deux susceptibles de rendre le même son, ou que l'un des deux fasse un nombre de vibrations tel, qu'il soit un des harmoniques de l'autre. Par exemple, quand on joue du violon dans un appartement où il y a des instruments à cordes, et que l'on fait une note qui est un des harmoniques d'une des cordes à vide d'un de ces instruments, elle entre aussitôt en vibration, et on la voit se diviser en un certain nombre de parties, de manière à s'accommoder au mode de mouvement de la corde qui rend le son. Si l'on pose sur la paume de la main un violon dont on ne joue pas, tandis que quelqu'un joue, à côté, d'un instrument quelconque, on sent la table frémir à certains sons. Enfin tout le monde sait que quand, dans une chambre, il se rencontre à une des fenêtres un carreau à l'unisson avec l'un des sons tirés d'un instrument, aussitôt ce carreau entre en vibration et rend un son qui est très appréciable. Ce phénomène se répète tous les jours, il ne s'agit que de le remarquer.

Le plus ordinairement les vibrations communiquées ainsi ne produisent point des sons appréciables à l'oreille ; ils existent cependant, puisqu'il y a production d'un mouvement aussi rapide que celui du corps mis directement en jeu : les deux sons ne diffèrent l'un de l'autre que par le degré plus ou moins fort de l'ébranlement. Cela est si vrai, que si sur un violon on fait résonner, par exemple, *ré* quatre doigts sur la quatrième, le *ré* à vide entrant en vibration par la communication de l'air, comme dans les expériences qui précèdent, le son est bien plus fort que si l'on empêche le *ré* à vide de vibrer; et si, après avoir tiré le son de la quatrième, on en arrête tout d'un coup les vibrations, on entend encore quelque temps le son que le *ré* à vide continue de donner.

La propagation du son se faisant de la même manière par l'air que par les corps solides, on serait induit à croire que ce fluide propage aussi dans toutes les circonstances les oscillations qui lui sont communiquées, et qu'il n'est pas indispensable que le second corps puisse produire un nombre de vibrations tel, qu'il soit à l'unisson ou qu'il soit un des harmoniques du premier. On pourrait penser que quand ce rapport n'existe pas, les mouvements que l'air excite sont si faibles qu'ils sont inappréciables, ce qui ne serait pas une raison pour en nier l'existence. En effet, comment le son se transmettrait-il à travers les vitres, les murailles, etc., si ce n'était en occasionnant dans ces corps, par le moyen de l'air, un mouvement oscillatoire d'une période déterminée. Il est hors de doute que les excursions des parties vibrantes sont alors extrèmement faibles; mais il paraît cependant qu'elles suffisent pour transmettre le mouvement à l'air contenu dans la chambre, et de là à l'oreille.

Quelquefois le son excité par communication, par le moyen d'un fluide intermédiaire, est aussi fort et même plus fort que le son primitif, ce qui prouve qu'il peut y avoir une infinité de degrés dans l'ébranlement, depuis les vibrations inappréciables jusqu'au son le plus intense qu'un corps puisse produire, la période des oscillations restant la même.

On pourrait, d'après cela, diviser les vibrations en perceptibles et en imperceptibles, quoiqu'étant toutes de la même nature, et ne différant entre elles que par l'intensité; ce qui conduirait à cette hypothèse, que les vibrations imperceptibles sont le vrai moyen de propagation du son, et que cette propriété n'est que la plus ou moins grande facilité qu'un corps a pour partager le mouvement oscillatoire qui lui est communiqué, et pour le transmettre à un corps inerte ou à l'oreille.

On a recherché, dans cette section, sur quel principe est fondée la construction des instruments à cordes, et on croit avoir démontré qu'elle repose entièrement sur le renforcement du son des cordes par les vibrations communiquées aux tables minces de la caisse, spécialement par le moyen du chevalet, de l'âme et de l'air, vibrations dont la période est toujours égale à celle des oscillations de la corde. Dans la section suivante, on examinera quelle est la manière la plus convenable de disposer les différents corps renforçants du son, employés jusqu'ici. On sait par expérience que ce sont les tables minces de bois, assemblées et collées avec soin, de manière à former une caisse dont l'intérieur ne communique avec l'air que par de petites ouvertures pratiquées convenablement; mais une chose à laquelle on a fait peu d'attention, et qui

en mérite cependant beaucoup, c'est la régularité et
la symétrie de la forme, indispensables pour obtenir
les meilleurs résultats. Je vais donc en parler d'abord,
ensuite je parlerai des tables minces, puis de la caisse,
et enfin de la forme.

DEUXIÈME SECTION

Vibration des corps sonores.

1. — Les expériences de M. Chladni ont fait voir que
toutes les fois qu'un corps rend un son, les parties
qui le composent tendent toujours à vibrer régulièrement et symétriquement. Par exemple, si l'on prend
une plaque ronde de cuivre ou de verre dont les deux
surfaces sont bien parallèles, qu'on la recouvre d'une
couche légère de sable fin, et qu'après l'avoir saisie
fortement avec le pouce et l'index d'une main, ou avec
une machine appropriée à cette expérience, on la mette
en vibration au moyen d'un archet appliqué sur le
bord, on verra le sable se mouvoir et former une
figure régulière qui ressemblera à une étoile à quatre
ou à six pointes, etc., comme on en voit deux exem-
ples dans les figures **24** et **25** de la planche II.

Si l'on prend un verre ordinaire ou une cloche
d'harmonica, qu'on les remplisse d'eau, et qu'ensuite
on en tire un son au moyen d'un archet promené sur
le bord, des crispations régulières en étoiles, formées
par un plus ou moins grand nombre de pointes, se
montreront sur la surface du liquide; elles indiqueront que la circonférence du vase s'est partagée en

nœuds et en ventres de vibrations, c'est-à-dire, en parties qui restaient fixes, et en parties qui allaient alternativement en dedans et en dehors; de même que, dans l'expérience précédente, le sable, en se retirant de certains points et en se réunissant sur d'autres, indique ceux qui restent en repos et ceux qui sont en mouvement.

Il n'est personne qui n'ait remarqué comme les cordes se divisent régulièrement en deux, en trois, en quatre parties, etc., phénomène qu'on rend sensible en appuyant le doigt très légèrement sur l'un des nœuds de vibration, ce qui produit les sons harmoniques. On pourrait augmenter le nombre des expériences de ce genre; mais celles que je viens de citer suffisent pour montrer que tous les corps qui sont mis en vibration tendent toujours à se diviser avec régularité en parties oscillantes et en parties qui restent fixes.

Cette régularité et cette symétrie sont si nécessaires à la production des sons, que ce n'est que dans les corps dont les molécules sont presque homogènes et dont la forme est symétrique elle-même, qu'il faut chercher les sons les plus beaux et les plus agréables. C'est pour cette raison que les instruments à vent et la voix de certains êtres animés fournissent les sons les plus flatteurs, parce que c'est l'air qui est alors corps sonore, et que ce fluide est susceptible de vibrer avec toute la régularité possible; la beauté du son des instruments de verre dépend aussi de la même cause.

Luthier. 20

D'après ce qui précède, on conçoit que, quand les parties qui composent un corps ne peuvent pas vibrer régulièrement et symétriquement, il ne peut y avoir production d'un son déterminé, et que le résultat de cette confusion de mouvement est ce qu'on appelle le bruit.

On peut encore se convaincre de la nécessité, de la régularité et de la symétrie de la forme pour obtenir les sons les plus parfaits qu'un corps puisse donner, en faisant attention à ce qui rend une corde fausse : il suffit d'une petite éminence dans quelque point de son étendue, ou qu'elle ne soit pas bien cylindrique, pour que le son n'en soit pas pur, c'est-à-dire, pour que les nœuds et les ventres de vibration ne se fassent pas régulièrement. De même, pour qu'une cloche d'harmonica ne produise pas des sons purs, il suffit qu'elle ne soit pas bien égale d'épaisseur dans toute sa circonférence, ou que cette circonférence ne soit pas régulière, parce qu'alors elle ne peut pas se diviser symétriquement en parties qui restent fixes et en parties qui oscillent.

On peut donc établir que, plus la forme d'un corps est régulière, plus les vibrations s'y produisent avec facilité, et que plus un corps est susceptible de vibrer régulièrement et symétriquement, plus les sons qu'il produit sont beaux.

On voit maintenant combien il est nécessaire que toutes les parties qui composent un instrument soient parfaitement symétriques, et l'on cesse d'être étonné de la difficulté de rencontrer des violons et des basses dont l'intensité de son, soit la même pour toutes les notes, quand on considère que la barre d'harmonie placée sous le pied gauche du chevalet est une cause plus que suffisante pour produire cet effet, puisqu'elle détruit la symétrie : il est donc nécessaire de placer la barre au milieu, dans la direction de l'axe de la table, en manière de couvre-joint.

Le manque de symétrie dans le violon ordinaire (non-seulement celui qui provient de la position de la barre, mais encore celui qui naît de la difficulté de bien exécuter une forme si composée), en occasionnant de l'irrégularité dans les vibrations, est cause que le son est mêlé d'un peu de bruit, ce qui le rend éclatant, dur et quelquefois criard. Souvent un violon qui paraît très fort de son quand on l'entend de près, ne paraît pas en avoir quand on l'entend de plus loin, ce qui dépend de la production simultanée du bruit, dont les vibrations irrégulières ne se communiquent pas si bien à l'air que celles du son, qui sont régulières.

II. — Nous allons chercher maintenant la raison pour laquelle on emploie des tables minces plutôt que des tables épaisses, pour renforcer le son des cordes.

Si l'on prend deux plaques rondes, de même matière, exactement de même diamètre, mais dont l'une ait une épaisseur double de celle de l'autre, la plus mince, la figure obtenue étant la même, rendra un son qui sera d'une octave plus grave que celui de la plaque la plus épaisse. Cette expérience, facile à répéter, est contraire à ce que pensent la plupart des musiciens et des luthiers, que les tables minces sont favorables aux tons aigus, et que les tables plus épaisses sont favorables aux tons graves. Il est cependant facile de concevoir que tout le reste demeurant le même, à l'exception de l'épaisseur qui est double, la rigidité doit être augmentée, et que, par conséquent, le son doit devenir plus aigu; c'est ce que la théorie démontre rigoureusement. Il doit donc y avoir un certain degré d'épaisseur relativement au diamètre où les excursions des parties vibrantes seraient si peu étendues qu'elles ne produiraient plus des sons perceptibles tant ils seraient aigus, quoique néanmoins on pourrait les produire. Dans cet état, ce corps serait susceptible de propager le son, puisque les vibrations imperceptibles suffisent pour cela; mais il ne conviendrait pas pour le renforcer. Il faut donc, pour que le renforcement du son ait lieu dans toute sa plénitude, que la plaque ait une épaisseur telle en raison de sa grandeur, que les sons qu'on en peut tirer ne soient pas tellement aigus ni tellement graves qu'ils soient imperceptibles. La manière de tirer le son étant la même, il y a une épaisseur où les excursions des parties vibrantes sont aussi grandes qu'il est possible : c'est cette épaisseur-là qui est la plus favorable au renforcement du son. Elle est par conséquent relative aussi à la densité, à la rigidité et à l'état plus ou moins avancé de sécheresse du bois.

Le tâtonnement et l'expérience ont depuis longtemps amené les luthiers à l'emploi des tables minces, et ils ne se sont trompés qu'en les faisant voûtées, dans l'intention, sans doute, d'obtenir une plus grande résistance pour supporter la pression des cordes. Mais il est évident, et il serait superflu d'en donner des preuves, que les tables planes sont celles qui vibrent le plus facilement quand elles sont fixées par leur contour; c'est-à-dire, celles qui se divisent le plus facilement en parties vibrantes en-deçà et au-delà de l'axe qu'on peut supposer passer par ces tables; tandis que les tables voûtées, comme celles qu'on a employées jusqu'à présent, sont loin de remplir aussi bien le même but, parce qu'étant d'abord très résistantes par elles-mêmes, elles le deviennent encore plus quand elles sont fixées par tous les points de leur circonférence. D'ailleurs une considération qui devrait suffire pour les faire rejeter, c'est que les fibres du bois y sont tronquées de toutes les manières possibles, ce qui fait que la régularité de l'élasticité, propriété sans laquelle il n'y a point de son, s'y trouve détruite en partie, et que le mouvement communiqué par le chevalet est bientôt éteint; de là le son aigre, sec et faible de la plupart de nos instruments.

Rien n'est plus susceptible non plus de diminuer l'intensité du son et sa beauté que le contour courbe, d'abord parce que, dans les tables minces qui le forment, le bois est plié dans la direction des fibres, et que, par conséquent, les mouvements vibratoires y sont difficiles, ensuite, parce que ce n'est qu'avec beaucoup de peine qu'on peut atteindre à une symétrie exacte dans l'exécution.

Dans tous les instruments, on rencontre certaines notes dont le son se distingue par une plus grande pureté et une plus grande force; on sait que cela arrive quand quelque partie du corps renforçant est susceptible de faire, dans un espace de temps donné, le même nombre de vibrations que la corde qui rend le son, ou même d'en faire la moitié moins, ou le double, etc., toujours dans le même temps. Cette différence dans la qualité du son des différentes notes est une preuve que la forme des tables n'est favorable qu'à certains sons : elle devrait au contraire les favoriser tous également, si elle n'était pas elle-même un obstacle aux vibrations régulières et symétriques, puisque, comme nous l'avons démontré, quand deux corps sont en contact immédiat, il suffit d'en faire vibrer un pour que l'autre soit entraîné à vibrer de la même manière.

Il paraît donc indispensable de n'employer que des tables et des éclisses planes, afin que les fibres du bois ne soient point coupées, que la régularité de l'élasticité ne soit point détruite, que la symétrie de la forme soit plus facile à observer, et que le mouvement communiqué par le chevalet ne soit point interrompu : alors le renforcement du son aura lieu dans toute sa plénitude, et toutes les notes de l'instrument auront la même intensité. Stradivarius paraît avoir senti cette nécessité; les violons qui sont sortis de ses mains, sont très peu voûtés : aussi ont-ils une intensité de son bien plus considérable que ceux de Stainer, qui le sont beaucoup.

III. — La caisse est formée par la réunion de plusieurs tables minces, arrangées de manière que l'air qu'elle contient ne communique avec l'air environnant que par de petites ouvertures. Il est probable qu'on a été amené à ce genre de construction par hasard, ou en considérant, qu'en général les corps creux sont plus sonores que les autres ; mais, d'après ce que j'ai dit précédemment sur les vibrations communiquées, il est facile de se rendre raison de cette construction.

La caisse remplit deux fonctions bien distinctes, qui tendent au même but : l'une consiste à resserrer, dans un espace limité de toutes parts, une certaine quantité d'air qui agit de la même manière que celui qui est contenu dans un tambour, c'est-à-dire que c'est un moyen de communiquer les mouvements de la table au fond et aux éclisses ; l'autre consiste à donner, à l'aide des éclisses, un point d'appui aux tables dans tout leur contour ; de manière que le mouvement étant communiqué au milieu par le chevalet et par l'âme, il est impossible qu'il s'y fasse un grand nombre de nœuds. En effet, l'action du chevalet et celle de l'âme peuvent, jusqu'à un certain point, être comparées, par rapport aux tables, à celle de l'archet sur une plaque ou sur une corde ; or, on sait que le point d'une plaque ou d'une corde, où l'on promène un archet, ne peut jamais être un nœud. On peut se convaincre de la vérité de ce que nous avançons, en saupoudrant de sable la table d'un violon ; si cette table est bien plane et bien égale d'épaisseur, on pourra remarquer, en tirant des sons tantôt graves, tantôt aigus, que les figures qui se forment sont en général composées d'une ligne nodale qui suit le contour de la table, sans cependant être tout à fait sur le bord, et d'un nœud qui est dans la direction de l'axe ; enfin, qu'il se trouve rarement des nœuds dans l'espace compris entre les ouvertures qui établissent la communication de l'air contenu dans la caisse avec l'air extérieur : c'est ce qu'on peut voir en considérant les figures de la planche III. Il est évident que le contraire aurait lieu si les tables étaient libres par leur contour, et que tous les nœuds se formeraient alors vers leur milieu et jamais sur leurs bords, ce qui serait un grand obstacle à la transmission des vibrations par le moyen de l'âme, comme nous allons le voir.

Malgré que l'espace compris entre les ouvertures ait le même mode de vibration que si elles n'existaient pas, cependant les excursions des parties vibrantes sont plus fortes que si cette partie était entièrement réunie au reste de la table, ce qui doit y rendre les nœuds plus parfaits, c'est-à-dire, qu'ils doivent se rapprocher d'une ligne très fine. Ceci est d'une grande importance pour la transmission du mouvement de la table au fond, parce que si ces nœuds n'étaient pas d'une grande finesse, et qu'il vînt à s'en établir dans l'endroit qu'occupe l'âme, les vibrations ne seraient point transmises au fond ; c'est aussi ce qui arrive quand on place l'âme dans la direction de l'axe de l'instrument où il y a presque toujours un nœud très large ; le son est le même absolument que si l'on ne mettait pas ce conducteur. Cette expérience a été faite sur un violon auquel on n'avait point mis de barre. On conçoit, au contraire, que si les excursions des parties vibrantes sont aussi grandes que possible, les nœuds seront comme des lignes très fines, et que, quand même il en passerait un dans l'endroit où pose l'âme, le mouvement devra se transmettre comme dans l'expérience des deux plaques réunies par une tige, quand la figure est un composé de lignes nodales diamétrales.

Du mode de vibration des cordes comparé à celui de quelques autres corps, on peut tirer quelques inductions propres à faire sentir les usages de la caisse : les cordes ont un mode de vibration très simple et facile à mettre en jeu; elles n'ont pas besoin de se diviser en plusieurs nœuds et en plusieurs ventres de vibrations pour produire des sons. Il n'en est pas de même, par exemple, des cloches d'harmonica, des plaques, etc., dont les mouvements sont beaucoup plus composés, mais en revanche dont le son est beaucoup plus pur et plus agréable. Pour que la cloche produise un son, il faut que sa circonférence se divise au moins en quatre nœuds et en quatre ventres de vibrations, dont les mouvements sont isochrones entre eux; dans la corde il n'y a qu'un seul ventre, à moins qu'on ne mette un obstacle léger dans un endroit où il pourrait exister un nœud; mais alors le son devient beaucoup plus doux et plus fort, en approchant de la qualité de celui de la cloche. Ainsi, dans la cloche, les sons, si je puis m'exprimer ainsi, sont moelleux et flûtés par la structure même de l'instrument, tandis que dans la corde ils ne le sont qu'accidentellement. D'après cette considération, on pourrait regarder la caisse comme destinée, **par** des vibrations isochrones à celles de la corde, à lui tenir lieu d'un certain nombre de parties vibrant en même temps qu'elle, et rendant le son beaucoup plus fort et en même temps plus moelleux.

Sans doute que la harpe, dont les sons si purs, si doux et en même temps si forts, flattent si agréablement l'oreille, ne doit ses précieuses qualités qu'à **la** facilité qu'ont toutes les parties de la table de partager le mouvement des cordes, qu'au nombre considérable de ces cordes mêmes qui sont toujours prêtes à entrer en vibration, et par là à renforcer le son primitif et à le rendre plus doux et plus pur.

IV. — La bonté des instruments à cordes doit dépendre spécialement d'un certain rapport entre **toutes** les parties qui les composent. Ainsi, si l'on donne une forme et des dimensions quelconques à la table, **par** exemple, celles du violon ordinaire, les éclisses et le reste de l'instrument doivent avoir des dimensions en rapport avec celles de la table, et c'est de l'accord de toutes ces parties que doit résulter la perfection. En effet, l'ébranlement communiqué par le chevalet à la table supérieure ne s'étend sensiblement, **avec** des excursions suffisamment fortes, qu'à une certaine distance qui dépend de l'épaisseur de cette table : plus la partie qui est ainsi ébranlée a d'étendue, plus le son est fort; il est donc nécessaire qu'elle en ait le plus possible. Il faut cependant que les mouvements soient assez forts sur ses bords pour qu'ils puissent se communiquer convenablement aux éclisses, et par le moyen de celles-ci au fond pour se réunir à cet endroit avec les ébranlements communiqués par l'âme.

Ce manque d'accord entre toutes les parties qui composent le violon ordinaire, est un de ses grands défauts; chacun peut s'en convaincre en mettant du sable ou mieux de la sciure fine sur la table d'un de ces instruments; en tirant ensuite successivement des sons de plusieurs cordes, on verra que les parties extrêmes de la moitié du violon qui touche au manche ne vibrent presque jamais.

Les mauvaises qualités de la guitare ont en partie la même origine; le corps renforçant en est beaucoup trop considérable pour qu'il puisse être mis entièrement en jeu par des cordes dont la disposition est d'ailleurs vicieuse. Il résulte de cela qu'il n'y a que quelques parties de la table supérieure qui entrent en mouvement, et que le reste de la caisse est inutile et même nuisible. Une preuve qu'il n'y a que quelques parties de la caisse qui soient ébranlées, c'est que le son de la guitare ne s'étend qu'à des distances peu considérables, ce qui provient de ce que le mouvement communiqué à l'air par les cordes n'est pas assez augmenté par les vibrations de la caisse, dont les surfaces fort étendues seraient cependant susceptibles de produire un bien plus grand effet si toute la machine était disposée plus avantageusement. Il faudrait que les cordes, au lieu d'être parallèles à la table, y fussent perpendiculaires, ou qu'elles formassent avec elle un angle assez ouvert, comme celles de la harpe; alors elles ébranleraient la table bien plus fortement quand on les pincerait, et le son en deviendrait beaucoup plus intense.

L'instrument dont toutes les parties entreraient en mouvement avec une égale facilité, dont tous les points concourraient également au renforcement du son, et qui ne formerait plus qu'un seul et même corps sonore avec les cordes, serait le plus parfait, surtout si les tables et les éclisses en étaient aussi épaisses que possible (sans nuire cependant à la production des sons graves), afin de joindre le moelleux à la force des sons. Pour atteindre ce but, le meilleur moyen est de faire en sorte que la table aille en s'amincissant depuis le lieu de l'ébranlement jusque sur les bords, de manière que le mouvement vibratoire soit aussi fort auprès des éclisses qu'auprès du chevalet.

V. — La forme de la caisse est une des choses les plus importantes dans la construction des instruments. Maupertuis est, à ma connaissance, le seul qui s'en soit occupé d'une manière spéciale ; il résulte de ce qu'il dit à ce sujet, premièrement qu'il est nécessaire que la caisse soit composée de fibres longues et de fibres courtes, les premières favorisant les tons graves, et les secondes les tons aigus ; secondement, qu'on a été amené aux formes employées actuellement par une expérience raisonnée, et que ce sont les plus convenables.

leur étendue, qui est cause que leur circonférence est déterminée à se diviser en un certain nombre de parties égales pour produire des sons ; mais si la rigidité est plus forte dans un sens que dans l'autre, comme dans le bois, on conçoit que le mode de vibration devra se modifier en conséquence, et que la plaque ne devra plus se diviser également. Une table mince de bois, ronde, est plus difficile à plier dans la direction de ses fibres qu'en travers, de manière que si l'on applique un archet sur le bord, en travers des cordes ligneuses, il devra en résulter des nœuds de vibration, qui s'étendront d'autant plus dans la direction des fibres, que celles-ci seront plus isolées les unes des autres ; c'est-à-dire, que la rigidité transversale sera moindre, comparativement à celle qui est longitudinale.

Il y a cependant une remarque à faire pour le cas où la plaque n'est traversée que par une seule ligne nodale diamétrale : elle se produit également bien à travers et dans la direction des fibres. Mais la cause en est toute simple, car pour l'obtenir en travers des fibres, on est obligé de promener l'archet à l'extrémité des fibres les plus longues ; il est donc impossible qu'il s'y forme un nœud.

Nous ajouterons une remarque générale sur les plaques de bois : c'est que malgré qu'elles soient moins homogènes que des plaques de métal ou de verre, les nœuds de vibration y sont cependant plus parfaits, ce qui provient de ce que, dans la direction des fibres, la rigidité est très uniforme.

Plusieurs physiciens très distingués partagent encore l'opinion de Maupertuis ; mais elle ne paraît appuyée sur aucun raisonnement ni sur aucune expérience qui entraînent la conviction ; ce n'est qu'une supposition, dont la vraisemblance s'évanouit devant des expériences plus certaines. Les tables des instruments ne vibrent absolument que comme des plaques, mais comme des plaques de bois et non comme des plaques de matières homogènes ; on peut en acquérir la certitude en saupoudrant de sable fin la table d'un violon, et en en faisant résonner les cordes, expérience déjà citée plusieurs fois. Nous avons représenté, pl. III, fig. 6 à 9, avec toute l'exactitude qu'il nous a été possible d'y mettre, quatre figures que nous avons obtenues ainsi avec les quatre cordes à vide du violon, montées successivement sur l'instrument ; *a* indique la position du chevalet, *b* celle de l'âme, *c*, *c*, *c*, *c*, celle des tasseaux. Nous avons répété cette expérience plusieurs fois, et toujours obtenu des résultats analogues ; nous l'avons également faite sur un violon rectangulaire, et obtenu de même des résultats semblables, avec la différence que la forme de l'instrument devait nécessairement apporter dans les figures que le sable formait. On peut donc en conclure que les fibres du bois ne vibrent pas séparément, et qu'il n'est pas nécessaire qu'elles soient dans un certain rapport de longueur avec les cordes.

M. Chanot (1) s'est aussi appuyé, dans la construc-

(1) M. Chanot, officier du génie maritime, a apporté dans la construction du violon ordinaire quelques modifications qui paraissent

tion de son violon, sur une hypothèse qui a quelque analogie avec celle de Maupertuis; car il prétend que l'âme sert, en interceptant en quelque sorte, dans l'endroit où elle touche, la continuité des cordes ligneuses, à faire un certain nombre de fibres courtes, qu'il regarde comme propres à favoriser les tons aigus, et que, par conséquent, la moitié droite de l'instrument est en rapport avec les sons aigus, et la gauche avec les sons graves. Cette manière de voir se trouve contredite aussi par les expériences que nous venons de citer; car on voit, dans la planche III, que les figures sont toujours symétriques, et que, quand il y a un nœud dans les environs du pied droit du chevalet et de l'âme, il s'en forme toujours un pareil du côté opposé. Il faut faire attention que le fond n'est point un corps invariable dans sa position, mais qu'il cède à la pression de l'âme à proportion que la table supérieure cède à la pression du chevalet. Comme les expériences citées dans la première section le prouvent, l'âme ne sert qu'à transmettre les vibrations de la table supérieure à la table inférieure; si l'instrument est bien fait, elle ne doit apporter aucune modification dans le mouvement des plaques qu'elle sert à mettre en rapport; elle doit être en contact immédiat avec toutes les deux, mais elle ne

améliorer l'instrument et que l'expérience approuve. Mais, comme M. Chanot n'a pas publié les raisons qui l'ont engagé à modifier ainsi l'ancienne forme, nous parlerons de ses opinions d'après le rapport qui en a été fait par l'Institut, et qui se trouve dans le Moniteur universel du 22 août 1817, n° 234.

doit pas en être comprimée au point d'en changer le mode de vibration.

Si l'hypothèse qu'avance M. Chanot était fondée, quand on ôte l'âme d'un violon, les sons graves devraient être proportionnellement plus forts que les sons aigus ; mais, comme personne ne l'ignore, c'est le contraire qui a lieu. Quelquefois, dans ce cas, les sons aigus sont presque aussi forts que quand l'âme est à sa place, tandis que les sons graves sont constamment très faibles.

C'est donc à tort qu'on a voulu faire dépendre la forme des instruments d'un rapport de longueur entre les fibres ligneuses et les cordes, et qu'on a avancé que ces fibres entraient en mouvement quand elles étaient à l'unisson avec le son tiré des cordes, ou quand elles en étaient un des harmoniques.

C'est dans les développements dont la proposition de M. Chaldni est susceptible, qu'il faut aller chercher la forme des instruments en tenant compte de la différence qui existe entre le mode de vibration des plaques de bois et celui des substances à peu près homogènes. Pour bien faire ressortir cette différence, supposons qu'on veuille faire un violon avec des plaques de cuivre planes, et ne tenons pas compte de la manière dont on pourrait le jouer, ni de l'intensité du son. Il est évident que le point de l'ébranlement étant au milieu des plaques, pour que les excursions des parties vibrantes fussent également ment fortes dans tous les points du contour, il faudrait faire les tables rondes, ce serait sans doute la meilleure forme. Maintenant supposons qu'on fasse un violon de même forme en bois, en sapin, par exemple, et voyons si les excursions des parties vibrantes seraient également fortes dans toute la circonférence : il ne faut pas oublier que les bords de la table sont fixés après les éclisses. Supposons que la figure 28, planche II, représente la table d'un pareil violon, et qu'on n'y ait pas fait d'ouverture ; *c*, *c* indiqueront la position des pieds du chevalet : il est évident que l'élasticité sera plus régulière et plus parfaite dans la direction A B, puisque les fibres y forment une substance continue, que dans la direction C D, où elles sont séparées par une substance molle ; on remarquera que les fibres participeront d'autant plus difficilement au mouvement général, qu'elles seront moins unies entre elles, et qu'elles deviendront plus courtes, par conséquent plus résistantes ; car il ne faut pas oublier qu'elles sont fixées par leurs extrémités. Il faudrait donc, pour que les excursions des parties vibrantes fussent aussi fortes dans la direction C D que dans la direction A B, que le diamètre C D fût plus court que l'autre, ce qui changerait la forme en un ovale ; ou bien, il faudrait amincir la table sur les bords en C et en D, ou faire en sorte que le bois ne fût pas sur sa maille, comme disent les ouvriers, ainsi qu'il est représenté en L, figure 29, planche II, mais que les fibres se recouvrissent l'une l'autre, comme on le voit en M de la même figure. Peut-être serait-on obligé d'employer tous ces moyens à la fois, ainsi que nous le pratiquons dans nos violons. On conçoit d'après cela que les instruments ne sont pas plus longs que larges, seulement pour la facilité du jeu ; mais qu'ils le sont encore par une autre raison, c'est-à-dire à cause de la matière qui les forme. Ceci conduit à une conséquence très importante, c'est que la largeur des basses et celle des contre-basses, doivent être moindres, relativement à leur longueur, que celle des violons, parce que la facilité du mouvement dans le sens des fibres reste la même, tandis qu'en travers elle diminue.

A l'aide de ces données et de ce que nous avons dit des tables planes et de la symétrie, nous allons chercher à déterminer la forme la plus convenable aux instruments à cordes. Il est évident que ce ne peut être qu'un composé de lignes droites, et qu'on devra en choisir le type parmi les figures symétriques.

En jetant un coup d'œil sur les différentes figures de cette espèce, on voit de suite qu'un losange, un triangle équilatéral, sont impraticables ; un triangle isocèle conviendrait mieux, en fixant le manche à l'angle qui n'a point d'égal ; mais comme dans cette partie les tables seraient très étroites, elles vibreraient très difficilement. Comme nous nous en sommes assuré par plusieurs expériences, les sons seraient faibles et difficiles à obtenir, surtout les plus graves. Quand on saupoudre de sable la table d'un violon ayant cette dernière forme, et qu'on fait résonner les cordes, les figures qui se produisent sont incorrectes dans la partie qui touche au manche, ce qui est une preuve sensible de ce qu'a avancé **M.** Chladni, qu'il ne fallait pas que les tables fussent tellement étroites que les vibrations en fussent difficiles à obtenir, parce que les sons graves y perdraient.

Nous ne parlerons pas du carré, puisqu'il ne présente pas les conditions demandées, c'est-à-dire, plus de longueur que de largeur. Le rectangle ne convient pas non plus, parce qu'il est impossible de démancher ; d'ailleurs nous avons exécuté un violon de cette forme, et l'expérience nous a appris qu'elle ne convenait pas : les sons en étaient maigres, surtout les sons graves.

De toutes les figures de cette espèce, il n'en est point qui réunisse plus d'avantage que le trapèze ; il joint la facilité du jeu à l'égalité des sons, lorsqu'on lui donne les dimensions convenables. Cette forme n'est pas très éloignée de celle du violon ordinaire, où la moitié de la caisse qui touche au manche a toujours été faite plus petite que l'autre, disposition qui est sans doute un produit de l'expérience.

Comme on le voit, la théorie ne conduit qu'à des généralités approximatives sur la forme des instruments à cordes, et il faut recourir à l'expérience pour arriver à des résultats plus déterminés, puisque tout ce que nous avons dit jusqu'ici, établit seulement la nécessité de l'emploi des tables planes, celle de la symétrie et de la régularité, et celle de la forme trapézoïdale, sans rien donner de rigoureux sur les dimensions de chacune des parties qui composent l'instrument. C'est pourquoi, dans la section suivante, nous donnerons la description détaillée d'un nouveau violon, fait d'après ces principes, en exposant ce que l'expérience m'a appris de mieux sur cette matière. Il sera facile de faire l'application de ce que nous dirons de cet instrument en particulier, à la construction des altos, des basses, et des contre-basses, en tenant compte des rapports qui doivent exister entre les dimensions de ces instruments.

TROISIÈME SECTION.

Construction d'un violon trapézoïdal.

Si l'on ne veut pas s'exposer à faire un instrument entièrement nouveau, dont il faudrait étudier le jeu, et qui, dans la musique, ne produirait plus les effets qu'on en attend, il faut conserver à peu près comme elles sont dans l'ancien violon, la longueur des cordes, prise entre le chevalet et le sillet, la longueur du manche et l'étendue des surfaces renforçantes. On est donc forcé de donner douze pouces au diapason, et de faire en sorte que les tables et les éclisses forment une caisse dont l'étendue soit à peu près égale à celle du violon ordinaire, afin que le son n'en soit ni plus fort ni plus faible. Je partirai donc de ces bases fixées par l'usage et qui ont été exposées dans la première partie de cet ouvrage pour déterminer la longueur et la largeur des tables, la hauteur des éclisses, etc.

Je ferai seulement ici une réflexion générale sur les dimensions qu'il convient de donner à la caisse : c'est que, lorsqu'on la fait trop grande relativement

aux cordes, il en résulte un inconvénient très grave :
les excursions des vibrations des cordes deviennent
si étendues, qu'on ne peut plus s'en rendre maître,
et que ces cordes paraissent moins tendues que celles
du violon ordinaire, quoiqu'elles le soient cependant
de la même manière : elles sont molles sous le doigt,
ce qui gêne beaucoup dans l'exécution. Au contraire,
quand la caisse est trop petite, les cordes paraissent
trop tendues, parce que les excursions en sont moins
grandes. Il y a donc des dimensions qu'il serait important de ne point dépasser, soit en moins, soit en
plus ; mais jusqu'ici l'expérience seule peut nous
éclairer sur ce point. Je dirai seulement à ce sujet,
que mes essais m'ont conduit à reconnaître que le
volume de la caisse de mon violon devait être un peu
moindre que celui du violon ordinaire, parce que
les tables en sont beaucoup plus faciles à mettre en
jeu.

Pour mettre dans cette section le plus de clarté qu'il
me sera possible, j'examinerai successivement ce qui
a rapport à chacune des pièces qui composent l'instrument, en faisant, sur la manière de les construire,
les réflexions qui m'ont été suggérées par un assez
grand nombre d'expériences.

Avant d'entrer dans la description de mon violon
trapézoïdal, je crois utile d'expliquer les figures de
la planche III, qui en représente les détails. Je n'ai
pas cru nécessaire de représenter l'instrument dans
son entier ; la forme en est si simple que cela serait
devenu superflu.

Planche III, fig. 1. Table séparée du reste de l'instrument.

Fig. 2. Intérieur de la caisse, la table et le manche étant ôtés. Comme on le voit, on pourrait, aux dépens du tasseau du manche, arrondir le petit côté du trapèze ; ce changement n'aurait aucune influence sur les qualités du son, et faciliterait peut-être le jeu.

Fig. 3. Coupe passant par la ligne C, D.

Fig. 4. Coupe passant par la ligne A, B. Comme on le voit, la table ne fait point de saillie en dehors des éclisses ; néanmoins, il serait peut-être avantageux qu'il y eût un bord saillant, seulement au côté du trapèze qui donne attache au manche : un artiste célèbre m'a fait remarquer que ce serait un moyen pour arrêter le pouce quand on veut monter jusqu'auprès du chevalet. Il pourrait être avantageux aussi de faire saillir le filet, non pas en dehors des éclisses, mais sur la table même, dans toute l'étendue du grand côté parallèle, afin que l'instrument fût plus facile à fixer entre le menton et la poitrine.

Fig. 5. Coupe passant par C, D, la barre étant en arc.

I. — La table est la partie principale du violon ; c'est celle qui demande le plus de soin : la forme qu'on lui donne, entraîne celle du reste de l'instrument. Eu égard à ce que je viens de dire, qu'il était indispensable, dans un nouveau violon, de conserver quelques-unes des anciennes dimensions, la table doit avoir intérieurement douze pouces et quelques lignes de longueur ; à l'extérieur, elle doit avoir treize pouces, l'épaisseur des tasseaux étant de huit lignes, et celle des deux éclisses des côtés parallèles étant de deux lignes ; cette longueur totale est celle du violon ordinaire. La largeur de la table ne peut pas dépasser une certaine étendue, qui se trouve déterminée par le jeu de l'archet et par la hauteur du chevalet, ce qui donne la longueur de chacun des deux côtés parallèles, le petit ayant 3 pouces 1 ligne 1/2, et le grand 8 pouces 4 lignes, comme on peut le voir dans la planche III. On aurait pu rétrécir le petit côté davantage et allonger le plus grand ; mais comme je l'ai déjà dit, j'ai trouvé par expérience, après avoir fait plusieurs violons de cette façon, que la production des sons graves n'avait lieu qu'avec peine.

La table se fait ordinairement en sapin, et quelquefois en cèdre. Il est probable qu'on pourrait remplacer le sapin par d'autres bois résineux et également fibreux ; mais comme le timbre dépend en partie des matières qui composent le corps renforçant, il serait à craindre qu'il en fût changé ; c'est ce qui demanderait à être vérifié par des expériences.

Les luthiers emploient ordinairement du sapin du Tyrol ou de la Suisse. Il me semble que la préférence accordée au bois de ces contrées n'est pas tout à fait fondée ; il me paraît d'une densité trop uniforme, et n'avoir seulement que l'avantage d'être travaillé très facilement ; c'est peut-être ce qui lui a fait donner la préférence sur les sapins de notre pays. J'ai fait plusieurs violons en sapin des Vosges que j'ai toujours trouvé supérieur au sapin de Suisse. Ce bois réunit tous les avantages quand il est bien sec et qu'il n'a pas été flotté : il faut que les fibres n'en soient ni trop écartées, ni trop serrées, qu'elles soient bien droites et à égale distance l'une de l'autre.

Il ne suffit pas de choisir du bois dans un pays qui en fournit de convenable, il faut encore distinguer dans un arbre la partie qui convient le mieux, et, ce qui est encore plus essentiel, déterminer les épaisseurs de la table d'après la qualité du bois qu'on a choisi. Amati, Stainer et Stradivarius paraissent avoir excellé dans ces détails de construction. On a souvent copié avec tout le soin possible quelques-uns de leurs violons ; il s'en faut de beaucoup qu'on ait toujours obtenu des résultats satisfaisants ; et l'on ne devrait pas en être surpris, parce qu'il est vraisemblable que si ces grands maîtres eussent eu à travailler le bois qu'on a employé pour les imiter, ils n'auraient pas donné aux tables ces mêmes épaisseurs qu'ils avaient employées pour un bois d'une qualité différente.

Si l'on veut avoir de bonnes tables, il ne faut pas les refendre à la scie ; par ce moyen, il est rare qu'elles soient bien de fil, comme disent les ouvriers ; le meilleur moyen, c'est de les refendre à la hache. Cette remarque est applicable au fond, aux éclisses, et, en général, à toutes les parties qui composent l'instrument.

Dans le violon ordinaire, on s'est beaucoup occupé de l'épaisseur de la table, et avec raison. On peut dire en général qu'il faut qu'elle soit mince, mais susceptible, conjointement avec la barre, de supporter, sans plier, la charge des cordes sans le secours de l'âme soutenue par le fond. Si elle a besoin de ce secours, l'instrument n'aura qu'un son faible, parce que les vibrations, tirant leur origine de l'élasticité du bois, si l'exercice de cette propriété est empêché par une force étrangère, il est évident que le renforcement du son ne pourra avoir lieu que d'une manière imparfaite. Dans la planche III, on trouvera les dimensions que je regarde comme les plus convenables. Cependant, il ne faut pas perdre de vue que l'épaisseur doit être déterminée par la qualité du bois ; s'il est dense et raide, il faut qu'elle soit moindre ; s'il est mou et très sec, il faut qu'elle soit plus forte. C'est ici que le talent et l'expérience de l'artiste sont nécessaires : il n'est pas de théorie qui puisse les remplacer.

Il peut aussi arriver que les épaisseurs soient convenables à l'instant où l'instrument sort de la main de l'ouvrier, et qu'ensuite le bois venant à sécher elles ne conviennent plus ; le contraire peut aussi avoir lieu, en sorte qu'un instrument qui ne réunissait pas d'abord toutes les qualités, les acquiert quelquefois en vieillissant. On obvierait à toutes ces difficultés en n'employant que du bois bien sec.

Par les raisons que j'ai exposées pages 358, 360 et 367, je n'ai pas donné à la table une épaisseur égale dans toute son étendue : la face interne est parfaitement plane, mais la face externe est convexe. L'endroit où pose le chevalet, qui est juste le milieu de la longueur de la table prise intérieurement, est le point le plus épais : il a 2 lignes 3/4 ; l'épaisseur va de là en diminuant jusqu'aux bords, qui ont tout à l'entour une ligne d'épaisseur, ce qui fait que les parties de la table, qui sont étroites et éloignées du centre de l'ébranlement, ont à peu près autant de mobilité que celles qui en sont le plus rapprochées.

Depuis quelque temps, on croit surpasser les anciens en faisant la table d'une seule pièce ; il est néanmoins préférable de la faire de deux pièces, prises à côté l'une de l'autre, dans un même morceau qu'on refend, qu'on dédouble, si l'on peut parler ainsi, et on les colle ensuite à côté l'une de l'autre, en ayant le soin de placer le joint exactement au milieu de l'instrument, afin que les deux moitiés soient bien symétriques. Après qu'on a donné à la table la forme qu'on veut, il faut, en appuyant le pouce de chaque main sur sa face interne, et les autres doigts le long de ses bords latéraux, la faire plier, afin de voir si la courbe qu'on produit ainsi est bien régulière ; si elle ne l'est pas, c'est un signe que l'une des deux moitiés est plus épaisse que l'autre, ou qu'étant de même épaisseur, le bois est plus raide dans l'une que dans l'autre ; alors il faut enlever du bois petit à petit, jusqu'à ce que la courbe devienne régulière, et jusqu'à ce qu'on sente que la résistance est la même des deux côtés.

Les ouvertures de la table représentent une *f* dans le violon ordinaire ; cette forme me paraît nécessaire, parce qu'il était avantageux à cause de la résistance de la voûte, de couper un certain nombre de fibres, afin d'avoir plus de mobilité (voyez la page 355). On y avait sans doute été amené par une suite d'expériences ; car originairement ces ouvertures représentaient un C ou un croissant dont la concavité était tournée en dehors. La même raison ne subsistant pas, en employant des tables planes, je crois préférable de faire ces ouvertures rectilignes et parallèles. Il n'est pas facile de déterminer à quelles distances elles doivent être l'une de l'autre, quelle longueur et quelle largeur elles doivent avoir, puisque, comme nous l'avons vu, elles remplissent une double fonction. D'abord, elles établissent la communication de l'air contenu dans la caisse avec l'air extérieur : si on les ferme en collant par dessus un morceau de papier, le son de l'instrument n'est plus reconnaissable tant il est affaibli : ensuite, elles donnent à la table une mobilité indispensable pour que les excursions des parties vibrantes y soient aussi fortes que possible, et que les nœuds de vibration y soient très fins. Cela est si vrai que, si au lieu de pratiquer ces ouvertures sur la table on les pratiquait sur le fond, le son serait beaucoup affaibli. L'épaisseur du bois et sa densité doivent donc influer sur la distance à laquelle elles doivent être l'une de l'autre, sur sa longueur et la largeur qu'il faut leur donner. J'estime qu'un pareil problème, qui présente plus de difficultés qu'on ne le croirait d'abord, ne peut être complètement résolu que par une suite d'expériences bien faites. Dans la pl. III, on voit comment je place ces ouvertures ; leurs positions et leurs dimensions sont le résultat de mes recherches à ce sujet : j'ai observé que le son devenait plus sourd quand je les éloignais l'une de l'autre ou que je les faisais plus petites, et plus éclatant quand je les rapprochais ou que je les faisais plus grandes.

II. — La barre dite d'harmonie et sa position ont toujours été regardées comme des choses principales. J'ai fait un violon trapézoïdal sans barre ; il allait on ne peut mieux pendant quelques heures, c'est-à-dire tant que la rigidité de la table n'était pas surmontée par la pression des cordes, tant qu'elle ne s'enfonçait point ; il devenait sourd à mesure que cet effet se produisait. Cette expérience me fit voir que la table avait besoin d'un support qui la maintînt parfaitement plane. Les dimensions de ce support ne peuvent être déterminées que par l'expérience (voyez la planche II).

Dans le violon ordinaire, on place la barre sous le pied gauche du chevalet ; on prétend qu'elle est là pour faire une résistance égale à celle de l'âme qui est derrière le pied droit ; mais ceci est une erreur. Comme je l'ai dit plus haut, la table doit conjointement avec la barre supporter la pression des cordes, sans que l'âme y soit pour quelque chose, parce qu'elle ne sert qu'à communiquer les vibrations de la table au fond ; en conséquence, pour que la table soit symétrique et qu'elle ne soit pas exposée à s'enfoncer plus d'un côté que de l'autre, il faut en placer le support dans la direction de l'axe de l'instrument, afin que le mode de vibration qui est toujours symétrique dans un corps qui l'est lui-même, puisse se faire également bien dans les deux moitiés. Sans cette disposition, la table s'enfoncerait du côté droit et l'âme serait comprimée, ce qui ôterait du son à l'instrument et en détruirait l'égalité.

On pourrait remplacer la barre par un support fait en arc de cercle, qui ne toucherait la table que par un point, et dont les extrémités seraient fixées à la partie inférieure des tasseaux (voyez la figure 5 de la planche III). J'ai fait cette expérience plusieurs fois, et je n'ai pas remarqué que le son fût changé. Ce serait un moyen d'avoir des instruments d'une grande solidité et dont le son se conserverait longtemps sans altération ; mais il faut noter qu'il est très difficile de déterminer les dimensions d'un pareil support parce qu'elles ne peuvent pas être les mêmes pour tous les violons, à cause de la rigidité si variable du bois. Cet inconvénient existe bien avec la barre ordinaire, mais il est moins sensible.

III.— Le fond se fait ordinairement en plane, en érable, quelquefois en hêtre ou en sycomore. Le premier de ces bois paraît l'emporter sur tous les autres, au moins c'est celui auquel on donne maintenant la préférence. On le tire de la Forêt-Noire, du Tyrol, et c'est encore à tort que nous allons chez nos voisins chercher ce que nous pourrions sans doute trouver chez nous. Ces bois qu'on fait venir à grands frais de l'étranger, n'ont souvent d'autre mérite que la beauté ; si les luthiers voulaient se donner la peine de choisir dans nos forêts, ils trouveraient facilement dans les Ardennes et ailleurs, de l'érable et du plane convenable. J'ai fait plusieurs violons dont le fond et les éclisses étaient en érable et en plane originaires du département de Meurthe-et-Moselle ; ils ont été trouvés fort bons par les artistes et les amateurs.

Il y aurait beaucoup d'expériences à faire sur les diverses espèces de bois. Après avoir adopté une forme simple, telle que celle que je propose, on pourrait faire une série de violons, tous parfaitement pareils et de bois différents ; alors on aurait quelque raison pour donner la préférence à l'un plutôt qu'à l'autre.

Il existe un rapport entre l'épaisseur du fond et celle de la table qu'il est facile de déterminer d'après les expériences que j'ai rapportées dans la première section, à l'occasion des vibrations communiquées par une tige placée entre deux plaques de mêmes dimensions, et à l'occasion des vibrations communiquées par l'air. Il est évident, d'après ces expériences, que le fond devrait être d'une épaisseur telle, que le son qu'il rendrait, si on le faisait vibrer directement, fût exactement le même que celui que la table rendrait dans les mêmes circonstances. On trouverait facilement des moyens de parvenir à ce but ; mais si le bois de la table était plus sec que celui du fond *et vice versâ*, il arriverait qu'en séchant, le rapport n'existerait plus, parce que celui qui serait moins sec perdant proportionnellement plus que l'autre, il deviendrait relativement plus mince.

Je crois que, pour éviter ces inconvénients, le meilleur moyen serait de faire le fond en sapin comme la table, et de lui donner la même épaisseur. J'ai fait un violon de cette façon, et j'ai remarqué qu'il était supérieur aux autres par la délicatesse et l'égalité des sons ; mais ils étaient un peu faibles, ce que j'attribue aux éclisses que j'avais faites également en sapin. Je pense que les vibrations de la table ne se communiquaient pas au fond par le moyen des éclisses, par la raison que chacun connaît, que le sapin, à cause du peu d'union de ses fibres, ne propage pas le son quand on le frappe en travers des cordes ligneuses. Il aurait donc fallu faire les éclisses en bois debout, ou ce qui aurait encore mieux valu, les faire en plane ou en érable, et je crois qu'on aurait obtenu ainsi de bons résultats.

Je ne parlerai pas des autres dimensions du fond ; elles doivent être les mêmes que celles de la table. Quand on supprime le fond, le son est un peu plus faible que quand on ne fait que supprimer l'âme. J'ai vu avec étonnement que la différence n'était pas très grande : il a beaucoup moins de moelleux, mais l'intensité en est peu diminuée.

IV. — Les éclisses se font de même bois que le fond : comme elles sont peu élevées, il est nécessaire qu'elles soient minces ; néanmoins il est probable qu'on les fait généralement trop minces, et j'ai observé que quand elles sont un peu fortes, les sons gagnent en douceur. Je leur donne une bonne ligne, épaisseur qui paraîtra considérable, au premier coup-d'œil, relativement à celle des éclisses du violon ordinaire ; mais si l'on réfléchit que, dans ces dernières, le bois est contourné dans la direction de ses fibres, on verra que, quoique plus minces, elles doivent avoir une grande résistance.

La hauteur, plus ou moins considérable, des éclisses, en changeant la capacité de la caisse et la longueur de l'âme, influe beaucoup sur la qualité du son. Quand elles sont peu élevées, il est plus sec, plus maigre, si l'on peut s'exprimer ainsi, quoique plus éclatant; dans le cas contraire, il est plus doux, plus fort et plus agréable. Comme il était nécessaire de conserver une intensité de son égale à celle du violon ordinaire, les dimensions de mes tables étant fixées, la capacité de l'ancien violon a déterminé la hauteur de mes éclisses. Elles doivent être exactement de la même épaisseur partout, et il faut beaucoup de précaution pour ne pas violer ce précepte; rien de plus facile que de les faire bien d'épaisseur avant de les coller à la table et au fond. Mais pour peu qu'en les collant, elles rentrent ou ressortent d'une petite quantité, quand on en dresse la surface extérieure lorsque toute la caisse est montée, on est forcé d'ôter plus de bois à une place qu'à l'autre et elles ne sont plus égales d'épaisseur; c'est ce dont je me suis aperçu plusieurs fois en détablant des violons pour faire des expériences. Pour remédier, autant que possible, à cet inconvénient, il faut faire un moule qui remplisse exactement toute la cavité de la caisse.

L'assemblage des éclisses demande à être bien fait, non-seulement pour l'agrément, mais encore pour l'utilité. Le meilleur moyen pour atteindre à une grande exactitude, c'est de faire un outil dans le genre de celui qu'emploient les menuisiers pour assembler deux morceaux à angle droit, par exemple les côtés d'un cadre. On donne à cet outil l'angle qui convient; c'est un moyen de faire bien et promptement, quand même on ne serait pas bon ouvrier.

Il faut coller la table avec les éclisses, avant de coller le fond, parce que le sapin ne se raccourcit pas ou ne s'allonge pas d'une manière sensible, quand il est exposé à l'humidité ou à la sécheresse. Il n'en est pas de même du plane, surtout quand il n'est pas vieux, en sorte que si l'on colle le fond le premier, il se raccourcit quelquefois, bride les éclisses qui deviennent courbes par leurs bords, et c'est un inconvénient auquel on ne peut pas remédier.

Je ne fais point usage des contre-éclisses; je pense que cette partie de l'instrument, qui peut être nécessaire dans le violon ordinaire pour contenir les éclisses et les empêcher de se voiler et de se décoller serait nuisible, parce qu'elle diminuerait la largeur de la table, en lui donnant sur les bords une raideur qui ne pourrait être que désavantageuse; d'ailleurs, elle serait inutile à cause de la plus grande épaisseur des éclisses, qui permet de les assujettir bien solidement en en dressant les bords avec soin.

V.— Les tasseaux ont pour usage d'unir les diverses parties de l'instrument, et de former un point d'appui au manche et au bouton du cordier. Ils ont encore pour fonction de transmettre les vibrations de la table au fond et aux éclisses, en facilitant le renforcement du son par la direction de leurs fibres perpendiculaires à celles de la table et du fond, ce qui

leur fait jouer un rôle analogue à celui de l'âme.
C'est ce dont on peut s'assurer par l'examen des
figures de la planche III; on voit qu'il ne passe point
de nœuds sur les tasseaux, et qu'en répétant l'expérience, si l'on verse du sable sur la table, dans les
endroits qui leur correspondent, on le verra sautiller
et se retirer vers les nœuds voisins. Si l'on pose un
diapason en vibration sur les points de la table qui
correspondent aux tasseaux d'un violon, le son est
beaucoup plus fort qu'en le posant partout ailleurs;
ce qui indique que le son est renforcé, non-seulement par les vibrations communiquées à la table,
mais aussi par celles qui sont communiquées au
fond.

On fait les tasseaux en sapin, en tilleul ou en
autre bois léger; le premier est préférable parce
qu'il vibre plus facilement, surtout quand il est bien
sec. Pour leur donner exactement la forme qui est
indiquée dans la planche, il faut employer un outil
dans le genre de celui dont je viens de parler pour
ajuster les éclisses.

VI. — L'âme a pour fonction de transmettre au fond
les vibrations de la table, ainsi que je l'ai dit dans la
première section; sa longueur est déterminée par la
hauteur des éclisses, son diamètre est déterminé par la
qualité du son qu'on veut avoir; il est maigre quand
elle est trop mince, et sourd quand elle est trop grosse.
Sa position, relativement au chevalet, influe beaucoup
sur la qualité du son : on la place généralement derrière le pied droit. Mais comme la raideur du bois et

la pression des cordes influent beaucoup sur le rapport qui existe entre l'âme et les cordes, ce n'est qu'en tâtonnant qu'on parvient à la mettre à la place qui lui convient : on peut dire en général, qu'il faut la placer derrière le pied droit du chevalet et un peu en dehors. Dans mon violon, on peut essayer de la mettre derrière le pied gauche, mais j'ai observé que, dans cette disposition, le son des cordes de devant perdait d'intensité en devenant plus doux.

Toujours dans l'hypothèse que la moitié droite du violon est en rapport avec les sons aigus et la moitié gauche avec les sons graves, M. Chanot pense que le son devient alors plus faible, parce qu'au moyen de l'âme ainsi placée, on fait des fibres courtes où il ne devrait y en avoir que de longues, et qu'on en fait de longues où il ne devrait y en avoir que de courtes. Cette explication, appuyée sur une hypothèse que l'expérience ne confirme pas, est entièrement fausse, on peut expliquer ce phénomène d'une manière plus satisfaisante. En effet, les deux grosses cordes étant toujours moins tendues que les deux autres, la pression qu'elles exercent sur l'âme est moins forte, d'où il s'ensuit que le contact étant moins parfait, les vibrations du chevalet et de la table supérieure sont moins complètement transmises au fond et à toutes les autres parties de l'instrument. Je dirai pour preuve de ce que j'avance, qu'ayant fait un violon dont la table était trop mince, quand je plaçais l'âme à droite, le son était faible, parce que la pression des cordes de devant étant trop forte, la table s'enfonçait, ce qui ôtait la mobilité à l'âme et en empêchait les vibrations ; tandis que quand je la plaçais à gauche, les sons étaient beaucoup plus beaux et plus pleins, surtout les sons graves, parce qu'alors la pression étant moins forte sur l'âme, toutes les parties de l'instrument étaient plus libres dans leur jeu.

Quand on met deux âmes à un violon, l'une à droite et l'autre à gauche, il a moins de son que s'il n'y en avait pas du tout, ce qui doit dépendre de ce que la table et le fond n'étant pas à l'unisson et de même bois dans les violons sur lesquels j'ai fait cette expérience, les figures que ces deux plaques formaient n'étaient pas les mêmes pour faire le même nombre de vibrations. On conçoit alors que la seconde âme devait être un obstacle à la communication du mouvement par la première ; il est probable que cet effet n'aurait pas lieu si le fond eût été de même bois que la table et s'ils avaient vibré à l'unisson.

Quand on place l'âme en devant du pied droit du chevalet, le son n'est pas changé d'une manière notable ; seulement j'ai cru remarquer qu'il était un peu plus dur.

Quand on la met au milieu entre les deux pieds du chevalet, j'ai déjà dit que le son était à peu près le même que s'il n'y en avait point, et j'en ai exposé la raison (voyez pages 355 et 356).

VII.— Il y a peu de choses à dire sur le manche ; il ne faut pas le faire trop lourd, ni en bois qui ne soit pas bien sec. On pourrait pratiquer une gouttière à la face par laquelle il doit s'unir à la touche ; il en deviendrait plus léger, sans perdre de sa force. Le manche influe plus qu'on ne le croit sur la qualité des sons ; quand on laisse trop de force à la partie par laquelle il est uni à la caisse, il en résulte une raideur qui n'est propre qu'à éteindre les vibrations en servant en quelque sorte de sourdine.

Il n'est aucune partie dans les instruments dont la construction soit indifférente ; tout, même la touche, contribue au renforcement du son ; elle participe au mouvement général. Si on la recouvre de sable, on le verra remuer quand on fera parler les cordes, et il remontera contre son propre poids pour aller former un nœud longitudinal qui partagera la touche en deux parties égales. On fait la touche en ébène ; il serait peut-être préférable de la faire en sapin, et de la plaquer ensuite en ébène, pour que les vibrations en fussent aussi faciles que possible.

VIII.— Le chevalet sert pour transmettre les vibrations des cordes à la table supérieure, comme on peut aisément s'en convaincre, en le chargeant d'une sourdine ou de tout autre corps propre à gêner les mouvements oscillatoires. Les dimensions du chevalet influent considérablement sur la qualité du son. S'il est un peu plus large, un peu plus étroit, ou s'il a été fait avec du bois léger ou passé, le son change d'une manière étonnante ; il en est de même si les pieds ne joignent pas bien sur la table, ou si on le jette un peu plus à droite ou un peu plus à gauche, de manière que la symétrie ne subsiste plus. Il serait très important de déterminer la largeur, la hauteur et l'épaisseur du chevalet, parce qu'on ne peut pas la dépasser soit en moins, soit en plus ; mais il s'en faut de beaucoup qu'on ait des données qui puissent conduire à cette détermination.

Il est facile d'expliquer pourquoi il est nécessaire que le chevalet touche la table en deux points différents. En voici la raison : comme l'axe de la table est presque toujours un nœud de vibrations, il était impraticable de ne faire poser le chevalet que par un seul point placé dans la direction de ce nœud, puisqu'il n'aurait servi à rien, comme nous avons vu que cela arrivait à l'âme dans les mêmes circonstances. On pourrait croire que c'est la présence du chevalet qui occasionne ce nœud longitudinal ; mais il se produit constamment aussi dans toutes les figures qu'on obtient en appliquant l'archet à la plaque même, avant de la coller, ce qui est d'ailleurs conforme à ce que nous avons dit pages 361 et 362.

IX. — Les diverses manières dont on peut fixer les cordes à la caisse, derrière le chevalet, ont une influence très marquée sur la qualité des sons. Ordinairement on les attache toutes quatre à une des extrémités d'une petite verge de bois, qu'on appelle cordier, dont l'extrémité opposée porte une corde pliée en boucle pour s'attacher à un bouton de bois ou d'ivoire, sur lequel le tirage s'opère, et qui est fixé après un tasseau placé exprès pour cela.

Cette disposition présente divers désavantages : le plus sensible de tous, c'est que le cordier n'étant pas extensible, il est un obstacle aux vibrations de la table. En effet, supposons pour un moment que le chevalet soit un corps invariable dans sa position, mais que cependant il transmette les vibrations de la corde ; il est évident que l'une des deux moitiés de la table se relevant toujours, tandis que l'autre s'abaisse, il arrivera que le chevalet opposera alternativement une résistance insurmontable à la moitié de la table qui tendra à se relever, et qu'ainsi il arrêtera de suite les mouvements oscillatoires. Il faut donc, pour que ces mouvements puissent se faire avec facilité, que le chevalet cède à l'effort alternatif que fait toujours l'une des deux moitiés de la table pour se relever ; c'est aussi ce qui a lieu dans le violon ordinaire, mais d'une manière imparfaite. Le chevalet y est maintenu dans sa position, par des cordes qui sont susceptibles de s'étendre et de céder un peu à l'effort que la table fait pour se relever ; mais le cordier, qui n'est point, comme les cordes, susceptible de s'étendre, doit être un puissant obstacle à cet effet, et l'on conçoit qu'il serait avantageux de le supprimer et de prolonger les cordes jusqu'au bouton du cordier, où l'on pourrait les fixer séparément à des chevilles de cuivre ou de fer, qui pénétreraient dans le tasseau ; le son en deviendrait plus plein et plus éclatant, puisque les vibrations du corps renforçant seraient plus faciles. L'expérience vient à l'appui de ce raisonnement et en confirme l'exactitude.

Quand on a ainsi prolongé les cordes, on pourrait croire que le son n'acquiert de l'intensité et de l'éclat que parce que la partie de la corde qui est derrière le chevalet peut vibrer par communication, lorsque le son qu'elle pourrait rendre serait à l'unisson ou un des harmoniques du son tiré d'une des cordes placées entre le chevalet et le sillet. Mais on peut se convaincre que l'effet obtenu ne dépend point de cette cause, en chargeant d'une lame de plomb les prolongements des cordes : malgré qu'il leur soit impossible alors de vibrer, le son est toujours aussi pur et aussi fort ; il est même utile de les charger constamment d'un étouffoir quelconque, parce que sans cela les sons perdraient de leur égalité, puisqu'il arriverait que quelques-uns d'entre eux pourraient être renforcés plus que les autres par les vibrations excitées par communication dans les prolongements des cordes.

Il faut encore éviter cette résonnance pour une autre cause qui tient à un phénomène qui a été aperçu pour la première fois par M. Blanc. Si l'on met deux cordes d'un instrument presque à l'unisson, et qu'on n'en fasse vibrer qu'une seule, celle qui vibre excite dans l'air une suite d'ondes qui, venant à passer sur la seconde corde, lui font prendre un mouvement tel que le comportent son poids, sa longueur et sa tension. Mais comme ce mouvement oscillatoire n'est pas tout à fait le même que celui de l'autre corde, il ne s'accorde pas avec les ondes excitées dans l'air, et bientôt il s'éteint. Quand la seconde corde est revenue à l'état de repos, les oscillations de la première continuant toujours, les choses se retrouvent dans le même état qu'au commencement, et la seconde corde, excitée de nouveau par les ondes de l'air, entre une seconde fois en mouvement, puis elle s'arrête, et ainsi de suite. M. Blanc s'est aperçu, en répétant cette expérience de diverses manières, que l'air n'était pas l'unique cause des mouvements excités dans la seconde corde, qu'il était même probable qu'il y entrait pour peu de chose, et que c'était par les corps solides qui servent de point d'appui aux cordes que la transmission avait surtout lieu. M. Blanc fit cette expérience sur une guitare ; je l'ai répétée sur un violon, dont les sons, prolongés à volonté, permettent d'examiner le phénomène avec beaucoup de soin. J'ai vu qu'alors il arrivait souvent que celle des deux cordes qu'on ne fait pas vibrer avec l'archet, faisait des vibrations régulières et constituait le son principal et soutenu, tandis que l'autre corde n'oscillait plus que d'une manière intermittente. Quelquefois, elles vibrent toutes deux alternativement avec intermittence.

Ce phénomène se produit non seulement quand deux cordes sont presque à l'unisson, mais encore quand le son de l'une est presque un harmonique de celui de l'autre. Enfin, si l'on continue pendant quelque temps à tirer le son de l'une des deux cordes, après quelques minutes elles finissent par se mettre à l'unisson. Il pourrait donc arriver (et cela arrive en effet) que, si l'on ne mettait pas un étouffoir sur les prolongements des cordes derrière le chevalet, elles vibreraient avec intermittence dans certains cas, ce qui produirait le plus mauvais effet.

Les expériences qui précèdent rendent compte d'un grand nombre de phénomènes qui se présentent dans les instruments ; j'en citerai quelques-uns des plus remarquables. Par exemple, quand un violon a été monté pendant longtemps à un ton déterminé et qu'on vient à le monter ou à le baisser d'un ton, lorsqu'on en tire des sons, il arrive souvent que la caisse ne vibre que par moment, et alors le son est beaucoup affaibli et plus sourd ; ou encore il arrive que les vibrations de la caisse l'emportent sur celles de la corde, et alors celle-ci rend un son intermittent et très désagréable ; enfin au bout d'un temps plus ou moins long, l'unisson se rétablit et les sons deviennent soutenus. Quand on dérange l'âme ou le chevalet d'un violon, le contact immédiat n'étant plus si parfait qu'auparavant, pendant plusieurs jours les cordes paraissent fausses, parce que l'unisson ne s'est pas encore bien établi avec la caisse et que, dans la production de certains sons, elle ne vibre que par intermittence. J'ai fait un violon dont le *la* à vide était toujours faux ; quelque corde que j'employasse, elle rendait toujours un son intermittent, quand elle était montée au ton du diapason ; un demi-ton plus bas, elle vibrait juste ; la table de l'instrument était en sapin extrêmement vieux. Il est probable qu'en la faisant vibrer elle-même directement, elle aurait rendu un son qui aurait peu différé de celui du diapason, et c'est ce qui donnait naissance à cet effet singulier ; il est probable aussi que si j'avais eu la patience de jouer ce violon pendant quelque temps, l'unisson se serait établi et que ce défaut aurait entièrement disparu.

M. Chanot a aussi supprimé le cordier et il a fixé les extrémités des cordes après la table même, à trois ou quatre pouces derrière le chevalet. Au point d'attache, la table est doublée par deux lames d'ébène, une en dedans et une en dehors. M. Chanot prétend que, par ce moyen, on peut déguiser les tons sourds de l'instrument, en donnant aux prolongements des cordes une longueur telle qu'ils puissent vibrer par communication avec les sons qui sortent le moins. Mais comme je l'ai déjà dit, un instrument dont la construction est bien entendue, ne doit pas avoir besoin d'un pareil secours, les sons doivent en être parfaitement égaux, et les résonnances qu'on cherche ainsi à obtenir ne pourraient qu'être nuisibles en détruisant l'égalité et en exposant l'instrument aux vibrations intermittentes excitées par communication.

M. Chanot prétend encore que l'attache des cordes sur la table a l'avantage de rendre les excursions des parties vibrantes plus fortes, puisque la corde tendant à se raccourcir d'une petite quantité lorsqu'elle oscille, elle doit tendre aussi à agiter et à soulever la table ; cela pourrait être. Cependant, on peut en douter quand on considère que le tirage des cordes tend bien en effet à soulever la table, mais qu'il ne doit pas lui permettre de s'abaisser, ce qui serait nécessaire pour que les vibrations fussent complètes, et que le son gagnât en force et en qualité. D'ailleurs, en admettant la production de l'effet demandé, il doit être bien compensé et au-delà par la nécessité où l'on est de couper les fibres du bois pour passer les cordes, de doubler la table de deux lames d'ébène dont le poids produit nécessairement un effet contraire à celui que l'on attend.

Enfin, le plus puissant de tous les motifs pour rejeter cette manière de fixer les cordes, c'est qu'elle doit amener promptement la destruction de la table, ce qui ne paraît pas douteux quand on considère que la tension des cordes, que M. Charles a trouvée égale à quatre-vingts livres (40 kil.), se fait sur une partie peu étendue d'une table assez mince, dont la rigidité naturelle doit être infailliblement détruite en peu de temps par une force si considérable.

X. — Le vernis sert à la beauté en même temps qu'il rend la qualité du son permanente. Lorsqu'on néglige de vernir la table, l'instrument perd de son moelleux et de sa force ; personne n'ignore que les guitares, dont les tables ne sont point vernies, perdent beaucoup en vieillissant ; il en est de même des pianos. On pourrait penser que, dans ce dernier instrument, la détérioration après quelques années de service dépend uniquement de la pression considérable des cordes multipliées qui sont tendues sur la table ; mais elle tire encore son origine d'une autre source. Si elle dépendait seulement de la cause qu'on lui assigne, le son ne deviendrait pas aigu et maigre comme il le devient ; il deviendrait sourd et faible, comme j'ai eu l'occasion de le remarquer

quand je faisais des violons dont les tables étaient
trop minces, ou auxquels je ne mettais point de
barre ; ils devenaient sourds à mesure que la table
s'enfonçait, mais le son n'était jamais maigre. Il paraît que dans les pianos, les ébranlements communiqués à la table par une grande quantité de cordes
qui vibrent harmoniquement avec le son principal,
détruisent peu à peu la contexture du bois en expul-
sant un grand nombre de particules sous forme de
poussière ; en effet, si l'on travaille le sapin qui a
servi à un piano, il paraît très poreux et comme
pourri. Il est présumable que l'humidité de l'air est
pour beaucoup dans ce changement de nature, car
les violons ne se détériorent pas, quoique très chargés par leurs cordes, tandis que les guitares qui ne
sont guère plus chargées, mais qui ne sont pas
vernies, se détériorent très promptement ; il en est
de même des violons quand on ne les vernit pas, le
son a d'abord plus de force et de moelleux que s'ils
étaient vernis ; mais il se modifie peu à peu et devient ensuite faible et maigre, ce qui arrive après un
temps assez court.

En général, on estime les violons dont le vernis
est à l'huile ; je croirais assez que c'est avec raison,
comme il est plus liant que celui qui est fait à l'esprit de vin, il convient mieux pour des instruments
dont les tables sont minces, parce qu'en les pénétrant il leur donne plus de consistance. Je crois au
contraire que, pour des violons dont les tables sont
épaisses, le meilleur vernis est celui qui pénètre le

moins dans le bois, et qui lui laisse toutes ses qualités naturelles. Celui de gomme-laque dissoute jusqu'à saturation dans l'esprit de vin rectifié à trente-quatre ou trente-six degrés, m'a paru très convenable ; il sèche très promptement et n'est pas sujet à s'écailler.

Avant de vernir, on polit avec soin, ordinairement avec la pierre ponce, la prêle et le papier de verre ; quelques luthiers polissent à l'huile, d'autres à l'eau, afin qu'en appliquant la couleur, elle ne fasse point saillir les pores du bois ; ces procédés sont vicieux, parce qu'en empâtant le bois, ils tendent à le dénaturer. L'eau surtout est extrêmement nuisible ; son action sur le bois en change la nature, comme on peut le voir dans celui qui a été flotté. Le meilleur moyen, à mon avis, est de polir avec un racloir, comme celui que les ébénistes emploient ; on parvient, à l'aide de cet outil, à un poli fort beau, et aucun procédé ne convient mieux pour faire paraître les différentes nuances du bois.

Quant aux couleurs, telles que le safran et le rocou, il paraît qu'elles nuisent au bois et contribuent à rendre les sons aigres ; le vernis à la gomme-laque donne une teinte fort belle à laquelle on pourrait se tenir et qui ne nuit en aucune manière.

XI. — Il ne suffit pas de faire de bons instruments et de travailler pour l'oreille, il faut encore les orner pour plaire à la vue et contenter tous les goûts. Il faut être très réservé dans l'emploi de ces enjolivements ; un simple filet en ébène et en plane suffit pour con-

tenter l'œil et encadrer une forme qui aurait paru
nue sans cela. On le place sur le bord, qui ne fait
point de saillie dans les violons que j'ai construits, et
il contribue à la solidité ainsi qu'à la conservation
des arêtes. Il faut le faire très mince ; il n'en sera
que plus solide et l'on prendra moins dans l'épaisseur des tables pour l'encastrer. Tous les ornements
en ivoire ou en nacre ne sont bons que pour empêcher les vibrations et rendre les sons sourds.

Je terminerai ici ce que j'avais à dire sur la construction des instruments à cordes et à archet. Je n'ai
pas la prétention de croire que j'ai atteint la perfection ; j'espère seulement que, si l'on construit des
instruments d'après les principes que j'ai établis, on
arrivera plus sûrement à des résultats avantageux
qu'en suivant l'ancienne forme.

Les sons de mon violon n'ont pas tout à fait les
mêmes qualités que ceux des violons ordinaires : le
timbre en est un peu différent. Ils ont moins d'éclat,
quoiqu'ils aient au moins autant de force ; ils sont
plus purs, plus doux, plus moelleux ; ils parlent plus
à l'âme, ce qui les rend très propres à exprimer les
passions tristes et les sentiments tendres. Ce qui les
distingue surtout, c'est une égalité parfaite, qualité
qu'il est fort rare de rencontrer dans les violons ordinaires et qui indique que la disposition générale de
l'instrument est appuyée sur de bons principes.
Quand on entend ce nouvel instrument pour la première fois, on le trouve plus sourd que le violon ordinaire, ce qui provient de ce que le son n'est pas

mêlé de bruit, et c'est ce qui le fait paraître moins éclatant ; ensuite, on s'y habitue, et bientôt on le trouve plus plein, plus nourri et plus agréable. On pourrait facilement, comme je m'en suis assuré par un grand nombre d'expériences, lui donner de l'éclat en augmentant la longueur des ouvertures ou en diminuant la hauteur des éclisses, ou bien encore en diminuant l'épaisseur des tables.

Comme je n'ai déterminé toutes les proportions de détail que par mon expérience personnelle, on conçoit que l'instrument doit être encore susceptible de grands perfectionnements et qu'entre les mains de luthiers habiles, il pourrait donner des résultats beaucoup plus avantageux que ceux que j'ai obtenus. D'ailleurs, je n'ai jamais mis en pratique le précepte que je donne, qui est de faire le fond d'une épaisseur telle qu'il soit susceptible de rendre le même son que la table. Il n'est pas douteux qu'on obtiendrait ainsi des instruments dont les sons seraient d'une très grande pureté.

On doit donc regarder les proportions que j'indique comme une application de la théorie que j'ai établie et comme le résultat de quelques essais dans lesquels j'ai plus cherché à obtenir une qualité de son qui fût de mon goût, que je n'ai cherché à contenter le goût général.

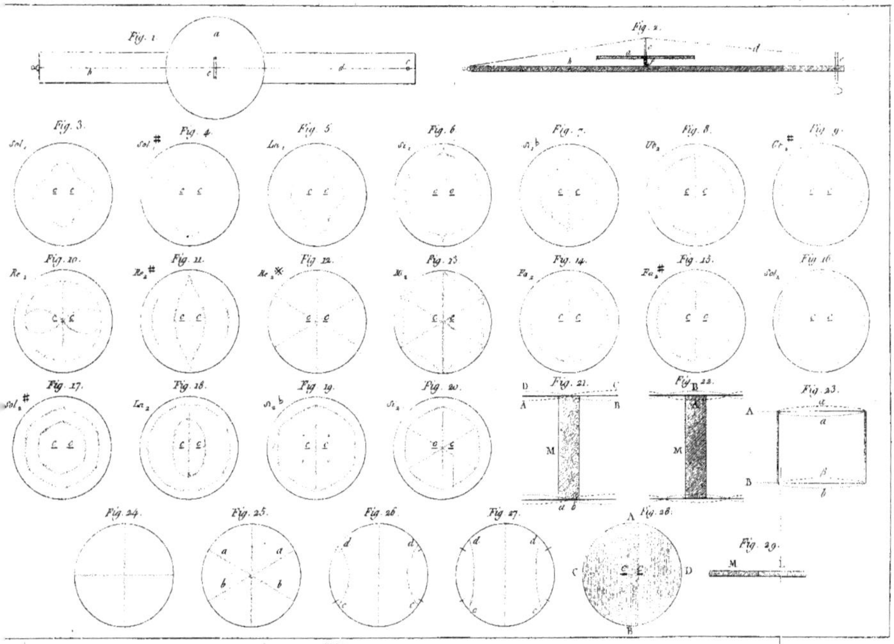

Fig. 1.

Fig. 2.

Fig. 3.

Fig. 4.

Fig. 5.

Fig. 6.

Fig. 7.

Fig. 8.

Fig. 9.

Fig. 10.

Fig. 11.

Fig. 12.

Fig. 13.

Fig. 14.

Fig. 15.

Fig. 16.

Fig. 17.

Fig. 18.

Fig. 19.

Fig. 20.

Fig. 21.

Fig. 22.

Fig. 23.

Fig. 24.

Fig. 25.

Fig. 26.

Fig. 27.

Fig. 28.

Fig. 29.

Imp. Roret, r. Hautefeuille 12.

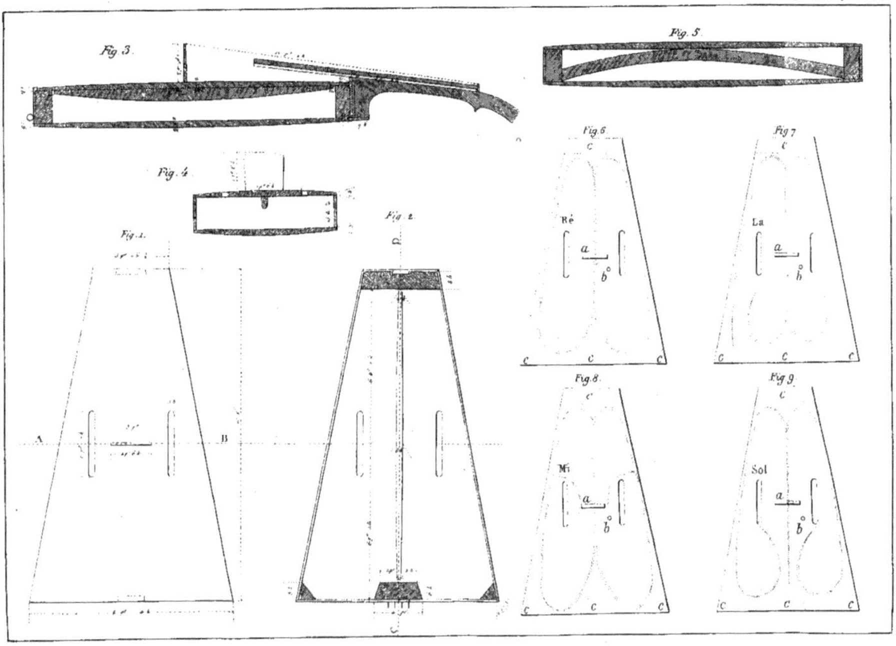

Luthier, Pl. III.
Fig. 3.
Fig. 5.
Fig. 4.
Fig. 6.
Fig 7.
Ré
La
Fig. 1.
Fig. 2.
A
B
D
Fig. 8.
Fig 9.
Mi
Sol

TABLE DES MATIÈRES

TROISIÈME PARTIE

Fabrication des cordes à boyau et des cordes métalliques

CINQUIÈME PARTIE

Harpe

SIXIÈME PARTIE

Instruments à archet et à clavier

APPENDICE

Mémoire sur la construction des instruments à cordes et à archet, par F. SAVART.

PREMIÈRE SECTION

DEUXIÈME SECTION

TROISIÈME SECTION

'FIN

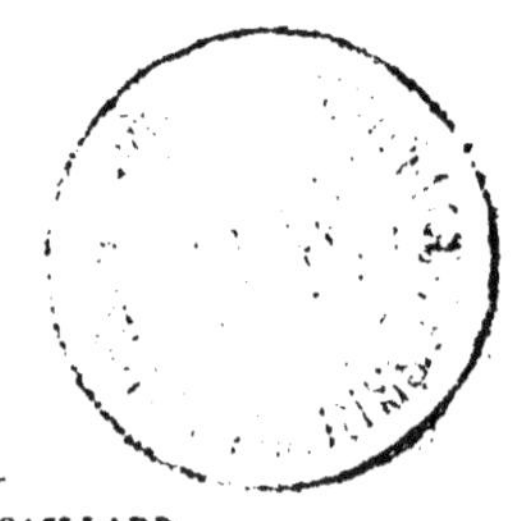

BAR-SUR-SEINE. — IMP. SAILLARD.